平等的反思

UNE BRÈVE
HISTOIRE DE
L'ÉGALITÉ

THOMAS
PIKETTY

托瑪・皮凱提 著
陳郁雯 譯

目次

致謝

「您寫的內容很有趣，不過或許您可以寫得短一點？這樣我就能將您的研究和我的朋友、家人分享了。」

這本小書某種程度上便是在回應這項請求，而我在見面會上經常聽見讀者們這麼說。過去二十年間，我針對不平等的歷史寫了三本將近千頁的書（每本都是！）：《二十世紀法國高所得族群》（*Les Hauts Revenus en France au XXe siècle*，格拉賽出版社〔Grasset〕，二〇〇一年）、《二十一世紀資本論》（*Le Capital au XXIe siècle*，瑟伊出版社〔Seuil〕，二〇一三年）和《資本與意識形態》（*Capital et idéologie*，瑟伊出版社，二〇一九年）。這些研究本身奠基於一項龐大的國際性歷史與比較研究計畫，這項計畫促成好幾份報告與集體性著作的出版以及「世界不平等資料庫」（World Inequality Database，簡稱WID.world）的開發。[1]由此建立的文獻資料量十分龐大，即使深感興趣的一般公民亦會為之卻步。現在，該是化繁為簡的時候了——而成果就在各位眼前。

儘管如此，這本小書想做的，並不只是提綱挈領的介紹上述研究得出的主要啟示而已。透過回顧這些問題在近年來引發的各種討論，我將提出一種看待平等史的新觀點，而支持這種觀點的，是我一路以來在研究中形成的堅實信念：追求平等之路是一場由來已久的戰役，它唯一期望的是能在二十一世紀繼續戰鬥下去，只要人人都能投入其中，並且拋棄那些老是妨礙我們前進的認同分野與學科壁壘。經濟問題太過重要，不能只交給一小群專家與領袖。若要改變權力關係，關鍵就是公民能再度掌握這項知識。當然我也希望能說服一部分讀者，讓他們有一天能對那些更厚重的作品產生興趣（說明在先，這些書很大本，但非常好讀易懂！）。在那之前，各位可以單獨閱讀這部小作品，在此我也想感謝所有曾鼓勵我寫作此書的讀者、學生和公民們，你們的探問是我研究的動力。謹將此書獻給你們。

前言

本書提出的是一部關於人類社會中社會階級之間種種不平等現象的比較史。或者更應該說是一部平等史，因為正如各位將在本書中看到的，歷史上長期存在著一股追求提升社會、經濟與政治平等的運動。

這當然不是一部平和的歷史，更不是線性發展的歷史。反抗與革命、社會抗爭與各式各樣的危機，都在以下將要探討的平等史中舉足輕重。這部歷史中也出現過多次倒退與身分認同轉趨封閉的階段。

無論如何，這股追求平等的運動歷史悠久，至少源自十八世紀末。二〇二〇年代初的世界雖然看似充滿不公不義，還是比一九五〇年或一九〇〇年的世界更為平等，而後者在許多方面又比一八五〇年或一七八〇年的世界更為平等。確切的變化過程依時期而有所不同，也端視我們關心的社會階級間不平等，是由法律地位、生產工具的擁有、所得或學歷水準、性別，還是國籍或族群／種族背景所決定，而這些也都是本書所關切的面向。不過長期來看，不論採取何種標準，得到的結果都是一樣的。自一七八〇年到二〇二〇年間，我們觀察到全世界大多數區域與社會在法律地位、財產、所得、性別與種族上都變得更加平等，某程度上可說是一種全球性的變化。從許多角度來看，自一九八〇年到二〇二〇年這段時期，人們依舊為邁向平等之路而努力著，只是如果從全球的觀點、結合多重面向來思考不平等，就會發現這條路可能比我們想像得更加複雜與矛盾。

雖然從十八世紀末開始確實出現此一朝向平等發展的趨勢，但影響依然有限。我們將看到上述所有衡量基準（地位、財產、權力、所得、性別、出身……等）所呈現的各種不平等仍然相當嚴重且不合理，此外，每個人往往都會被不同衡量基準同時影響。指出朝平等發展的趨勢的確存在，目的並非呼喚大家來歌功頌德，完全不是如此。我們反而是要呼喚大家踩在堅實的歷史基礎上，繼續戰鬥下去。藉由研究這股邁向平等的運動實際上如何形成，我們可以從中汲取有助於未來的寶貴教訓，並能更深切了解那些創造改變條件的抗爭與動員，以及那些讓平等成為常態的制度性措施與法律、社會安全、稅捐、教育與選舉制度。可惜的是，這種集體學習建立公正制度的過程經常被歷史的失憶、思想上的國族主義和知識領域間的隔閡拖慢了腳步。為了讓朝向平等發展的步伐繼續前進，當務之急乃是回到歷史之中，並且要超越國家與學科之間的界線。本書力圖的目標，便是既是歷史著作也是社會科學著作，既是樂觀主義之書也是公民動員之書。

新的社會經濟史

今日之所以能撰寫這部書，首先要感謝的便是大量跨國研究，在過去數十年間深刻改變了社會經濟史研究與社會科學研究的面貌。

具體而言，我在本書中依據的許多研究皆能真正提供一種關於資本主義史與工業革命史的全球性觀點。舉例來說，彭慕蘭（Ken Pomeranz）於二〇〇〇年出版的著作係針對十八與十九世紀歐洲與中國間的「大分流」（grande divergence），[1] 這部著作很可能是繼一九七九年布勞岱爾（Fernand Braudel）的《十五至十八世紀的物質文明、經濟和資本主義》（*Civilisation matérielle, économie et capitalisme, XVe-XVIIIe siècle*），[2] 與華勒斯坦（Immanuel Wallerstein）對「世界體系」（systèmes-mondes）之相關研究以來，關於世界經濟體的歷史最重要也最具影響力的一本書。對彭慕蘭而言，西方工業資本主義的發展，與國際的勞動分工體系、自然資源的過度掠奪以及歐洲強權與世界其他地區之間建立的軍事與殖民統治關係，彼此之間密不可分。在他之後的論著大體上皆支持這項結論，不論是帕塔薩拉蒂（Prasannan Parthasarathi）

或貝克特（Sven Beckert）的研究，或是近來圍繞著「新資本主義史」的思潮。[3]

從更廣的角度來看，關於殖民帝國與奴隸制度的歷史以及全球性的聯動歷史（histoire connectée; connected history）在過去二、三十年間獲得許多巨大進展，而我在本書中將大幅仰賴這些研究成果，特別是庫伯（Frederick Cooper）、霍爾（Catherine Hall）、羅森波因（Or Rosenboim）、薩達（Emmanuelle Saada）、森加拉維路（Pierre Singaravélou）、蘇布拉曼亞姆（Sanjay Subrahmanyam）、斯坦齊亞尼（Alessandro Stanziani）以及文中陸續提及的許多其他研究。[4]再度蓬勃起來的庶民史與抗爭史研究也給我許多啟發。[5]

若非針對社會階級間財富分配的歷史研究有所進展，這部作品同樣不可能寫成。這個研究領域本身已有相當長的歷史。每個社會對於窮人與富人之間真實的、推測的或期望的財富落差都曾形成一些知識與分析，至少從《共和國》與《法篇》以來就是如此（柏拉圖在這兩本書中建議貧富差距不要超過四倍）。到了十八世紀，盧梭指出私有財產的創設與過度積累，是人與人產生不平等與紛爭的根源。然而要等到發生工業革命，人們才真正開始調查工人的薪資與生活條件，也開始有愈來愈多關於所得、利潤與財產的新資料。到了十九世紀，馬克思試圖善加利用當時英國的金融與繼承資料，雖然他能取得的資源與素材十分有限。[6]

在二十世紀，這些問題的研究變得更加系統化。研究者開始大規模收集物價與薪資、地租與利潤、繼承與分割後的土地等相關數據。拉布胡斯（Ernest Labrousse）於一九三三年發表他的《十八世紀法國物價與所得變動初論》（*Esquisse du mouvement des prix et des revenus en France au XVIIIe siècle*），在這項極具里程碑意義的研究中，拉布胡斯證明了在法國大革命前的數十年間，農務工資已與小麥價格及地租脫鉤，而這個現象的背後有著強大的人口壓力。拉布胡斯並未將這件事認定為大革命爆發的唯一肇因，但很顯然的，這樣的變化只會加劇人民對貴族階級與當時的政治體制與日俱增的厭惡。[7] 在布維耶（Jean Bouvier）與其他共同作者於一九六五年發表的《十九世紀法國利潤之變動》（*Le Mouvement du profit en France au xixe siècle*）中，作者們開門見山地描述他們心目中的研究計畫：「只要當代社會各個階級的所得依然被排除於科學調查的範圍以外，想構築一部站得住腳的社會經濟史便是空談。」[8]

這類新的社會經濟史通常被認為出自年鑑學派之手，這個學派在一九三〇年至一九八〇年間在法國學界具有極大影響力，而這類歷史研究也十分關注財產制的課題。一九三一年，布洛克（Marc Bloch）發表了他關於中世與近世農地制度分類學的經典研究。[9] 一九七三年，鐸馬爾（Adeline Daumard）將他針對十九世紀法國繼承檔案進行的大規模調查之成果公諸於世。[10] 自一九八〇年代開始，這股潮流略為停滯不前，卻長遠地影響了社會科學研究的做法。因此之故，過去一個世紀中，許許多多歷史學家、社會學家與經濟學家都發表過大量關於薪資與物價、所得與財富、什一稅與財產的研究，從西米昂（François Simiand）到波德洛（Christian Baudelot），從勒華拉杜里（Emmanuel Le Roy Ladurie）到波斯特爾—維奈（Gilles

PostelVinay）都是如此。[11]

同一時間，美國與英國的歷史學家與經濟學家也各自為財富分配史的發展奠定了基礎。一九五三年，顧志耐（Simon Kuznets）將最早的國民會計帳（這是他在一九三〇年代金融危機重創後大力推動建立的）與聯邦所得稅（歷經漫長的政治與憲法之爭後於一九一三年建立）產生的數據相結合，以評估國民所得中高額所得占比的變化。[12]這項研究僅針對單一國家（美國），時間範圍相對較短（一九一三年至一九四八年），不過是這類研究中第一個發表的，引發了激烈的討論。一九六二年，蘭普曼（Robert Lampman）也利用對遺產課徵的聯邦稅資料進行了相同的研究。[13]一九七八年，艾金森利用英國的繼承相關資料做出更深入的分析。[14]再往前回溯一點，瓊絲（Alice Hanson Jones）在一九七七年發表了針對美國殖民時期的遺產清冊進行大規模調查後的成果。[15]

站在既往研究的基礎上，二〇〇〇年代初期，一套針對所得與遺產的新歷史研究計畫誕生了，而我有幸參與其中，並獲得許許多多同仁的鼎力相助，包括艾金森、阿瓦列多、江瑟、賽斯與祖克曼。[16]與先前的研究工作相比，這波新浪潮擁有更理想的技術條件。在一九三〇年至一九八〇年間，拉布胡斯、鐸馬爾和顧志耐幾乎只能靠著雙手在紙卡上進行研究。每一次搜集資料、每一張呈現結果的表格，都需要投入可觀的技術成本，有時研究者只剩下極少精力可以從事歷史詮釋、動用其他資源以及針對各項分類進行批判性的分析，這種狀況想必使這套有時被認為太重視「序列」的史學多了一些弱點（亦即太著重於產出可進行時空比較的歷史序列，這種操作或可被視為一項必要條件，但完全不足以期待可幫助社會科學取得任何進展）。然而在這第一波研究浪潮中收集到的資源並未留下太多痕跡，限制了資料再利用與真正形成積累的可能性。

相反的，二〇〇〇年以後的數位化進展，使我們可以分析的時間範圍更長、國家數更多。在這項研究計畫之下，集結將近一百位研究者之力、對全球五大洲超過八十個國家所收集的資料，於二〇二一年彙整為世界不平等資料庫。這些關於所得與遺產分配的資料，有的可以上溯至十八、十九世紀，最近可至二十、世紀初的這一、二十年。[17]像這樣在時間跨度與更為寬廣的視角，讓我們可以進行更多比較，針對觀察到的變遷所提出的社會、經濟與政治詮釋也因此有了重大進展。這項集體研究促使我在二〇一三年及二〇一九年發表了兩本著作，將我們對於財富分配的歷史變遷初步整理出的結果與詮釋公諸於世，而這兩本書也刺激了社會對於這些問題的討論。[18]格辛和馬丁內斯—托萊達諾所推動的新研究，近來著力於探討社會不平等與政治對立的結構變化，承接了政治學家李普賽（Seymour Lipset）與羅肯（Stein Rokkan）於一九六〇年代展開的研究工作。[19]雖然上述各種研究促成了某些進展，但還是必須強調，還有許多事情有待努力，才能讓資源與能力配合得更好，如此一來才能對新形態的轉型過程中涉及的觀念與制度、動員與抗爭以及策略與參與者提出更理想的分析。

從更全面性的角度來看，《平等的反思》之所以能在今天成書，必須感謝許許多多社會科學研究者使用了各式各樣不同的研究方法，使上述問題的相關知識得以有所進展。尤其近幾年來，我們看到新一代研究者與跨領域研究成果的誕生，他們站在歷史、經濟、社會學、法律、人類學與政治學的交會點，翻新了我們對於平等與不平等的社會性及歷史性動態的思考。相關學者包括巴雷爾（Nicolas Barreyre）、巴塔查理亞（Tithi Bhattacharya）、班特森（Erik Bengtsson）、班恆達（Asma Benhenda）、彭凱（Marlène Benquet）、貝西艾（Céline Bessière）、布勞法伯（Rafe Blaufarb）、卡熱（Julia Cagé）、柯尼歐（Denis Cogneau）、德拉蘭德（Nicolas Delalande）、費雷拉斯（Isabelle Ferreras）、傅雷澤（Nancy Fraser）、高拉克（Sibylle Gollac）、戈文德（Yajna Govind）、格雷伯（David Graeber）、格涅（Julien Grenet）、亨內特（Stéphanie Hennette）、赫林—吉雷（Camille Herlin-Giret）、維依勒希（Élise Huillery）、凱爾頓（Stephanie Kelton）、吉爾沃德（Alexandra Killewald）、勒梅西耶（Claire Lemercier）、麥格爾（Noam Maggor）、梅達（Dominique Méda）、蒙內（Éric Monnet）、麥高希（Ewan McGaughey）、恩迪雅耶（Pap Ndiaye）、奧尼爾（Martin O'Neill）、佩希維耶（Hélène Périvier）、菲佛（Fabian Pfeffer）、皮斯托（Katharina Pistor）、西蒙（Patrick Simon）、斯皮爾（Alexis Spire）、切爾涅娃（Pavlina Tcherneva）、維克斯（Samuel Weeks）、沃克（Madeline Woker）、祖博夫（Shoshana Zuboff），還有多位學者一時無法在此詳列，敬請參閱內文。[20]

反抗不正義，學習何謂公正的制度

這套新的社會經濟史帶給我們的主要結論是什麼？其中最明確的顯然就是：不平等基本上是一種社會、歷史與政治建構的產物。換句話說，即使經濟或科技水準相同，所有權或邊界制度、社會與政治體系、財稅與教育體制的組織方式永遠有很多種選擇。這些選擇本質上是政治性的，取決於目前各個社會團體與各種對世界的願景之間的角力關係為何，而且在不同的社會與時期中，這些選擇會形成極為不同的不平等程度與結構。歷史上所有財富的創造都是透過集體力量漸漸形成的：靠著國際的勞動分工、地球自然資源的利用以及自人類文明伊始累積至今的知識。人類社會總是不斷在創造新的規則與制度，建立社會架構，分配財富和權力，不過這些選擇永遠是政治性的，也是可逆的。

第二項啟發是：從十八世紀末以來一直存在著一股趨向平等的長期運動。這條邁向平等的路是那些對不公不義的抗爭與反抗的成果，它們改變了角力關係，將統治階級為了打造有利於他們的社會不平等結構而支持的那些制度推翻，希望能以對絕大多數人民來說更公正、更自由的新制度與新的社會、經濟與政治規範取而代之。一般而言，我們在歷史上看到的那些對不平等體制最澈底的改造，往往涉及大規模的社會衝突與政治危機，例如促成貴族特權廢止的是一七八八年到一七八九年的農民暴動與法國大革命的一連串事件；同樣的，揭開了大西洋蓄奴制度終結的序幕的，是一七九一年聖多明哥的奴隸暴動，而不是巴黎沙龍裡那些隔靴搔癢的討論。在二十世紀，社會動員與工會動員深刻影響了建立新勞資權力關係與改善不平等。我們可以將兩次世界大戰本身，分析為一九一四年以前病入膏肓的不平等現象衍生的社會矛盾與緊張關係所導致的結果，而這種無所不在的不平等不只發生在國內，在國際上也是如此。美國必須經過一場傷亡慘重的內戰才能在一八六五年終結蓄奴制度。一個世紀過後的一九六五年，為數驚人的非裔美國人集結起來，最終成功廢除了合法的種族歧視制度（但無法就此終結不合法但永遠真實存在的歧視）。還有更多例子：各地在一九五〇到一九六〇年代間的獨立戰爭，成為歐洲殖民主義劃下句點的關鍵；必須經過數十年的騷亂衝突與動員集結，才能讓南非的種族隔離制在一九九四年結束……我們還可以這麼繼續列下去。

除了革命、戰爭與反抗，經濟與金融危機往往成為讓社會衝突浮上檯面、重新確立權力關係的關鍵時機。一九三〇年代的經濟危機就是長期貶抑經濟自由主義並使新形態的國家干預取得正當性的主要因素。離我們更近一些的二〇〇八年金融海嘯與二〇二〇年至二〇二一年的全球流行病危機，也已經開始動搖一些危機爆發前大家還普遍認為毋庸置疑的事情，例如可接受的公共債務水準或中央銀行的角色。二〇一八年法國的「黃背心」運動，其規模偏向地區性但意義重大，最終換得政府放棄幾項關於提高碳稅之極為不公平的法案。二〇二〇年代初的「黑人的命也是命」運動（Black Lives Matter）、#MeToo和「罷課救地球」（Fridays for Future）等運動都震撼人心，因為他們動員的力量能夠跨越地理疆界與不同世代，讓人們為了種族、性別與氣候變遷的不正義而站出來。既然目前的經濟體制下存在各種社會與環境議題的矛盾，未來在某些目前還無法具體預測的事態下，抗爭、衝突與危機很可能會繼續發揮關鍵影響力。歷史不會在明天結束。邁向平等依然是一條漫長的道路，何況這個世界上最貧窮的人（尤其是最貧窮的國家裡最貧窮的人），即將承受最富裕之人的生活模式所造成的氣候與環境破壞，而這個打擊將愈來愈嚴重。

另一項歷史給予我們的教訓也非常值得強調，亦即光靠抗爭和權力關係本身並不足以成事。它們是推翻不平等制度與當權者的必要條件，但不幸的是，它們完全無法保證取而代之的新制度與新政權是否永遠會像大家當初期待的那樣平等，能夠帶來自由。

理由很簡單。雖然要譴責現有的政府與制度不平等或造成壓迫是一件很容易的事，要對另一套真正能夠達到社會、經濟與政治平等的制度形成共識卻複雜得多，一切都與尊重個人權利與保持個人差異的權利有關。這任務絕非不可能，但前提是我們必須接受審議討論、不同觀點的對照、去中心化、妥協與實驗。最重要的是，我們必須接受我們可以從歷史發展路徑與他人的經驗中學習，更要接受我們不能預先知道公平制度的具體內涵，因此本質上就值得我們為它好好辯論一番。具體來說我們將在本書中看到，自十八世紀末以來，邁向平等的進展建立在幾項特定制度與措施的發展之上，而這些也是我們必須一一探討的對象，包括法律平等、普選與議會民主、免費義務教育、全民醫療保險，針對所得、遺產與財產課徵的累進稅，共同經營與工會權、新聞自由、國際法……等等。

然而上述每一項措施都尚未發展至成熟且獲得共識的形態，反而比較接近簡陋、不穩定、暫時性的妥協，一再被重新定義，而這種妥協源自特定的社會衝突和集體動員，源自被阻斷的歷史分岔與特殊的歷史時刻。這些措施的共同問題在於有許多不足之處，因此勢必要不斷重新檢討、補足並替換為新的措施。目前幾乎世界各國都已實現形式上的法律平等，但基於出生或性別的深層歧視並不會因此而消失；代議民主不過是各種不完美的政治參與形態中的一種；教育與醫療資源的落差依然是一道難以填補的鴻溝；累進稅與重分配需要人們從國內與國際兩種層次重新思考；企業內的權力分享仍如嬰兒學步；幾乎所有媒體都掌控在幾位寡頭手中，使我們很難認定新聞自由已經充分實現；以不受控制的資本流動為基礎所建立的跨國法律體系，缺乏了社會安全與氣候變遷方面的目標，大多數情況下更像是一種使富人得利的新殖民主義……等等。

若要繼續撼動與重新定義實施中的制度，就必須靠危機和權力關係的作用，如同過去一樣，不過對於新的政策計畫和新的制度提案，人們同樣需要經過學習、集體適應（appropriation collective）與動員的過程。要做到這件事，便需要許多討論、闡述與傳播相關知識和經驗的機制，如：黨派與工會、學校與書籍、交通工具與見面會、報紙與媒體。在這些機制中，社會科學當然相當重要但不應被誇大，因為最重要的是社會適應的過程，而這個過程主要必須透過集體組織來達成，而集體組織的形式本身同樣也有待重新創造。

權力關係及其極限

簡要來說，以下兩種正好一體兩面的陷阱是我們要避免的：一種是忽視抗爭與權力關係在平等史上的角色，另一種則反過來將之神聖化而忽視政治性與制度性解決方案的重要性，以及在研擬這些方案時觀念與意識形態所發揮的作用。菁英階層的抵抗是無可辯駁的事實，在目前這個時代是如此（現在的跨國億萬富豪比一些國家還要富有），但法國大革命時期又何嘗不是。要戰勝這種抵抗，唯有在發生危機或社會矛盾的時刻靠強大的社會動員力量才能達成。因此，認為人們會自然而然對公平而自由開放的制度擁有共識，只要將之付諸實行就能粉碎菁英階層的抵抗，是一種危險的錯覺。關於社會國*的組織、累進稅與國際條約的修改、後殖民時代的修復措施或者對歧視的打擊，其複雜性與技術性唯有靠著向歷史取經、傳

* 編註：社會國是指國家透過制定規範、法院判決、收取稅捐及提供給付等方式，達成社會正義、公共措施及社會安全。

播知識、審議討論與不同觀點的對照才能克服。階級位置雖然非常重要，卻不足以用來打造一套關於公平社會、財產、邊界、稅賦、教育、薪資或民主的理論。即使社會經驗相同，意識形態上卻總是存在某種不確定性，一方面是因為階級本身就是多元且牽涉許多面向的（如社會地位、財產、所得、文憑、性別、出身等等），另一方面是因為相關問題十分複雜，使我們無法想像公平制度的問題可以由單純物質條件的對立便導出單一的結論。

蘇維埃共產主義的經驗（一九一七年至一九一九年）橫跨了二十世紀頭尾，某種程度上也定義了這個世紀的重大事件，正是說明上述兩種陷阱的最佳例證。一方面，布爾什維克革命的確是靠著各種權力關係與激烈的社會抗爭才能推翻沙皇政體，建立史上第一個「無產階級政府」，這個政府起初在教育、醫療與工業上造就顯著的進步，同時也積極打擊納粹主義。如果沒有蘇聯與國際共產主義運動的壓力，很難確定西方國家的資產階級是否會接受社會安全制度、累進稅制、去殖民化與民權。另一方面，因為權力關係被神聖化，加上布爾什維克黨人確信自己已經握有關於公平制度的終極真理，才會導致如今眾所周知的極權主義災難。當時他們希望實施的制度與措施（單一政黨、集權式官僚體制、龐大的國有財產、拒絕合作社財產制、選舉與工會等等）會比布爾喬亞式或社會民主主義式制度賦予人們更多自由。這些措施造成的嚴重壓迫與大量囚禁，使這套政體完全失去可信度並走向衰亡，同時促成一種新形態的超級資本主義的興起。因為如此，俄國這個曾在二十世紀澈底廢除私有財產制的國家，卻在二十一世紀初成了寡頭、金融不透明與財稅天堂的世界首都。基於以上種種因素，我們必須仔細了解這些制度措施的緣起，同時也必須研究共產中國所建立的制度，它們或許會維持得更加長久（但壓迫的程度並不更少）。

我會努力避免落入這兩種陷阱：權力關係不應該被忽視，也不應該被神聖化。抗爭在平等史上十分關鍵，但我們同樣必須認真看待何謂公平制度以及這些制度的審議如何符合公平精神的問題。想在這兩點之間找到平衡並非總是那麼容易：如果過度強調權力關係與抗爭，可能會被指責流於非黑即白，也忽視了觀念與內容的問題；相反的，如將焦點集中於平等派的政治結盟在意識形態與規劃上有何缺陷，可能會有人質疑我們弱化政治結盟的力量並低估統治階級抵抗的能力與短視的自我中心（不過這種心態通常昭然若揭）。我會盡最大努力避免這兩種陷阱，但我不確定每次都能成功，在此也想先請讀者海涵。我更加希望出現在本書中的歷史性與比較性材料能對讀者有所裨益，使讀者自己能對公平社會與構成公平社會的相關制度形成更明確的想像。

第一章 邁向平等之路：最早的幾個里程碑

讓我們直接切入重點。人類會進步，邁向平等之路是一場有可能打贏的戰鬥，但這是一場不確定的戰鬥、一段戰戰兢兢的社會政治進程，永遠都在進行之中，也永遠是人們討論不休的議題。一開始我會先回顧歷史上實現的教育與醫療進步，再檢視由社會經濟指標之選擇所引發的種種高度政治性的問題。接著在下一章中，我們將檢視與權力、財產與所得去集中化的緩慢過程相關的幾個基本要素與數量級。

人類的進步：人人得享有的教育與醫療

人類會進步，只需觀察一八二〇年以來全球醫療與教育之變遷便可確認（參見圖一）。

目前可取得的資料並不完美，但顯現的趨勢不言而喻。全球人口出生時的平均餘命在一八二〇年時為二十六歲左右，至二〇二〇年已達到七十二歲。在十九世紀初，全世界新生兒在一歲以內的嬰兒死亡率約為二十%，今日則低於一%。如果只看一歲以上的人口，出生時的平均餘命在一八二〇年為三十二歲左右，至二〇二〇年已達到七十三歲。兩個世紀以前，只有極少部分人口有可能活到五十或六十歲；這種得天獨厚現在已成了尋常之事。

現在的人享有過去從未擁有過的更好的健康條件，而且接觸教育與文化的機會也比過去更多。根據多項調查與普查收集到的資訊所進行的估算，十九世紀初時全世界超過十五歲的人口中，頂多只有十%

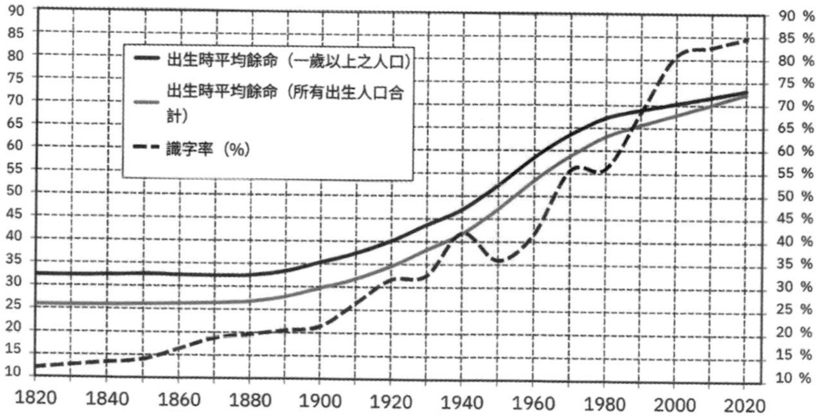

圖一　全球醫療與教育狀況（一八二〇年至二〇二〇年）

全球人口的平均餘命（所有出生人口合計）在一八二〇年時為二十六歲左右，至二〇二〇年已達七十二歲。一歲以上之人口的平均餘命則由三十二歲提高到七十三歲（不滿一歲的嬰兒死亡率在一八二〇年約為二十%，二〇二〇年則不到一%）。全球十五歲以上人口的識字率則由十二%提高到八十五%。

來源與數據：piketty.pse.ens.fr/egalite

的人識字，現在則超過八十五％。關於這一點，一些更細緻的指標同樣支持這項分析結果。全球平均就學年數也從兩個世紀前的不到一年提高到超過八年，在最先進的國家則超過十二年。在一八二〇年，全球接受小學教育的人口不到十％；到了二〇二〇年，富裕國家的年輕世代中，接受大學教育的人口超過半數，這些過去被視為階級特權的經歷，大多數人現已漸漸享有得到。

確實，像這樣的大幅躍進只是讓我們以為貧富差距已不存在。北方與南方國家之間的基礎教育與醫療資源落差始終非常大，而且在更高階層醫療或教育體系，例如高等教育中，幾乎世界各地的落差都依然很大。稍後我們將會看到這是攸關未來的重大議題，在此我們只先指出一項不變的道理：邁向平等之路是一步一步走出來的。隨著某些權利與基本善（例如識字或基本醫療照護）逐漸普及至所有人，在比較上層的階級中便出現一些新的不平等現象，需要提出新的解決之道。如同追求理想的民主政治本身也是一條邁向政治平等之路，不論何種形式的平等之路（社會、經濟、教育、文化、政治）都是永遠尚在途中也永遠尚未完滿。

可以先請大家注意的是，平均餘命與識字率方面的重大進展發生在二十世紀，在這段時期，經過激烈的政治攻防之後，社會國與累進稅制開始大幅擴張。對此我們會再回頭詳談。在十九世紀，社會政策預算寥寥無幾，稅制採累退制，上述指標的進步極其緩慢，甚至是微乎其微。人類的進步從來不是「自然」演進：它是歷史演進與特定社會抗爭下的產物。

全球人口與平均所得：成長的局限

為了明白上述歷史變化有多巨大，讓我們再提醒各位，不論人口或平均所得自十八世紀以來皆成長了十倍以上。以人口而言，一七〇〇年約為六億的人口到二〇二〇年已成長至超過七十五億人，至於平均所得，從我們手中不完美的薪資、生產額與物價等歷史數據加以推估，十八世紀時全球每人每月的平均購買力低於一百歐元（以二〇二〇年的歐元計算），到了二十一世紀初的現在已達到每人每月約一千歐元（參見圖二）。各位會看到直到十九世紀最後三十年、乃至二十世紀，平均所得在歷史上的進展才真正變得顯著。依據可取得的資料來源，在十八世紀與十九世紀大部分時間裡，購買力的成長恐怕微不足道，有時甚至是負值（例如拉布胡斯所研究的法國大革命前的農務薪資）。至於全球人口，在過去三個世紀內成長較為規律，但到了二十世紀也出現加速成長。

我們可以說這兩個成長十倍的現象是人類的進步嗎？要詮釋上述轉變，事實上比醫療和教育的問題複雜得多。世界人口的顯著成長當然反映了個人生活條件的實質改善，尤其是農業與糧食供給上的進步，使人們得以擺脫人口過剩與糧食短缺的循環。其原因也與嬰兒死亡率大幅下降以及愈來愈多父母能陪伴存活的子女成長有關，而這並不是一件小事。不幸的是，從集體的角度，一切指標都顯示長期而言這樣的人口爆炸性成長並非地球所能承受。如果未來再次發生過去三個世紀的人口膨脹，到了二三〇〇年人口就會超越七百億人，到了三〇〇〇年就會有七兆人，這似乎不太可能成真也不為我們所樂見。各位也會發現，全球人口從一七〇〇年到二〇二〇年間成長為十倍之多，相當於每年平均人口成長率僅約零點八%，只是累積超過三百年之久。[1]

由此可知，以為會永久朝同一個方向成長並無止境的延續千千萬萬年，這種想法實在不合理到了極點，而且無論如何都不能當作人類進步的合理目標。言歸正傳，既然出生率開始下降，二十一世紀的人口成長率應該會大幅減少，最終到了本世紀末，全球人口可能會穩定維持在一百一十億左右——至少依照聯合

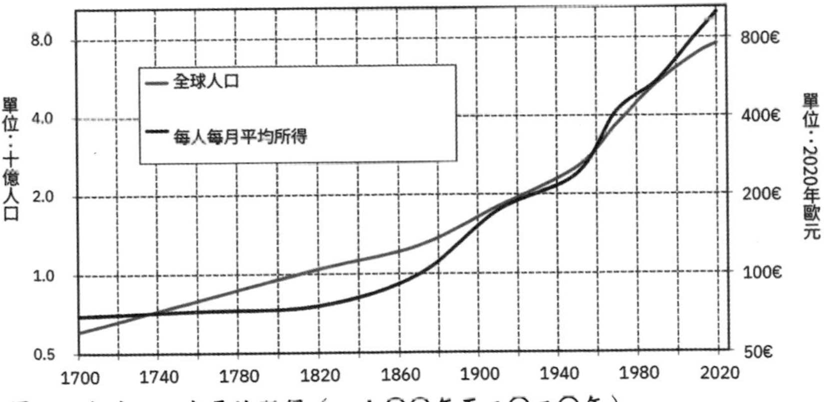

圖二　全球人口與平均所得（一七〇〇年至二〇二〇年）

全球人口數與每人平均所得相同，自一七〇〇年至二〇二〇年間成長了十倍以上：前者由一七〇〇年的六億人左右成長為二〇二〇年的超過七十億人；後者如以二〇二〇年的歐元為單位並經購買力平價計算，則由一七〇〇年時全球每人每月不過八十歐元成長至二〇二〇年的每月約一千歐元。兩者皆累積了三百二十年，年平均成長率皆為零點八％左右。

來源與數據：piketty.pse.ens.fr/egalite

國所預測的主要情境會是如此，雖然目前仍有高度不確定性。

社會經濟指標的選擇：一個政治問題

平均所得的顯著提升引發各種解釋上的疑問，但當中也有部分共同點。純就理論言之，我們當然可以把平均所得大幅增加的事實視為正向的變化，況且這種變化和糧食供給與平均餘命的提升密不可分（兩者會互相強化）。然而有幾點必須進一步釐清。一般而言，社會經濟指標的選擇是一項高度政治性的問題：任何一個指標都不該被神聖化，所有被選中的指標本質上都是公共討論與民主體制內衝突的產物。

像所得這一類指標，首要的工作就是算出平均值與加總，並且要先將焦點放在社會階層之間的真實財富分配狀況，不論所涉及的規模是國內或全球都是如此。舉例來說，雖然根據可取得的資料，二〇二〇年代初期的全球平均所得達到每人每月約一千歐元，但是在最貧窮的國家每月僅有一百至兩百歐元，最富裕的國家每月則超過三千至四千歐元。就算以單一國家來說，不論該國是富國或窮國，貧富差距一直都十分可觀。我們會在本書各章節中持續探討這些問題。例如我們會看到各國之間的貧富差距自殖民時期結束後已有所改善，但依然高得驚人，此一現象部分反映了全球經濟體系中仍然存在階級差異明顯且不平等的結構。[2]

關於十八世紀以來（事實上是自十九世紀末以來）購買力已成長十倍的想法也有必要調整。十倍這個數量級讓人一望即知，也很容易讓人產生數量非常巨大的感覺，這的確無可厚非，不過從具體數字來看其實無法得出如此驚人的解釋。或許數量級在比較所得時有其意義，可以幫助我們評估某一社會內部的不平等（因為不同社會群體間會透過金錢交易偏差進行互動及維持關係）或某一時期國家之間的不平等（同樣因為各國之間會維持這類接觸，而且自十八世紀以來這些接觸在全世界已變得愈來愈頻繁），或是用於探討數年間或數十年間的購買力變化。相對的，如果我們關心的是像前面的例子那樣時間跨度如此大的成長，計算數量級便沒有意義了。

想理解像這樣極端的生活方式變化，靠任何一個單一面向的指標都無法做到。最好還是選擇多面向的研究取徑來衡量實質商品或資源享有狀態的變化，如教育、醫療、糧食供給、衣著、住房、交通、文化……等等。回到我們的話題，隨著我們關心的商品或資源類型不同（亦即以技術性的語言來說，隨著用來計算物價指數的一籃商品的組成不同），我們同樣可能會得出平均購買力自一八六〇年至二〇二〇年間增加為二、三倍或十五、二十倍（而非十倍）的結論。[3]

我們需要更多社會與環境指標

另一方面，我們絕不可忽略十八世紀以來人口、生產與所得之所以能普遍成長，是靠過度開發地球自然資源換來的，也必須思考地球是否能承受這樣的發展，以及何種制度與措施可以扭轉其方向。為此同樣需要建立一系列指標，讓社會行動者可為經濟、社會與環境保護的進步訂立一個平衡且兼顧多重面向的定義。首先，針對總體經濟指標，使用「國民所得」這個概念遠比「國內生產毛額」（GDP）合適得多。兩者的主要差異有二：國民所得等同於國內生產毛額（一個國家在一年之內生產的商品與服務之總額）扣除資本折舊（亦即生產過程中使用的設備、機器、房舍產生的耗損，原則上亦包含自然資本），再加上自國外取得之資本與勞務淨所得或扣除匯出國外之相關淨所得（不同國家可能為正值或負值，但依據定義全球總計應為零）。[4]

讓我舉個例子。一個國家如果從自己的土地上開採一千億歐元的石油，就增加一千億歐元的國內生產毛額。相反的，國民所得卻不會因此增加一分一毫，因為自然資本存量同樣減少了這麼多。假如我們進一步決定將燃燒上述石油產生的碳排放所製造的社會成本（例如我們現在知道碳排放會加劇地球暖化並讓生物難以生存）列為負面價值，而這也是我們應該做卻一直沒有做的，如此一來得出的國民所得就會出現負值。[5] 由此可知指標的選擇非常重要：

同樣的經濟活動可以得出正的國內生產毛額，也可以得出負的國民所得。這會澈底改變一個國家或一個企業進行投資決策時所做出的集體評估。

雖然我們認為應該關注國民所得（並將自然資本的消耗與相應的社會成本納入計算）與國民所得的分配不均，而不是緊抱著ＧＤＰ與某些平均值不放，但這樣還不夠。直言之，不論碳排放或其他「外部性」（經濟學界用語，泛稱經濟活動帶來的不良效應，例如氣候暖化、空氣汙染或塞車）的金錢價值為何，這類單一面向的金錢計算，無法讓我們正確理解已形成的損害或其中的利害關係。在某些情形下，這種取徑甚至可能會讓人有一種錯覺，亦即每件事都可以用金錢抵消，只要可以為環境的價值找到理想的「相對價格」就好，這種想法既不正確又危險。[6]若要走出這種思想與政治的死胡同，根本之道就是最好也能建立一批專門針對環境的指標，例如明文規定的氣溫上限、具強制力的生物多樣性指標或明確的碳排放目標。

所得的問題也是一樣，不論是站在應為碳排放負責之人或即將承受其後果之人的角度，最重要的同樣在於關注碳排放的分配不均。舉例來說，針對二〇一〇年至二〇一八年這段期間，我們發現全球排放二氧化碳最多的前一%人口中，將近六十%居住在北美洲（參見圖三），他們的總排放量比全球排放較少的後五十%人口合計的排放量還要高。[7]再者，我們發現後者大部分居住在撒哈拉沙漠以南的非洲國家及南亞國家，而且很可能會成為氣候暖化的頭號受害者。未來這類指標或許會愈來愈重要，可以用來評估各國是否遵守承諾並設定補償機制，亦有助於建立一套個人碳排放配額制度，而這套制度極有可能成為面對氣候挑戰不可或缺的工具之一。更廣泛而言，如果沒有依據這類指標形成的客觀基礎，我們很難重新思考如何組織全球層次或國家層次的經濟活動。

不衡量貧富差距便無法實現永續發展

但請各位注意：要解決問題，就不能只盯著單純的環境指標看，完全把以所得為基礎的社會經濟指標抛在一邊。理由很簡單，因為人

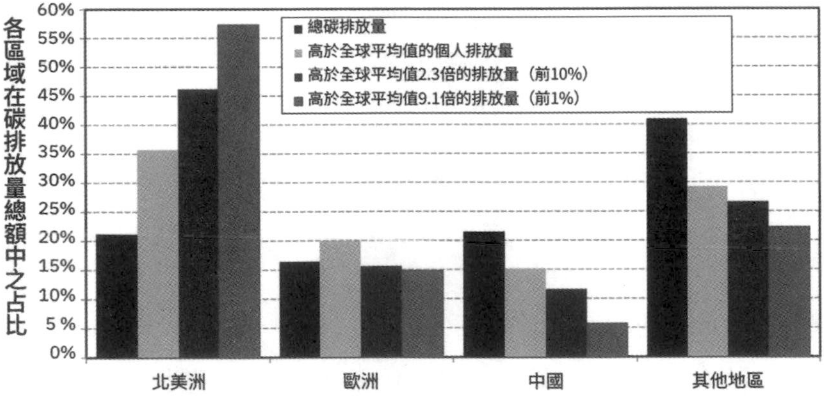

圖三　全球碳排放分布（二〇一〇年至二〇一八年）

二〇一〇年至二〇一八年間，北美洲（美加）在總碳排放量（含直接與間接）之中的占比平均為二十一%；在高於全球平均值（每年六點二噸二氧化碳）的個人排放量中，北美國家的占比為三十六%，在高於全球平均值二點三倍的排放量中（亦即全球個人排放量的前十%群體，其排放量占總量的四十五%，相較之下，後五十%人口的排放量僅占總量的十三%）則占四十六%，在高於全球平均值九點一倍的排放量中（亦即全球個人排放量的前一%群體，排放量占總量的十四%），則占五十七%。

來源與數據：piketty.pse.ens.fr/egalite

類需要與大自然和諧共存，但人類也需要吃、穿、住和文化活動。更重要的是，人類需要正義。再者，如果我們無法衡量所得、所得的分配及其歷來的變化，便很難看清該如何發展正義的規範，讓我們能將力道集中在最富有的人身上，並重新規劃一套讓最窮困的人也過得下去的全球經濟體系。如果不能下定決心拿出行動，大力削減社會與經濟的不平等，便沒有別的辦法能解決環境與氣候危機了。[8]如果要往這個方向前進，勢必要將環境與經濟等不同指標結合起來，例如我們可以一方面制定碳排放目標或期望達到的生物多樣性標準，另一方面同時設定與改善所得不均及稅收、社會捐、公共支出分配不均有關之目標，如此一來，便能比較以達成既定環保目標為宗旨的不同政策組合。

另一方面，雖然一般而言最好不要只關心平均所得，而要著眼於不同社會階層間的所得分配，但是在某些狀況下，援引如國民所得（或至少ＧＤＰ）一類的總體經濟加總同樣極其必要，例如它們可用來表現不同類別稅捐的重要性或者挹注於教育、醫療或環境的預算金額占國民所得（或ＧＤＰ）之百分比。其實若要以容易理解的方式對這些數額進行跨時代與跨國的比較，這可能是我們所能使用的方法中缺點最少的一種，在接下來幾章中，當我探討例如十八、十九世紀歐洲國家的財力與軍力如何日益強盛，或是二十世紀福利國家的發展時，我將嘗試證明這一點。乍看之下，以「占國民所得之百分比」進行推論，或是計算上述所有數額相較於各時期平均所得或平均薪資（兩者最終並無不同）的比值，可能的確會令人感到十分抽象，也會讓許多大眾退避三舍。可是如果我們不能克服這個技術性障礙，那麼我們幾乎不可能躲過被操弄的風險。

舉例來說，目前當權的政府（包括它們的反對派）經常發布一些動輒以兆為單位的投資計畫（不論是歐元或美元、人民幣）。檢視之後往往發現這些計畫長達十年或二十年，而不只是一年而已，因此經重新正確計算後，每年的金額實際上只相當於國民所得的極小一部分，抑或原本預期的成長其實低於這段期間的通貨膨脹率或預估的經濟成長率（以至於原本宣稱獲利在望的投資在國民所得中的占比沒有增長，反而縮水）。理想上，媒體應該負責將這些政府公布的金額有系統的換算成方便大家理解的尺度。不過現況距離這理想尚有一段不小的距離，而拉近距離最好的方式當然就是有愈來愈多的公民能自己學會如何換算，並且讓他們喜歡的媒體聽到更多這類要求。社會經濟指標的選擇是高度政治性的，因為它與我們每個人都相關，不能丟給別人去做，否則我們就會看到選出來的指標反映的，毫無意外不是我們最關心的價值。

讓我簡要重述一次：社會經濟指標無非是不完美的、暫時的、脆弱的人工產物，一如本書中呈現的歷史資料序列及所有一般性的統計數字。這些指標本身無意提供數字背後的「唯一真實」或確定不移的「事實」。我們永遠有好幾種正當合理的做法可以把取得的要素組合起來，讓人們可以從社會面、經濟面、歷史面理解某一項資訊。這些指標最主要的目的是形成一套語言，讓我們能得出一些數量級，更重要的是能以目前所及最合理的方法來比較一些通常被認為差異相當大，但除卻各自不可化約的特質與個案性質之外，放在一起對照卻頗有啟發性的情境、歷史時刻、時代與社會。

我們不能說完「每個統計數字都是社會建構」就感到滿意了——這句話當然是對的，只是光說這句話並不夠，因為這等於是棄守城池。在正確的使用下，輔以節制與批判性思考，這套社會經濟指標的語言會是自然語言不可或缺的助手，能幫助我們對抗思想上的民族主義，也能擺脫經濟菁英的操弄，建立一套符合平等精神的新視野。

最後要指出的是，替代的解決方案或許是將多個指標整合成一個單一指標，而非使用多個指標。舉例來說，聯合國建立的人類發展指數（HDI）將許多關於健康、教育和國民所得的數據彙整起來，對各國進行整體性排名。環境學家與經濟學家提姆・傑克森（Tim Jackson）發展了一套「全球進步指標」（Global Progress Indicator，GPI）主要結合了環境數據與關於國民所得及其分配之數據。[9]這些努力意義非凡，因為由此可知執著於GDP沒有太大意義：我們只需要選用一個更均衡的指標，各種各國排名與歷史變遷便會幡然不同。然而我不認為最佳解決之道是將GDP換成另一個單一指標（即使更加均衡），因為指標本身的作用就是設法將一項具有多重面向的事實簡化為一個單一面向的指數，而這麼做的代價就是遮掩了某些事物。一般而言我比較傾向援引多種指標，而且是以公開透明的方式呈現碳排放及其分配、所得不均、醫療與教育……等狀況的指標。同樣基於透明性的考量，我不建議使用一般認為可反映社會不均程度概況的那些綜合指標（例如吉尼係數或泰爾不等係數〔Theil Inequality Coefficient〕，它們在解釋上顯得相當抽象）。在我看來，較合適的做法是援引直覺上更容易掌握的概念，例如後五十%較貧窮人口或前十%最富有人口的所得占比，或者碳排放量最高的前一%人口製造的排放量占比等等，這樣人人都能輕易理解。[10]

第二章 權力下放與財產分散化的漫長歷程

現在讓我們轉向另一個將在本書的研究中扮演重要角色的社會經濟指標：財產及其分配。與所得不同，所得代表的是我們在一段特定時間內賺取的東西，財產則是指我們在某個時點所擁有的東西。與所得相同的是，財產是一種社會關係，意思是要完整理解財產的意義，不能不理解它所處的那個社會以及該社會特有的一整套規範與社會群體之間的各種權力關係。財產是一種鑲嵌在歷史中的概念，它會受到每個社會定義不同形態之正當所有權（土地、房屋、工坊、機器、海洋、山脈、紀念建物、金融憑證、知識、奴隸等）的方式所影響，也會受到組織和規範財產與相關社會群體間權力關係的法律程序和實務流程所影響。

十八世紀以來財產集中度的變遷

首先讓我們檢視法國自十八世紀末以來財產集中度的變遷，第一步便是比較前一％最富有人口和後五十％較貧窮人口的財產占比（見圖四）。[1] 法國的例子特別有意思，因為法國大革命雖未建立起一個完全平等的社會（遠遠不及），卻透過當時的繼承檔案和精密的財產登記與移轉制度留給我們一座不可多得的財富觀測站。[2] 如同我們接下來會看到的，從法國的例子中觀察到的長期變遷其實可以代表我們在其他可取得之同類（雖然一致性較不足的）資料來源的歐洲國家觀察

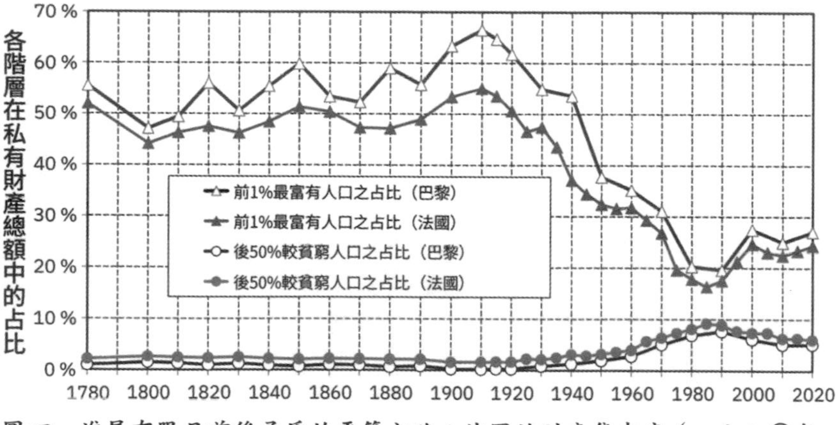

圖四　進展有限且前後矛盾的平等之路：法國的財產集中度（一七八〇年至二〇二〇年）

法國的財產集中度（財產包括不動產、營業資產與金融資產，扣除負債）繼大革命時期些微下降之後，自十九世紀至第一次世界大戰皆呈現上升，兩次大戰之後到一九八〇年代為止則明顯下降。整體而言，前一％最富有人口的占比從一九一〇年的五十五％成長到二〇二〇年的二十四％，但後五十％較貧窮人口從中受惠甚少，其占比在一九一〇年為二％，二〇二〇年則為六％。

來源與數據：piketty.pse.ens.fr/egalite

到的變遷，好比英國和瑞典。

首先我們觀察到在法國大革命之後，前一％最富有人口在私有財產總額（亦即地產、房產、營業資產、工業資產與各種性質的金融資產，扣除負債）中的占比僅些微下降，而且整個十九世紀直到二十世紀初都高得不可思議。例如在一八一〇年的法國，光是前一％的有錢人便占了財產總額的四十五％左右，一九一〇年時則占總額的五十五％左右。在巴黎這個於十九世紀末和「美好年代」積累了可觀金融與工業財富的地方，前一％最富有人口的占比在第一次大戰前夕甚至超過了六十五％。其次，我們觀察到整個二十世紀的財富集中程度都非常高。以全法國來看：前一％最富有人口的占比在一九一四年為五十五％；一九八〇年代初期降至低於二十％，接下來開始緩慢回升；到二〇二〇年時，此一占比接近二十五％。

圖四呈現的結果說明了本書想提出的主要論點：一方面存在著一股朝平等發展的長期趨勢，而就此處關心的財產集中度來看也略有改善，從而稀釋了社會與經濟權力的集中；然而另一方面，不平等的現象依然持續處於極為嚴重、甚至令人不忍卒睹的狀態，我們很難對這樣的狀況感到滿意，或宣稱這樣對絕大多數人來說是有利的。[3] 具體而言，現在前一％最富有人口在私有財產總額中的占比是一百年前的二分之一，但即便如此，依然是後五十％較貧窮人口所占的五倍之多，這些貧窮人口現在擁有的幾乎不超過總額的五％（尚且不論後者定義上是前一％最富有人口的五十倍）。確實，從十九世紀到二十世紀初，後五十％較貧窮人

口的占比不過二%，也就是說這一百年間達成了某種程度的進步，只是微乎其微。事實上，財產的分散化幾乎只有利於介於前一%最富有的人口與後五十%較貧窮人口之間的社會群體，後五十%人口能享受到的好處卻少得可憐，說得直接一點，他們相當於從來沒擁有過任何財產。

財產與權力：權利束

在進一步探討之前，讓我們先釐清幾件事。首先必須強調的是，像這樣量化金錢形式的財產集中度的變化儘管十分方便且容易理解，卻只有助於分析這些巨大變化中的一部分。這是因為行使財產權的條件在十八世紀末曾被重新制訂過。此外，以金錢計算不同財物的價值（不動產價格、股票市價等），並評估各種資產及其分配，不能完整衡量財產在權力與機會等面向上的價值，再放大一點來看，也無法完整衡量這些財物對許多相關社會行動者而言有何社會價值。一般來說，我們不應將財產視為一種無時間性的、絕對的權利，而應視其為每個不同社會歷史情境下特有的一組權利，就像一把真正的「權利束」，界定了該財產關係下的不同行動者與利害關係人所擁有的權力與能力的範圍為何，而這些人士可以是所有權人或非所有權人、使用權人或受雇者、地方自治團體或家族團體。[4]

在法國大革命前夕，當時的貴族階級占據不到一%的人口，卻代表超過五十%的大型私有財產所有人，還享有財稅、政治與隨之而來的司法特權，因此他們的權力（相較於布爾喬亞資產家）並不僅止於其財產的金錢價值。大革命為全體財產所有權人建立起法律地位的平等，但同時也大大增強了這些人宰制無資產人口的權利（卻沒有社會面的配套措施），尤其是白人男性所有權人的權利。一八〇四年的民法典採用的是絕對主義的財產定義，至今依然施行於法國。[5] 然而整體觀之，這套法律體系自此之後其實已有所變化。已婚婦女的法律地位長期低於男性，例如在開設帳戶、出售財物或簽署勞動契約時皆是，自一九六〇至一九七〇年代開始，她們在形式上取得了同等權利。不論男性或女性，現在的受雇者與房客所擁有的權利與過去不可同日而語。在十九世紀，老闆可以隨心所欲（或幾乎不受限制的）解雇員工或改變勞動條件和薪資條件；同樣的，房東可以任意趕走房客或將租金加倍，毋須顧慮也毋須事前通知。在二十一世紀初的今日便不是如此了。如今在這方面有許多規範與手續，而且絕非單純的空中樓閣，雖然受雇者和房客的權利依然有限，尚可進一步擴大其權利、提高其尊嚴。

許多例子皆可說明財產制所經歷的轉變。直到實施蓄奴制的法屬島嶼在一八四八年廢除奴隸制度為止，種植園皆屬於繼承檔案中納入計算的財產，包括在該處工作的奴隸的金錢價值。直到一九六〇年代初為止，研究者觀察到的財產皆包括在殖民地持有的資產，而這類資產是在極度不對稱的法律關係與政治軍事高壓宰制的背景之下積累的成果。大體而言，我們將會在這整本書中一再回頭探討這些不同的演變過程，我們也將看到這兩百年來為平等所做的努力，亦可說是為了無資產人士之權益而致力追求真正公平之權利的過程。上述財產權的轉變，尤其是十九世紀下半葉至整個二十世紀這段時期的變化，曾是各種社會與政治抗爭的核心議題。它不只促進社會與經濟平等的提升，也使經濟更加繁榮，因為所有男男女女對社會生活與經濟活動的參與度都提高了。我也將論證這股歷史潮流很可能會延續到二十一世紀，不過先決條件是新的抗爭與歷史轉折仍能讓我們朝此一方向前進。此處我們僅簡單指出一點，整體而言，所有權人的權利在十九世紀初時比現在絕對得多。由這點來看，我們可以認為當時財產以及奠基於財產的權力的分散化，其程度比圖四單純由金錢面向呈現的樣貌更加顯著。換個方式來看，後五十%較貧窮的人口或許一直都是一樣貧窮，因為他們在財產總額中的占比從十九世紀以來幾乎沒有成長，不過與過去相比，現在他們受有資產的人（雇主或房東、丈夫或殖民者）支配的程度已略有改善。

擁有生產工具、房屋、國家與世界其他地方

想要分析在財產關係中作用的權力關係，一如想要深入了解以金錢形式呈現的財產分配之變遷，就一定要將可能為人持有的財物加以分類。如果先排除經由使人為奴而擁有另一個人的形態（稍後再論），則我們可以將擁有財物區分為四大類：擁有生產工具、擁有房屋、擁有國家、擁有世界上其他地方。生產工具包括農地與設備、工廠與機器、辦公室與電腦、商店與餐廳、預付款與營運資金，更廣泛的還包括生產其他商品與服務必要的一切財產。這些生產工具可能直接為農民或企業主所有，或是透過股票、債券、公司持分或其他金融憑證持有，也可能是間接透過存款和銀行帳戶持有（此時對企業行使權力的主要是銀行或金融中介機構，他們根據客戶的存款與當時的法律規定來決定是否投資該企業）。

根據傳統馬克思主義的觀點，只有屬於生產工具的財產才真的算是資本主義下的財產：這種財產讓人能從勞動力的剝削中獲取利潤，而幫助資本積累的正是這種利潤。我無意否認此一框架下所形成的階級分明的社會關係有其獨特性，但我認為相當重要的是，凸顯所有財產關係都涉及某些特定的權力關係，不論我們所思考的所有權形態為何，都必須如實分析這些權力關係。[6]尤其房屋的所有權會牽涉到一些開發策略與權力關係，而在房東與房客之間，這些策略與關係有時極為暴力也極具侵略性，雖然隨著時移事異已經（部分）受到規制，也

變得較為溫和理性。擁有住宅與一個專屬空間的權利，涉及一個關乎我們每個人內心更私密的需求的問題。住宅是一個屬於家庭生活與「社會再製」的場域，此處「社會再製」一詞依循的是批判女性主義學者所使用的意涵，他們十分合理的強調，古典馬克思主義的分析往往只關心「生產的」場域，忽略家庭這個對整個經濟體系運作（當然包括對勞動力生產與資本積累）至關重要的場域，以及存在其中的嚴重不平等與宰制關係。[7] 事實上，如果我們想全面地了解社會經濟體系和財產關係中隱含的權力關係，又希望在更細緻的分析種種相關制度性措施與社會發展歷程時，能將不同的財產持有類型區分開來，便不可不同時關心生產工具與房屋的所有權。

總體而言，以金錢價值計算，在私有財產中房屋一般價值可觀，通常占比約為二分之一，而另外二分之一左右則為生產工具（根據企業的金錢價值計算）。舉例來說，在二〇二〇年代初期的法國，私有財產總額約為每個成年人二十二萬歐元（相當於六年的平均所得），其中約有十一萬歐元屬於房屋（扣除負債），十一萬元屬於營業資產及金融資產。[8] 然而我們必須指出，不論是資產的水準或其組成，上述平均值都掩蓋了背後的巨大落差（見圖五）。

對最貧窮的二十%或三十%人口來說，財產本身就是一個相當抽象的概念：其中一些人只有負債，其他人則至多有數千歐元（例如一、兩個月的預支薪資）存在銀行帳戶或儲蓄帳戶裡。若逐步擴大範圍，會發現金額逐漸增加，但仍十分微薄：後五十%較貧窮人口擁有的平均財產不過兩萬歐元（約為所有人口的平均財產的十分之一，約占總財產五%）。財產中位數（亦即半數人口的財產都低於此數額）是十萬歐元左右，約為平均財產額的一半。如果再檢視接下來的四十%人口，亦即介於後五十%較貧窮人口與前十%最富有人口之間的人，其財產大約介於十萬到四十萬歐元之間，而我們會發現這些人擁有的財產主要是房屋。至於前十%最富有的人，亦即財產額超過四十萬歐元的人，他們的財產類型則更加多元，因為隨著在財富階層中步步攀升，營業資產、特別是金融資產（尤其股票）的份量會愈來愈重要，在前一%最富有的人口的財產中（超過一百八十萬歐元）更成為主力。各位會發現這個階層的人口平均擁有約五百萬歐元的

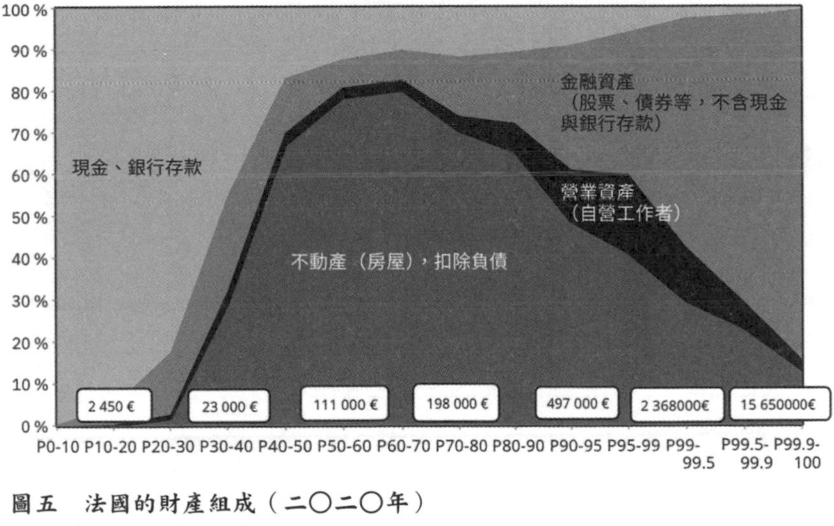

圖五　法國的財產組成（二〇二〇年）

在二〇二〇年的法國（可取得同類資料的所有國家亦同），底層資產主要由現金與銀行存款組成，中層資產主要為不動產，頂層資產主要為金融資產（尤其是股票）。

注意：此圖呈現的是每個成年人擁有的資產之分配（配偶或伴侶之資產則除以二）。

來源與數據：piketty.pse.ens.fr/egalite

財產，將近平均財產的二十五倍，這就是為什麼他們擁有的財產占比，會高達財產總額的二十五%左右。這也讓我們知道從量化的角度來看，一個像過去一樣，五十%或七十%的總財產掌握在前一%最富有人口手中的社會，會是什麼模樣。

有幾件事必須進一步說明。為了確保概念一致，我們會稱後五十%較貧窮的人口為「平民階級」，接下來的四十%人口為「中產階級」，而前十%最富有人口為「上層階級」。由於上層階級內部的異質性相當高，又可區分為「富裕階級」（其中後九%較不富有的人口）與「宰制階級」（前一%最富有人口）。簡言之，平民階級擁有的不過是少許微薄的銀行存款；中產階級的重心是房屋；富裕階級將其財富分散為房屋、營業資產與金融資產；宰制階級最重視的是擁有生產工具（營業資產與更重要的股票及金融資產）。這些利用階級概念形成的用語十分方便好用，但前提是不可把這些用語等同於真實事物，或使其僵化。實際上，階級認同永遠是彈性且具有多重面向的。我們絕不可以將它簡化為跨越某一道金錢門檻與否的問題。社會階級不僅受到生產工具與房屋的持有與持有的規模所影響，也受到所得與教育水準、職業與經濟活動部門、年齡與性別、國內或海外出身之背景所影響，有時亦包括種族與宗教之認同，因為在不同的社會歷史背景下也會產生各種柔軟且多變的階級形態。

此外，雖然透過股票、債券、公司持分及其他金融憑證，持有金融資產基本上即是持有企業與生產工具，但它同時也是對國家及世界上其他地方主張權利的方式之一。擁有公債憑證當然不等於像擁有一間企業一樣「擁有國家」。不過在歷史上的確存在過其他更直接的做法，讓公債持有人可以取得國家所有權，或者至少可以控制國家，並比一般公民更能親身參與國家的共同創造，不論是透過十九世紀至二十世紀初為止許多國家施行的納貢普選制，或是經由對政黨、媒體與智庫提供私人金援，而這個機制幾乎存在於二十一世紀初的世界各國，也就是現在。不過不論在哪個時代，持有公債憑證都是一種擁有國家的次要手段，這是因為，舉例來說，國家可能會為了償還債務不得不放棄它的財產（建物、道路、機場或公有企業）。政府所做的也可能只是讓歷史建物轉型成可張貼廣告的空間或半私有財產（那些成功讓政府相信不可能從他們身上抽到稅金的人有時可因此受惠），或者更常見的做法是仰賴舉債或金融市場運作，或透過政府以為有利的政策或其他「改革」形成影響。財產永遠是一種權力關係，且這種權力關係不僅僅發生在財產是生產工具時。因此，公共債務、公共債務賦予的權力以及各種關於累積、償還或取消公債之規範的問題，都重大影響了十八世紀法國大革命的爆發以及二十世紀追求平等與打破財產制神話的浪潮。毫無疑問的，這些問題將繼續在二十一世紀強烈發酵。之後我們會再回來好好討論此一課題。

除了生產工具、房屋與國家之外，另一種重要的財產形式就是擁有世界上其他地方，亦即在外國持有財產。財產可以是蘇伊士運河、印度支那的橡膠園、甚至俄國或阿根廷的債權憑證。實際上，我們可以擁有屬於其他國家的一切：生產工具、政府，也可能是房屋。然而在法律與政治層面，有時還包括軍事層面，這種跨國持有財產的形式會涉及一些制度措施與特定的宰制關係，值得我們加以研究。以二〇二〇年的法國為例，由於法籍人士在海外持有的財產幾乎和外籍人士在法國境內持有的財產一樣多，導致「海外資產淨額」幾近於零（這不代表這些跨境持有的鉅額資產一點也不重要）。反觀殖民時期，海外資產淨額的規模相當龐大，而且不論在國家或全球層次，它在整個財產結構以及社會階級間的不平等結構中都極為重要。針對這個課題，我們同樣將在以下章節中回頭好好討論海外與殖民地資產及其消失在二十世紀的平等運動中的重要性，以及這些跨境資產未來的可能影響。

資產持有型中產階級的艱難崛起

讓我們回頭談談十八世紀末以來財產分布的變化。前面已經提到，從二十世紀初到二十一世紀初之間，前一％最富有人口的財產占比減少了二分之一以上，但依然是後五十％較貧窮人口的五倍之多（見圖四）。如果各位現在檢視一下整體分布的變化，便會發現從貧富差距的改善中得利的主要是我們可以稱之為「資產持有型中產階級」（classe moyenne patrimoniale），亦即介於後五十％較貧窮人口與前一％最富有人口之間的四十％人口（見圖六）。

具體而言，我們首先會看到在二十世紀初至一次大戰前夕，前十%最富有人口在財產總額中的占比約為八十五%，接著漸漸下滑，到一九八○年代初期正好降到五十%，到二○二○年又回升至略略超過五十五%。各位會注意到上述變動幾乎和我們觀察到的前一%最富有人口的占比變化一模一樣（見圖四）。換言之，地位發生某種崩垮的是「宰制階級」（前一%），而「富裕階級」（接下來的九%）則幾乎整個二十世紀都保持穩定（維持擁有資產總額三十%左右）。相反的，介於後五十%較貧窮人口與前一%最富有人口之間這四十%人口

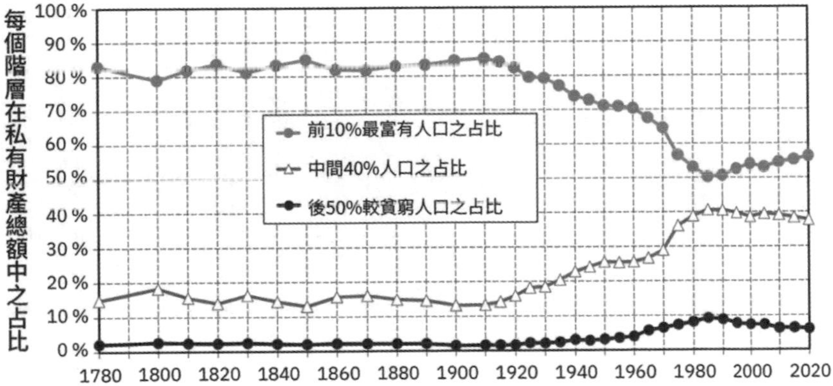

圖六　法國的財產分布（一七八○年至二○二○年）：資產持有型中產階級的艱難崛起

自一七八○年代至一九一○年代間，前十%最富有人口在私有財產（不動產、營業與金融資產，扣除負債）總額中之占比介於八十%至九十%之間。財產集中度自一次大戰後開始下降，於一九八○年代初期出現中斷。因財產分散化受惠的主要是「資產持有型中產階級」（介於其中的四十%人口），本書將其定義為介於「平民階級」（後五十%較貧窮人口）與「頂層階級」（前十%最富有人口）之間的群體。

來源與數據：piketty.pse.ens.fr/egalite

的財產占比則發生驚人成長：在二十世紀初僅達財產總額的十三％，接著在一九一四年到一九八〇年成長為三倍之多，於一九八〇年代初期達到約四十％，此後便維持在此一水準（只有略為減少）。

讓我簡要重述一次：財產集中度依然非常高，朝平等邁進的成果不該被高估。二〇二〇年代初，前十％最富有的人口擁有全法國超過五十五％的財產（前一％富人則擁有近四分之一），而後五十％較貧窮人口幾乎一無所有（約為總額的五％）。假如我們只看生產工具的持有（生產工具會決定經濟權力的分配與勞動場域上下階層關係的結構），財產集中度還會更高（尤其是前零點一％或零點零一％的巨富，這個極小的群體過去數十年間過著風平浪靜的生活）。[9]各位也會注意到，後五十％較貧窮人口在資產總額中的占比本就微不足道，但他們擁有的資產自一九八〇年代之後竟然明顯減少（比更富有的四十％人口更明顯）。最後必須特別指出的是，這種財產極度集中的狀況，並非受財富之年齡結構（profil par âge）影響所產生的偏誤，而是普遍出現在每個年齡群體中，從最年輕到最高齡的人口都是如此。[10]

儘管如此，資產持有型中產階級的崛起仍是相當重大的變化，在社會面、經濟面與政治面皆是如此。為了簡化一些，我們可以說直到二十世紀初為止所謂中產階級並不真正存在，因為介於後五十％較貧窮人口與前一％最富有人口之間那四十％的人口，幾乎和後五十％的人一樣窮（以財產總額占比而言）。相對的，在二十世紀末和二十一世紀初，資產持有型中產階級的成員雖然個別來說不至於富可敵國，但與赤貧生活相距甚遠（粗略而言，每位成年人擁有的財產在十萬至四十萬歐元之間），而且集體而言他們在財產總額中的占比不可小覷：約占四十％，[11]將近前一％最富有人口（占總額二十四％）的兩倍，反觀一次大戰前夕時他們的占比僅為後者的三到四分之一（十三％對五十五％）。用一句話來說：現在的中產階級集體持有的財產是宰制階級的兩倍，但一個世紀以前只有宰制階級的三分之一。財產的極度集中從來不曾改變，但是在這個大前提下我們卻觀察到一個明顯的轉折。這兩句話或許看來彼此矛盾，但兩者都沒有說錯。世事的複雜性也是我們所繼承的歷史遺產之一。

之所以會出現這種貧富差距的縮減，一部分是受到戰爭與經濟危機的影響，但另一個重要因素是十九世紀末與二十世紀所實施的新社會與財稅政策，包括福利國家的茁壯、教育與醫療等基本善的取得達到一定程度的平等、針對高額所得及財產課徵的高度累進稅獲得發展。再加上前面已提及的法律體系與財產權制度的大幅變化，主要就是靠著這些藉由激烈的社會與政治抗爭所推動的根本性制度改革，我們的社會才變得更加平等。我們是否應該繼續朝這個方向前進呢？如果是的話，又該怎麼做呢？我將舉證說明這些追求平等的努力（儘管進展有限）從任何角度來看都是有益的，其中當然包括生產效率與集體繁榮，因為它讓所有人都能更密切參與社會生活與經濟活動。自十九世紀以來，宰制階級的消費與投資能力的確嚴重縮水，畢竟他們在整體財富中的占比一落千丈，但大力追趕甚至超越的是日益壯大的中產階級與能力稍弱但同樣茁壯中的平民階級。有些人認為我們應該滿足於目前的貧富差距，後五十%較貧窮人口僅持有財產總額的五%並沒有什麼不妥，但這種想法完全不具備可靠的實證基礎。繼續追求平等是我們想要的，也是可行的，為此，我們必須在建立福利國家和累進稅制的工作上做得更多、走得更遠。

提升所得平等的漫長奮鬥

為了讓我們的初步概覽更加完整，也有必要熟悉一下與所得分配的長期變化有關的重要數量級。一般而言，所得不均的程度向來低於財產不均。我們知道，所得包含勞務所得（薪資、其他工作所得、退休金、失業補助）及資本所得（利潤、股息、利息、租金、資本利得等）。資本所得通常占所得總額的四分之一至三分之一，有時甚至將近一半，端視員工與雇主間的權力關係以及當時的法律與社會制度（租金管制、公司法、勞動法等），尤其是工會組織被賦予的角色及其協商權力。[12]理論上，資本所得集中度和資本持有的集中度是一樣高的。[13]勞務所得不均的程度雖然可觀，相較之下卻輕微得多，但同樣會隨各方協商權力及許多法規與社會規範之不同而產生巨大差異，例如是否設有最低工資、薪資級距，以及是否設有助於達成接受教育訓練、取得專業技能資格、取得求職機會之平等和助於打擊性別主義與各種歧視的措施。整體的所得不均水準落在勞務所得和資本所得的水準之間，且一般而言更接近勞務所得不均的水準，這與勞務所得的份量較重有關。[14]

具體而言，如果檢視前十%所得最高的人口在所得總額中的占比，會發現直到二十世紀初為止，此一占比在法國約為五十%至五十五%，接著在一九一四年至一九四五年間降到低於三十五%，此後便擺盪在三十%到三十八%之間（見圖七）。後五十%所得較低的人口的占比在二十世紀初約為

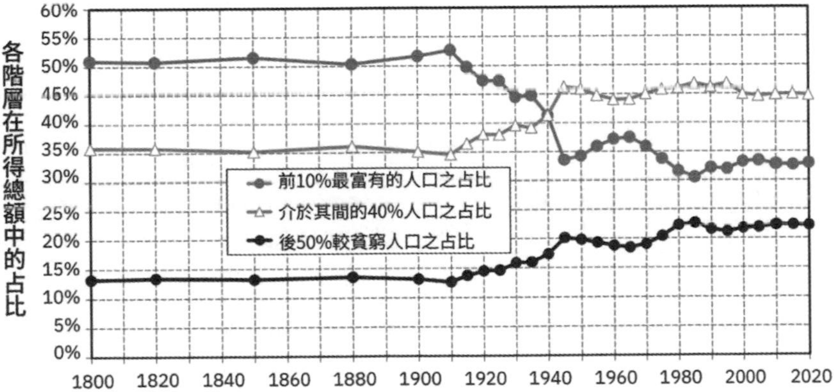

圖七　法國的所得分配（一八〇〇年至二〇二〇年）：平等化的長期趨勢之開端？

在一八〇〇年到一九一〇年間的法國，所得最高的前十%人口在所得總額中之占比落在五十%左右。所得總額包含勞務所得（薪資、非薪資性質的執業所得、退休金、失業補助）及資本所得（利潤、股利、利息、租金、資本利得等）。所得集中度自兩次大戰結束後開始下降，使「平民階級」（後五十%所得較低者）與「中產階級」（介於其間的四十%人口）同時受惠，「頂層階級」（前十%所得最高者）則蒙受損失。

來源與數據：piketty.pse.ens.fr/egalite

十二%至十三%，到了一九四五年提升至二十%，此後便擺盪在十八%到二十三%之間。介於其間的四十%人口的占比自一九四五年開始甚至超越了前十%所得最高的人口。這個狀況一點也不奇怪，因為前者在人數上是後者的四倍。事實上在二十一世紀初的現在，法國所得不均的狀況依然非常嚴重：後五十%較貧窮人口和前十%最富有人口之平均所得差距可達八倍之多，後五十%較貧窮人口和前一%最富有人口的平均所得差距甚至可差到二十倍，而後五十%較貧窮人口和前零點一%最富有人口之間的差距可達七十倍。儘管如此，這些反映所得不均程度的數量級，顯然還是比我們觀察到的關於財產不均的數量級輕微得多。尤其值得注意的是，所得平等化的整體趨勢比財產平均化還顯著得多（見圖六）。上述發生在法國的變化同樣可在大多數歐洲國家中看到，美國的變化則較為和緩，但一九八〇年後不均程度的回升則明顯得多。

我們之後將回頭好好討論這些變化。不過在進一步詳細檢視並從中找尋對未來的啟發之前，我們必須從頭爬梳歷史脈絡，並對十八世紀以來全球財富分配的演變有更深入的理解。

第三章　蓄奴主義與殖民時代的遺產

歐洲和美國為何能成為全球領導者（至少到最近為止）？我們不會得出單一的解釋，但我們將會看到蓄奴主義與殖民主義在西方國家的財富成長中至關重要。國家間的財富分配與國內相同，直到今天，不論是國家間或國內的的財富分配，依然背負著這些遺產的深刻印記。因此仔細檢視這些歷史事件便顯得格外重要。

工業革命、殖民主義與生態學

所有我們取得的研究成果都證明，西方工業資本主義的發展，密切伴隨著十五、十六世紀開始在歐洲強權與世界上其他地區之間逐漸發展並在十八、十九世紀時大幅加速擴大的跨國勞動分工體系、自然資源的瘋狂開採以及軍事與殖民統治。更廣泛而言，要撰寫一部全球的平等與不平等歷史，不可能不從了解殖民主義遺產的規模著手。歐洲國家的擴張大約始於一四五〇年至一五〇〇年，包括葡萄牙人在非洲設立商行、達伽馬（Vasco de Gama）航行至印度與哥倫布的美洲探險。歷經慘烈的獨立戰爭之後（印度支那戰爭或阿爾及利亞戰爭皆可見一斑），歐洲的擴張於一九六〇年代劃下句點，如果將南非的種族隔離運動也算在內，甚至可說是終結在一九九〇年代。把時間尺度拉大來看，我們事實上才剛剛脫離殖民經驗。如果以為歐洲擴張的影響能在幾十年內歸零，恐怕是太天真了。現在出生在地球上的人不需對這麼沉重的歷史遺產負起個人責任，但每個人卻有責任在自己分析全球經濟體系及其不正義與應該做出何種改變的時候，決定是否要將歷史遺產納入考量。

彭慕蘭於二〇〇〇年發表的著作中探討歐洲與亞洲之間的「大分流」，書中強調西方的工業發展就算不建立一個全球性的勞動力供應與動員體系，恐怕也會很快遇上嚴重的「生態」限制。[1]其中，彭慕蘭特別指出十八世紀末至整個十九世紀先後發生在英國及其他歐洲國家的工業革命如何高度仰賴大規模開採來自世界各地的原物料（尤其棉花）與能源材料（例如木材），而其背後是一套壓迫性的殖民主義組織模式。

彭慕蘭認為最關鍵的事實是，一七五〇年至一八〇〇年左右中國和日本最發達的地區在發展程度上與西歐的同類地區不相上下。具體來說，我們在上述不同地區觀察到一些相當類似的社會經濟結構，支撐這些結構的因素一方面是高度的人口與農業成長（源於耕種技術之改良，以及透過開墾土地與砍伐林地使耕種面積大幅提升），另一方面則是相似的原始工業化與資本積累過程，在關鍵的紡織產業中尤為明顯。根據彭慕蘭的分析，導致某些發展路徑自一七五〇年至一八〇〇年開始走向分歧的主要因素有兩個。首先，歐洲對砍伐林地的限制較為強硬，加上煤礦位置理想（尤其是英國），使歐洲人很快轉為使用木材以外的能源材料，並提早發展出相應的能源技術。另一個重要因素則是，歐洲國家主要因過去彼此對抗而發展出的財稅與軍事能力，隨著各國競爭帶來的科技與金融革新變得更為強大，使他們能規劃出一套跨國勞力分工與供應制度，進而大發利市。

至於林地消失的問題，彭慕蘭則著眼於歐洲在十八世紀末幾乎已陷入生態限制而無計可施的事實。不論在英國還是法國，丹麥還是普魯士，義大利或是西班牙，在此之前的數百年間，森林快速消失，一五〇〇年時約占地表面積三十%至四十%，到了一八〇〇年時已不超過十%（在法國占十六%，在丹麥占四%）。起初靠著與森林茂密的東歐與北歐進行木材貿易補足了部分缺口，但很快又陷入困境。同樣的，我們觀察到中國的林地從一五〇〇年到一八〇〇年漸漸消失，但情況較不明顯，一部分是因為中國最發達的地區與國內林地多的地區在政治與商業上的融合度比較高。

以歐洲的例子來說，美洲的「發現」、與非洲的三角貿易，以及與亞洲的商業往來將會突破這些局限。來自非洲的勞力被運送到北美、安地列斯群島與南美，這些地方的土地開墾之後便能生產原料（例如木材、棉花和糖），讓殖民者賺取利潤，並支撐一七五〇年至一八〇〇年間開始蓬勃發展的紡織工坊。軍事掌控最遠程的航路也同樣有助於發展大範圍的互補性。舉例來說，在安地列斯群島和現今美國南方的奴隸的糧食經費，便來自英國紡織品和製造業產品出口到北美洲的獲利，而之所以能生產這些產品，則是因為有來自種植園的木材和棉花。再者，十八世紀時給奴隸做衣服用的布料來自印度，而這些來自亞洲的進口貨物（織品、絲綢、茶葉、瓷器等）的貨款，一大部分都是用十六世紀以來產自美洲的白銀支付的。經過彭慕蘭的計算，一八三〇年左右，產自種植園且進口到英國的棉花、木材和糖，成果相當於開墾超過一千萬公頃耕地，亦即英國土地上所有可耕地的一點五至兩倍。[2]如果當時沒有靠殖民地突破生態限制，就必須向別處尋找供應來源。我們當然可以編織一些歷史和科技情境，在這些情境中，一個自給自足的歐洲同樣擁有蓬勃的工業，但這需要想像一些不存在之物，例如需要想像一些蘭開夏的英國農民經營著豐饒的棉花種植園，或者曼徹斯特附近長著參天大樹。無論如何，那都不折不扣屬於另一部歷史、另一個世界，和我們所承接的這個世界沒有太大關係。

大分流的起源：歐洲的軍事宰制

如同彭慕蘭所指出，令歐洲在十八、十九世紀走向繁榮興盛的制度和戰略與亞當斯密在一七七六年出版的《國富論》中建議的良善制度差別之大，令人難以置信。在這本經濟自由主義的奠基之作中，亞當斯密主要建議政府採用低稅賦、保持預算平衡（沒有公共債務或極少）、絕對尊重財產權，並盡力發展統一且允許競爭的勞動與商品市場。不過從上述每一點來看，中國在十八世紀所實行的制度都比英國更接近亞當斯密。特別是中國市場的統一程度遠超過英國，其穀物市場運作的地理範圍更廣，勞動力的流動性也強得多。這也與歐洲封建制度的控制力較強有關，至少到法國大革命爆發前是如此。東歐國家直到十九世紀依然保有農奴制度（中國則在十六世紀初便已幾乎絕跡），西歐國家到十八世紀仍有一些對人口流動的限制，尤其在英國與法國，靠著《濟貧法》（*Poor Laws*）與菁英階級和地方領主的朝臣們享有的高度自治權，得以對勞動階級強加許多規定。在歐洲，一部分被禁止進行交易的教會財產也比較龐大。

最後一項重點是中國的稅賦低得多，而鄂圖曼帝國也是如此。清朝政府奉行一套嚴格的預算準則：支出專靠稅收支應，量入為出，不生赤字。相對的，從法蘭西王國和英格蘭王國開始，歐洲國家在一五〇〇年到一八〇〇年間幾乎恆常處於戰爭狀態，各國都累積了可觀的公共債務，雖然他們徵的稅也非常重，這是因為稅收永遠不足以負荷軍事衝突造成的特殊支出，何況舊債務的利息會讓支出不斷膨脹。不過事實也證明，歐洲能強大起來的原因正是靠著這樣的財稅、金融與軍事能力。

具體而言，雖然在十六世紀與十七世紀大半時間裡，中國或鄂圖曼帝國在軍事上與歐洲國家勢均力敵（鄂圖曼人最後一次圍困維也納發生於一六八三年），但歐洲國家間的長年爭戰最終使他們發展出一種國家行政能力，讓他們自十八世紀末開始乃至整個十九世紀成為傲視群倫的軍事強權。舉例來說，在一五五〇年左右，鄂圖曼人的步兵與海軍共有十四萬

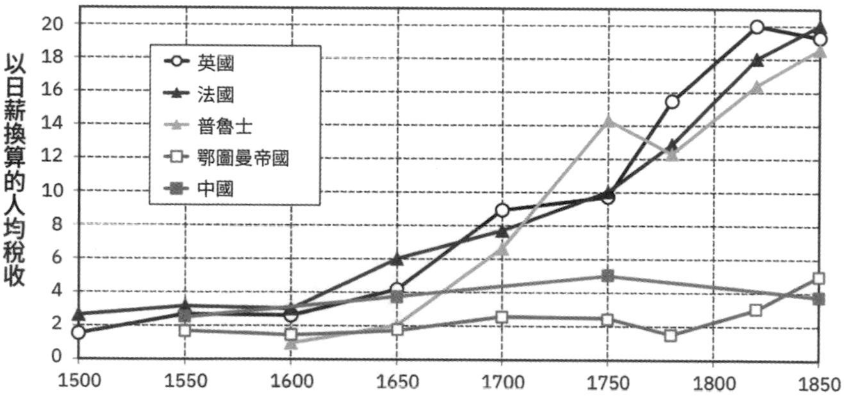

圖八　大分流的源頭：歐洲國家財稅與軍事能力之提升（一五〇〇年至一八五〇年）

在一五〇〇年至一六〇〇年左右，以都市中無專業技能資格的勞工的日薪換算，歐洲國家的人均稅收相當於二至四天的日薪；一七五〇年至一八五〇年間則相當於十至二十天的薪資。相較之下，鄂圖曼帝國與中國的稅收則維持在二至五天之間。若人均國民所得大約為兩百五十天的都市日薪，這代表鄂圖曼帝國與中國的稅收停滯於國民所得的一％至二％，在歐洲國家卻從國民所得的一％至二％提升到六％至八％。

來源與數據：piketty.pse.ens.fr/egalite

人，和法國與英國的兵力加起來一樣多。一七八〇年，鄂圖曼人的兵力幾乎沒有改變（十五萬人），法國和英國的陸軍和海軍合計卻達到四十五萬人之多，除此之外，艦隊與火力也比鄂圖曼人精良許多。況且同一時間還有二十五萬的奧地利軍隊和十八萬的普魯士軍隊（相對的，一五五〇年時還沒有這兩個國家的軍力存在）。[3]

儘管存在許多瑕疵，我們所取得的稅收資料證實歐洲國家和非歐洲國家在一五〇〇年到一八〇〇年之間產生了巨大分歧（見圖八）。直到一六〇〇年至一六五〇年間為止，各地的稅收都相當少。接著自一七〇〇年至一七五〇年間開始，隨著歐洲各國國力日益堅強，彼此的差距愈來愈明顯。十八世紀末至十九世紀初，中國或鄂圖曼帝國的稅收始終維持在每人二至四天的都市薪資（約為國民所得的一%至二%），但此時幾個主要歐洲國家的稅收卻相當於十五至二十天的薪資（約為國民所得的六%至八%）。[4]即使資料不甚精確，但上述差距確實存在，也符合所發生的重大變化。具體來說，一個只能徵收到一%國民所得的國家所擁有的權力和社會動員力微乎其微。它大約可以讓一%的人口為政府服務，以執行政府認為有用的職務。[5]像這樣的國家通常很難保障其境內的財產及人身安全，必須仰賴許多地方菁英人士才能做到。相對的，如果一個國家可以讓六%或八%人口為政府服務，就能擁有更強大的能力，特別是維持秩序與海外軍事投射的能力。過去在全世界所有國家都一樣弱小的時代，世界維持著某種平衡。一旦好幾個歐洲國家發展出顯然優越許多的財稅、行政與軍事能力，便會促發新的動力。

棉花帝國：掌控全球紡織產業

近來的研究大多支持彭慕蘭的結論，包括「大分流」的源頭與由此而生的軍事及殖民宰制，和科技及金融革新所扮演的重要角色。[6]有些研究強調，歐洲在政治上的分裂破碎，以極長期來看或許會有人認為是負面的（一個極端的例子就是一九一四年到一九四五年間歐洲殖民強權進入了民族主義與種族清洗的自我毀滅階段，較不極端的例子則好比歐盟自二〇二〇年代初以來一直無法順利組織起來並在政治上團結一致的問題），但它確實讓歐洲國家在一七五〇年至一九〇〇年間靠著軍事對抗促成的各種創新發明超越了中國與全世界。[7]

斯溫．貝克特對「棉花帝國」的研究同樣指出，在一七五〇年至一八六〇年間，採取蓄奴制的棉花採集成為英國人和歐洲人掌控全球紡織生產之過程中的關鍵。[8]一四九二年至一八八八年間被送到大西洋另一端的非洲奴隸中，有一半是在一七八〇年至一八六〇年這段期間被送走的。這最後一段蓄奴與棉花種植園加速成長的時期對英國紡織業的壯大至關重要。直到一七八〇年代至一七九〇年代為止，棉花主要生產地是安地列斯群島，尤其是聖多明哥。聖多明哥的種植事業在一七九一年奴隸起義之後崩垮，美國南方各州接下棒子之後，將累積的奴隸人數與棉花生產能力一步步推至新高。黑奴販賣於一八一〇年被正式禁止，但實際上仍暗中維持了數十年之久（尤其是賣往巴西的），更重要的是，種植園的業主們發現讓奴隸自然繁衍下一代反而更快速又方便。一八〇〇年到一八六〇年間，美國南方的奴隸數量成長為四倍之多，從一百萬增加至四百萬（見圖九）。棉花生產量則成長為十倍，原因包括技術改良與生產密集化。南北戰爭前夕，七十五%進口到歐洲紡織工廠的棉花都來自美國南方，蓄奴體系的重要地

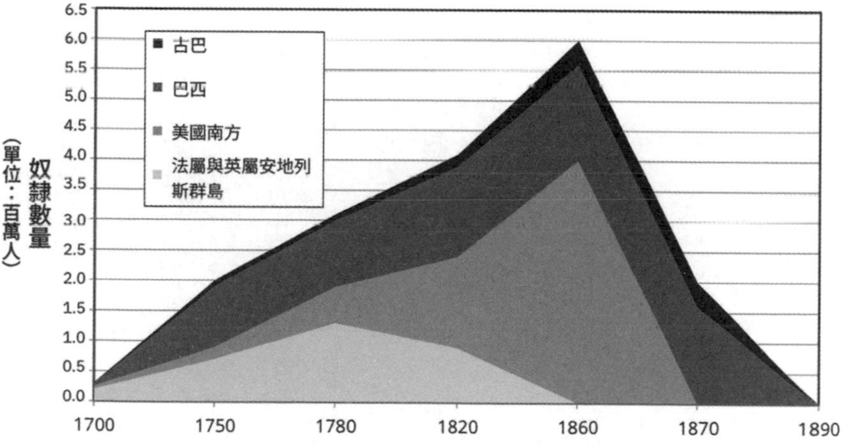

圖九　歐美奴隸制的起飛與衰落（一七〇〇年至一八〇〇年）

大西洋地區屬於歐洲人與美國人的種植園中的奴隸總數在一八六〇年達到六百萬人（其中四百萬人位於美國南方，一百六十萬在巴西，四十萬在古巴）。法屬與英屬安地列斯群島（我們將模里西斯、留尼旺和開普敦列入其中）的蓄奴狀況，在一七八〇年至一七九〇年達到巔峰（一百三十萬），其後在聖多明哥（海地）發生暴動以及一八三三年及一八四八年廢除奴隸制後便走向衰落。

來源與數據：piketty.pse.ens.fr/egalite

位不言而喻。

普拉桑南・帕塔薩拉蒂的研究則幫助我們仔細檢視對抗印度的保護主義政策，如何強烈帶動了英國紡織業興起。[9]在十七、十八世紀，製造業產品（包括各種紡織品、絲綢、瓷器）的出口國主要是中國和印度，而出口的費用大多依靠進口歐洲與美洲（包括日本）所產的白銀與黃金來支付。印度紡織品，尤其是印花布和藍染棉布（calicot bleu），令歐洲與全世界趨之若鶩。十八世紀初英國商人拿來交易西非奴隸的紡織品中，八成是由印度製造的，而這個比例到世紀末仍有六成之多。從航運紀錄中可以看到，在一七七〇年代，從盧昂（Rouen）運上即將出發進行黑奴交易的船隻貨物之中，光印度紡織品就占了三分之一。一些鄂圖曼人的紀錄可證實當時出口至中東的印度紡織品比運到西非的更多，而這件事似乎並未造成鄂圖曼當局的困擾，比起生產者，他們更關心本地消費者的利益。

在歐洲，商人們很快就看出挑起關於印度布料的爭議能讓他們從中獲得好處，因為這樣他們就可以取得一部分這種布料的製造知識，並發展自己的跨洲事業。英國國會從一六八五年開始引進二十%的關稅，一六九〇年提高至三十%，接著在一七〇〇年完全禁止印染布料的進口。自此之後，能從印度進口的只有素布，英國生產彩色布料與印花技術開始進步。法國也採取了類似的措施，進入十八世紀之後，英國陸續加以強化，例如在一七八七年對所有印度紡織品設下一百%的關稅。利物浦的奴隸商人施加的壓力成為決定性因素，尤其在一七六五年至一七八五年這段英國生產量迅速提升的時期。當時這些商人迫切需要高品質的布料，好讓他們能在非洲沿岸發展貿易而不需耗盡手上的貨幣。直到英國在紡織業取得無須質疑的比較優勢（主要是拜使用煤炭所賜），從十九世紀中葉開始，主張自由貿易的論述才變得比較堅定有力。英國人也將保護主義措施運用在印度於十七、十八世紀蓬勃發展的造船業上，他們在一八一五年制定了一項十五%的特別稅，對所有經由印度製船隻輸入的商品徵稅，接著又規定只有英國船隻可以載運來自好望角以東的商品進入英國。雖然很難提出全面性的估算，但這些藉由大炮而強加於世界各地的保護主義措施，對於英國與歐洲的工業宰制顯然效用可觀。根據我們能取得的估算值，中國和印度占全球製造業生產額的比例在一八〇〇年時尚有五十三%，到一九〇〇年時已不超過五%。[10]

保護主義，中央—邊陲關係與世界體系

讓我們進一步說明，保護主義不只在歐洲壯大的過程中至關重要，幾乎在歷史上所有成功的經濟發展經驗中也是如此。十九世紀末以後的日本、二十世紀中以後的韓國或臺灣，抑或是二十世紀末以來至二十一世紀初的中國，這些國家都曾實施過某種形式的保護主義，這

種有特定目標的保護主義讓他們可以在評估具優先性的產業領域中發展出一套專長與專業知識技術，同時讓外國投資者幾乎沒有機會掌控該產業領域尚未發展成熟的生產單位。直到某些產品取得優越性，這些成為產業領導者的國家才會開始擁抱自由貿易派的論述，實際上這麼做的結果往往是讓其他較落後的國家落入長期依賴的處境。華勒斯坦對於世界體系與中央—邊陲關係的研究，充分說明了這個資本主義漫長歷史中的真實情況，[11]而許多研究也曾分析國家工業策略在幾個較晚近的時期的重要性。[12]

關於十八及十九世紀歐洲逐漸壯大的過程，唯一真正獨特之處在於他們不加節制、自信滿滿地在全世界使用武力，也沒有任何真正能制衡的內部或外部力量。最早的歐洲貿易公司，如英國的東印度公司（EIC）[13]或荷蘭的東印度公司（VOC），都是不折不扣的跨國武裝強盜，配有私人軍隊並壓榨所有人。鴉片戰爭的歷史是個很好的例子。自十八世紀初開始，由於讓他們至今得以和中國、印度達成貿易平衡的美洲白銀已耗盡，歐洲人十分擔心沒有東西可以用來出售，以換取這兩個亞洲巨人所生產的絲綢、紡織品、瓷器、香料與茶葉。英國人於是設法提高印度的鴉片耕種密度，好將這種產品出口到中國。因此鴉片的販運才會在十八世紀時逐漸擴張，英國東印度公司也才會在一七七三年取得自孟加拉生產及出口鴉片的壟斷地位。

面對交易量巨幅增長，自一七二九年開始致力貫徹禁食鴉片（自然是為了公共衛生）但成效不彰的清朝政府終於採取行動。一八三九年，皇帝命令派至廣東的欽差大臣（即林則徐）查禁鴉片販賣並立則銷燬存貨。為了譴責中國嚴重侵犯財產權以及挑戰自由市場原則的無理作為，在鴉片商人的資助下，一場激烈的反清輿論戰在英國展開。清朝皇帝顯然錯估英國財稅與軍事能力上的進步，中國在第一次鴉片戰爭中（一八三九年至一八四二年）一下就潰不成軍。英國派出一支艦隊砲擊廣東與上海，讓清廷在一八四二年簽下第一份「不平等條約」（孫逸仙在一九二四年提出這個說法，從此廣為流傳）。中國為銷燬的鴉片與戰爭費用支付補償金、同意讓英國商人享有法律與財稅優惠，並將香港島割讓給英國。

然而清廷始終不同意讓鴉片交易合法化。第二次鴉片戰爭（一八五六年至一八六〇年）與一八六〇年英法聯軍的洗劫北京圓明園終於使清朝皇帝屈服。中國必須在一八六〇年至一八六二年間對歐洲人開放一批貿易據點並陸續割讓土地，同時支付一筆龐大的戰爭補償金。歐洲人也以宗教自由之名要求讓基督教傳教士可以在全國自由移動（但他們並不打算讓佛教、穆斯林或印度教的傳教人士在歐洲享用同樣權利）。歷史的諷刺便是，被英法聯軍要求這筆軍事貢金之後，中國才不得不放棄那套亞當斯密式的預算準則，被迫第一次體驗大筆的公共債務。這筆債務像雪球愈滾愈大，清廷為了向歐洲償債不得不增稅，接著讓出愈來愈多的國家財稅主權，完全符合以債務施壓的典型殖民劇本，我們在許多地方（如摩洛哥）也可看到這套模式。[14]

同樣的，關於歐洲國家在十七到十八世紀為了支應彼此之間的戰爭花費而形成的內部公共債務，我們必須特別注意這些債務在資產證券化（titrisation）與金融革新的過程中的重要性。在這些歷史經驗中，有些以轟動社會的破產事件收場，例如一七一八年至一七二〇年間知名的密西西比泡沫事件（banqueroute de Law），起因之一就是法國和英國為了擺脫各自的債務，競相提供債券持有人一些瘋狂擴張的殖民地公司的股票（例如加速金融泡沫崩潰的密西西比公司〔Compagnie du Mississippi〕）。在這個時候，這些股份公司的事業計畫大多都是依靠殖民形態的貿易或財稅壟斷進行剝削，和追求生產力的企業經營沒有太多關係。[15] 不過經由發展全球性的金融與貿易技術，歐洲人的確打造了基礎建設與建立比較優勢，而這些條件在十九世紀末、二十世紀初的全球化工業與金融資本主義時代將展露決定性的力量。[16]

歐洲外省化，省思西方的獨特性

一言以蔽之，殖民主義與軍事宰制讓西方國家得以依照他們的利益組織世界經濟體系，並讓世界上其他地方長期處於邊陲地位。讓我再說一次，這套策略絕非歐洲獨有。日本就在二十世紀上半葉拿一部分亞洲人民來進行實驗，直到日本殖民主義終結，韓國和臺灣才得以自主建立發展策略。不管是西方國家或日本，脫離他們的殖民控管之後，中國經過數十年的躊躇不前，終於在一九八〇年代初期成功擬定自己的發展策略。靠著這套策略，中國讓許許多多較窮困且地理位置較差的亞洲與非洲經濟體必須依賴中國存活。歐洲的獨一無二之處在於率先實驗這種策略並將之擴展到全世界，還延續了好幾世紀，而他們依靠的是長期無人能敵的軍事宰制，也始終缺乏任何組織夠完備的內部或外部反對力量。

即使殖民主義在西方資本主義興起的過程曾扮演重要角色，也不代表所有問題的解答就在於此——遠遠不是如此。下一個必須解釋的問題是，歐洲為何能發展出財稅與軍事上的優勢。一般來說，我們會側重於一五〇〇年至一八〇〇年歐洲國家彼此競爭的特殊形式與歐洲的領土結構，但這只是其中一個面向。舉例來說，國家間的競爭在印度次大陸同樣十分激烈，但是當地的邊界劃定比歐洲不穩定得多。有些學者主張就生產的社會關係而言，最具資本主義特色（而且其他地方看不到）的，應該是十六、十七世紀時在英國鄉間發展出來的一些形態，亦即這些形態發生於殖民擴張逐步至關重要之前，並與特別早開始發展的國家集權化有關。[17]這些研究使人耳目一新，研讀時也必須特別小心。不過當時使用的資料太多瑕疵（也太歐洲中心主義），很難毫無疑慮的達到這樣的結論。到目前為止，彭慕蘭和帕塔薩拉蒂所提出的論點似乎比較有根據，他們主張直到十八世紀中為止，當時歐洲、中國、日本與印度等地最發達區域的社會經濟結構幾乎沒有不同，直到進入殖民與軍事宰制的年代才產生真正的分歧。

不過在未來，新的研究與新發現的資料來源當然有可能改變這項暫時成立、不夠堅實的結論。也有一些其他因素可以解釋歐洲為何走上不同的方向，提早走入原始資本主義，中世紀學者托德斯奇尼（Giacomo Todeschini）提出的理論便是一例。他主張歐洲有一套特別精細複雜的金融與貿易法體系和財產權制度，這是天主教會經過數個世紀發展出來的，目的是為了確保教會作為兼具宗教性、政治性又擁有資產的組織能夠長久存續，即使神職人員的獨身使他們無法形成階級。[18]在托德斯奇尼之前，人類學家古迪（Jack Goody）已經發表一項假說，主張歐洲的幾項獨特性，尤其與家庭結構有關者（禁止堂表親結婚、禁止領養子女、禁止寡婦再婚，與羅馬法律皆正好相反），很可能都和基督教會打定主意要接收財產並成為財產足以和家庭匹敵的組織有關。[19]

或許更關鍵的是，包括蘇布拉曼亞姆（Sanjay Subrahmanyam）在內的眾多研究都強調歐洲擴張主義在地緣政治與宗教方面的動機。正是因為想要設法圍堵穆斯林宿敵，葡萄牙人才會展開繞行非洲之旅，尋找可能存在於東非的一個基督教王國，因為這個王國或許可以讓他們從南方制服伊斯蘭教。徒勞無功的探索過非洲東岸之後，他們來到了印度沿海。接下來必須再經過好幾年時間，他們才會明白達伽馬（本身出身於參與收復失地運動〔Reconquista〕的軍團）在卡利刻特（Calicut）和科欽（Cochin）附近見到的幾位君王是印度教徒，而非基督教徒。[20]薩依德同樣強調與伊斯蘭教的敵對關係成為動力來源，他指出刻意汙名化中東世界和穆斯林的言論如何被用來正當化殖民計畫，而當時穆斯林被結構性的視為一群邪惡又無法自我管理的人。[21]

從另一個完全不同的領域出發，李維史陀（Claude Lévi-Strauss）關注的是他在遠西與遠東之間所看到的深層人類學連結：位在地球兩端的這些國家都擁有利於形成國家的天然邊界（尤其是不列顛諸島和日本，不過法國也可算是），但它們也都匯聚了自新石器時代遷徙以來留下的神話、意識形態與對世界的認知。[22]針對新石器時代第一批建立的國家的相關研究，也指出儀式建構的重要性與當時國家組織的極度脆弱，唯有位於領土受限之地（島嶼、沿海地帶）的國家例外。[23]

經濟社會史，國家建構史

毫無疑問，以上各宗教、意識形態與人類學因素在歐洲歷史上都有非常重要的意義，對其他地區的歷史也是，但我們如果宣稱能夠從以上所有要素中篩選出導致最後實際發生之歷史路徑的終極原因，恐怕是陷入錯覺也流於天真。在目前這個階段，我認為比較有幫助的是肯認西方與全球資本主義的發展是建立在國際勞動分工與毫無節制的剝削地球自然與人力資源，並肯認國家之間的角力關係在這部歷史中絕對至關重要。重點是國家的建構不只是靠著財稅與軍事能力的發展而已。它勢必會涉及對世界的各種想像、意識形態、認同、制度、語言以及「想像的共同體」，這想像的共同體將數百萬人連結在一起，他們從未謀面也永遠不會相識，但不管情不情願，他們都同意遵守一個共同的國家權威所制定的規則。[24] 好幾百年間，這些國家概念的建構通常掌握在統治階級手中，他們之間偶爾會產生歧見，例如關於如何在海外發展他們自己計畫實現的政治、殖民、宗教或貿易宰制。然而從十八世紀末開始，各從屬階級、反抗行動與社會抗爭扮演的角色愈來愈重要，也影響了接下來會發展的國家權力類型，以及會朝何種政治目標發展。國家本身既不支持平等，也非缺乏平等精神，因為一切端視誰來掌控它，又用它來做什麼。某種程度上，我們在最早期的國家[25]或早於十八世紀的時期也可看到類似的雙面性，雖然我們目前缺乏可以讓我們充分研究這些國家或時期的資料來源。[26]

上述所有案例中，每一段國家建構的經驗都涉及特殊的社會歷史發展過程、認同與特別的抗爭事件，而我們必須如實加以研究。十八世紀英國和法國的國家建構是如此，二十一世紀的中國國家發展，甚至是美國、印度或歐盟發展聯邦國家的歷程也是如此。正因為資本主義與經濟發展史的核心不脫國家史和權力史，這部歷史與政治和意識形態才有著盤根錯結的關係。

第四章 關於修復的問題

脫離蓄奴主義與殖民主義，對本書所研究的漫長平等之路而言是意義重大的一步，其中牽涉到許多衝突與抗爭、解放與不義，舉例來說，給予奴隸主（而非奴隸）的金錢補償，這一段鮮為人知但十分重要的故事直到今天仍引發關於修復的疑問。雖然這個問題十分複雜，但我們不能永遠迴避：現在該是行動的時候了，除非我們寧願造成深沉且永遠無法消弭的不正義感。從更廣泛的角度來說，蓄奴與殖民的歷史遺產迫使我們重新思考應如何將修復正義與普世正義連結在一起。

奴隸制的終結：對奴隸主的金錢賠償

在十八與十九世紀，蓄奴主義體制在大西洋地區的影響範圍相當可觀。在美國南方，奴隸人數在一八〇〇年到一八六〇年間成長為四倍之多。當時種植園體制的範圍擴張到前所未見的高點，並在西方紡織產業中地位重要。往前回溯數十年，直到十八世紀末為止，掌握種植園經濟體主力的是法國與英國。尤其是盛行蓄奴主義的法屬島嶼，一七八〇年至一七九〇年左右在歐美世界裡奴隸最密集的地方都在這裡，共有約七十萬名奴隸，而英國人則擁有約六十萬名奴隸，（才剛獨立的）美國南方的種植園裡則有五十萬名奴隸。

在法屬安地列斯群島，奴隸集中地主要在馬丁尼克島、瓜地洛普，更重要的是聖多明哥。自一八〇四年發表獨立宣言後改稱海地的聖多明哥，拜蔗糖、咖啡與棉花生產所賜，在十八世紀末是法屬殖民地中的一顆明珠，也是所有殖民地中最繁榮、最賺錢的一處。聖多明哥從一六二六年開始由法國統治，占據伊斯帕紐拉島（île d'Hispaniola）西部，一四九二年時哥倫布曾在此停靠，而東部則屬於西班牙殖民地（後來成為多明尼加共和國），和鄰近的古巴一樣（當地的奴隸制和巴西一樣延續到一八八六年至一八八七年）。位於印度洋的兩個法屬蓄奴島嶼則是法蘭西島（ÎledeFrance，十八世紀時最為重要，但在一八一〇年遭英國士兵占領，一八一五年以模里西斯島之名被英國納為所有）以及波旁島（île Bourbon），它在一八一五年時仍為法國所有，並被重新命名為留尼旺島（île de la Réunion）。整體來說，這兩座島上的種植園在一七八〇年左右共有將近十萬名奴隸，相較之下，法屬安地列斯群島則有六十萬人，其中近四十五萬人在聖多明哥。

同樣需要特別注意的是，這些島嶼都是不折不扣的奴隸之島，因為在一七八〇年代，聖多明哥總人口中奴隸所占比例高達九成（如果計入混血兒、黑白混血兒〔mulâtre〕和有色自由人甚至可達九成五）。從一七八〇年至一八三〇年這段期間，我們在其他英屬與法屬安地列斯島嶼上看到的比例也不相上下：牙買加為八十四％、巴貝多為八十％、馬丁尼克島為八十五％、瓜地洛普為八十六％。這些

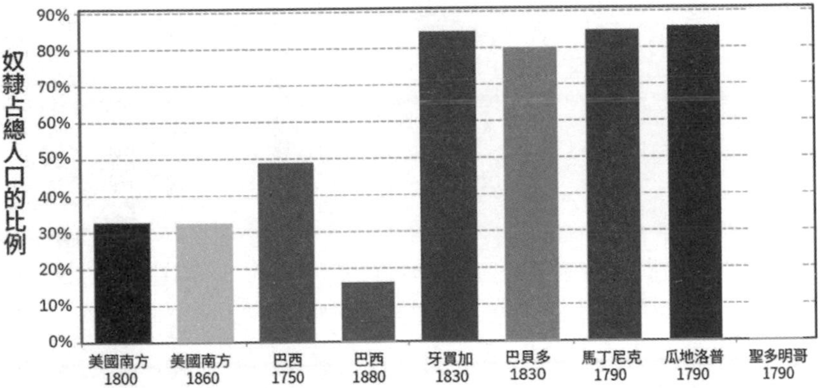

圖十 大西洋地區的蓄奴社會（十八至十九世紀）

一八〇〇年至一八六〇年間，奴隸約占美國南方人口的三分之一。在巴西，此一比例在一七五〇年到一八八〇年間由將近五十％減少至低於二十％。一七八〇年至一八三〇年間，實行蓄奴主義的英屬與法屬安地列斯群島的奴隸比例超過八十％，在一七九〇年的聖多明哥（海地）甚至達到九十％。

來源與數據：piketty.pse.ens.fr/egalite

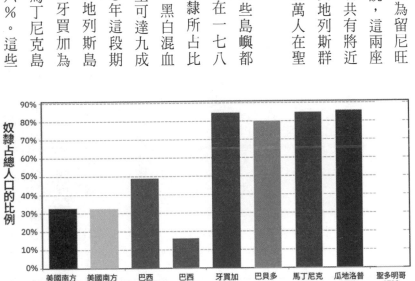

高得不可思議的比例在大西洋蓄奴社會的歷史上前所未見，從更廣的視角來看，在全世界蓄奴社會的歷史上也是如此（參見圖十）。相較之下，同一時期美國南方或巴西人口中的奴隸比例介於三至五成，而從現有資料中得出的一些古代雅典或古羅馬的比值也與此十分相近。十八世紀與十九世紀初的英屬與法屬安地列斯群島，是人口幾乎全由奴隸組成的社會中紀錄最完備的歷史案例。

當奴隸的比例達到八十%或九十%，發生起義反抗的機會就變得非常高，這是不言自明之事，不論鎮壓的手段能有多殘暴。海地是一個特別極端的例子，因為當地奴隸人數先前已出現極高速的成長，明顯超過其他島嶼的水準。在一七〇〇年左右，島上總人口約為三萬人，其中將近一半是奴隸。一七五〇年代初，海地共有十二萬個奴隸（占總人口七十七%）、一萬五千個白人（十九%）以及五千個混血兒和有色自由人（四%）。一七八〇年代末，這個殖民地共有超過四十七萬個奴隸（相當於總人口九十%）、兩萬八千個白人（五%）以及兩萬五千個混血兒、黑白混血兒和有色自由人（五%）（見圖十一）。

在一七八九年前夕，每年大約有四萬名非洲人抵達太子港和法蘭西角（Cap-Français）以遞補去世的奴隸並增加奴隸存量，因此奴隸存量增加的速度快得驚人。這套體系正在加速擴張，而法國大革命就在此時爆發。一七八九年至一七九〇年，亦即大革命剛發生時，屬於自由人的黑人開始站出來主張投票權與參與議會的權利。既然巴黎正在大聲疾呼要求權利平等，這些自由黑人便認為這麼做是很合理的，沒想到卻遭到拒絕。奴隸起義始於一七九一年八月在北部平原的開曼森林（Bois-Caïman）舉行的集會之後，而那場集會有數千名數十年來躲在島上山林中的「棕色」奴隸（marron，指逃亡的奴隸）參加。儘管法國派出援軍，起義人士還是迅速占領土地並控制種植園，種植園主則逃離海地。從巴黎派來的革命委員會的新任委員們別無他法，只能在一七九三年八月宣布解放奴隸，而一七九四年二月的國民公會將這項決定的效力擴及所有殖民地——這項全面廢奴的法案標誌了國民公會與它之前及之後的體制的不同之處（雖然這項決定其實是在起義的壓力下不得不為）。但這

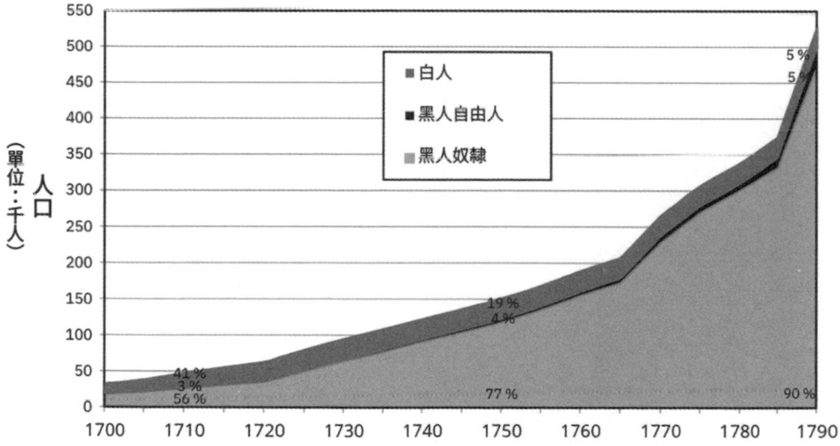

圖十一　一個不斷膨脹的蓄奴島：聖多明哥（一七〇〇年至一七九〇年）

聖多明哥（海地）總人口在一七〇〇年至一七一〇年間不到五萬人（其中奴隸占五十六%、有色自由人及混血兒占三%、白人則占四十一%），到了一七九〇年已超過五十萬人（其中奴隸占九十%、有色自由人及混血兒占五%、白人則占五%）。

來源與數據：piketty.pse.ens.fr/egalite

項決定幾乎沒有實行過。一八〇二年開始，拿破崙替奴隸主們在所有蓄奴島嶼上恢復了奴隸制，唯一例外則是再次擊退前來收回財產的法軍後於一八〇四年宣布獨立的海地。必須等到一八二五年，查理十世才會正式承認海地獨立，也要等到一八四八年，新的廢奴法才會通過並於其他法國領地施行，尤其是馬丁尼克島、瓜地洛普和留尼旺。

法國政府是否應該返還海地繳納的欠款？

海地的例子極具代表性，不只因為這是現代在奴隸起義成功之後達成廢奴的第一例，也是黑人對抗歐洲強權並取得獨立的第一例，更因為這個歷史事件留下一筆巨額公共債務，削弱了海地接下來兩個世紀的發展。這是因為法國雖然最終在一八二五年同意承認這個國家的獨立，並不再威脅派軍進犯，但那不過是因為海地政府已經同意查理十世將償還法國一億五千萬金法郎的債務以彌補奴隸主的財產損失。太子港政府實際上沒有選擇的餘地，因為法國的軍力優勢顯見，加上在還款之前法國艦隊預告將執行禁運令封鎖，海地被占領的危險更近在眼前。

這筆不折不扣的貢金相當於一八二五年海地國民所得的三百%，亦即超過三年的生產額，如此龐大的金額實質上不可能在短期內清償完畢。依據條約規定，必須在五年內將全部金額一次存入法國存託銀行（Caisse des dépôts et consignations，大革命時期成立的公有銀行，今日依然存在），再由法國存託銀行負責轉匯給被奪去奴隸的奴隸主們（他們做了），而海地政府則必須透過支付利息給法國私人銀行的方式進行再融資，以分期攤還款項（他們也做了）。海地的債務曾多次重新協商，過程風波不斷，但是經過一八四〇年至一九一五年間每年平均支付約合海地國民所得五％的金額，至一九五〇年代基本上已經清償完畢（含本金與利息），雖然各家法國銀行不時抱怨付款延遲。[1]在法國政府的支持下，這些銀行最終決定將剩餘債權轉讓給美國。美國在一九一五年至一九三四年間為了恢復當地秩序並保護自身的財務利益而占領了海地。一八二五年的債務從一個債主轉換到另一個手上，最終在一九五〇年代初正式消滅、完全付清。從一八二五年到一九五〇年，在超過一個世紀的時間裡，法國要海地為其自由而付出的代價，造成這個島嶼的發展被困在賠償金的問題之中，一下強烈拒斥、一下又順從接受，政治循環不斷重演。[2]

假設法國政府最後決定返還海地支付的欠款，如同海地政府數十年來所要求的那樣，那麼這筆賠償金的金額應是多少呢？這個問題不會只有一個答案，也值得透過民主審議好好辯論一番。但迴避不應是個選項。一個簡單明瞭的解決方案或許是將金額訂為二〇二〇年海地國民所得的三百％，相當於三百億歐元左右。這個提案的數額絕對不是最大值，因為其中只納入了一小部分的利息。[3]我們可以使用其他計算方式，算出的數字可能相近也可能更高。[4]對法國而言，三百億歐元相當於目前公共債務的一%多一點，不過是九牛一毛。對海地卻正好相反，若將這筆錢用在投資與基礎建設上，將影響甚巨。這或許能讓海地站在一個完全不同的起跑點，讓他們能結清長年背負的不公不義。

無論如何，法國當局反覆拿出來的論點就是這一切已太過久遠，無法修補，但實在難以服人。現在還有很多為二十世紀上半葉發生的剝削與不義設立的補償程序依然運作著，大家很容易就可以想到二次大戰期間被納粹政府及其盟友掠奪的猶太人財產，相關歸還程序至今仍在進行中，尤其法國還在一九九七年成立了馬泰奧利任務（mission Mattéoli）。除此之外，霍亨索倫家（Hohenzollern，一九一八年失去政權的普魯士皇室家族）的繼承人目前仍與德國政府纏訟中，因為他們認為一些居所與藝術品未得到足額賠償；美國一九八八年頒布的法律也可引為一例，此法規定給付二次大戰期間被囚禁的日裔美國人兩萬美元。[5]如果我們不願意花任何心思討論海地必須支付給法國以脫離奴隸身分的債務，即使一八二五年至一九五〇年所支付的金額都有明確的紀錄，卻沒有任何人加以爭執，那麼可想而知，人們很可能會產生一種感受，亦即有些不公不義比其他的更受重視。這種態度會刺激不同出身的人彼此心生不滿，然而我們該做的是盡最大的努力，盡可能依據最中性且最普遍的原則達成不同群體的和解。但願法國政府在公民的壓力之下能在海地獨立滿下一個百年之前找到解方。[6]

英國與法國在一八三三年與一八四五年的廢奴與補償措施

除了海地的例子以外，另一個值得注意的是一八三三年與一八四八年英國與法國宣布廢奴之後，也支付給奴隸主相當可觀的金錢賠償。一七九一年聖多明哥反抗成功之後，奴隸主都處於高處警戒狀態。一八〇二年的瓜地洛普大暴動最終導致約一萬名奴隸被處決或流放，相當於人口的十%，法國政府為此還於一八一〇至一八二〇年代短暫恢復人口販賣，以補充島上人口並重啟蔗糖園的運作。一八一五年，英屬圭亞那再度發生反抗行動，同樣慘敗於血泊之中。最具決定性的事件當屬一八三一年聖誕節的牙買加大暴動，英國媒體對這次反抗行動血淋淋的報導令英國輿論大受震撼，促使廢奴主義派在一八三二年至一八三三年的辯論中重振旗鼓，也讓奴隸主更願意相信與其承受再次衝突的風險，不如接受一筆豐厚的補償金才是明智的決定。

實際上，英國國會在一八三三年通過的廢奴法中，為奴隸主制定了一套完整的補償制度。其中依據年齡、性別及奴隸生產力訂定了一些相當精細的基準，以求補償能盡可能公正與精確。據此支付給四千名奴隸主的金額約為兩千萬英鎊，相當於當時英國國民所得的五%左右。如果今天某一屆英國政府決定將同等比例的國民所得挹注在類似的政策之上，必須支付的金額將高達一千兩百億歐元，相當於四千名奴隸主中每人平均可得到三千萬歐元。當然我們這裡說的是大奴隸主中的大奴隸主，他們往往擁有數百名、甚至數千名奴隸。這些費用全都透過增加同等金額的公共債務來支應，而公共債務本身則由所有英國納稅人買單，實際運作的結果主要是由中下階層的家戶負擔，因為當時的稅制具有強烈的累退性（主要以間接稅為基礎）。[7]

敘述這些在當時顯得完全合理且正當的行動（至少在占少數但擁有政治權力的奴隸主公民眼中是如此）所留下的國會紀錄，最近被有系統的整理，促成好幾本著作的出版，以及包含完整名目數據的資料庫成功上線。[8]因此之故，人們發現一八三〇年代獲得豐厚賠償的奴隸主後代中，疑似有保守派首相卡麥隆的一位表親。有些人曾要求政府規劃一套做法，讓這些金錢可以歸還國庫，因為這些錢是其家族財富以及他們到二十一世紀初仍然持有的不動產與金融投資組合的根基，而眾多英國富豪家族也是如此。但後來什麼事也沒有發生，一切照舊，直到今日。

一八四八年法國廢奴後也對奴隸主有類似的補償，相關文獻經整理之後近期已上線公開。[9]對當時大多數「自由派」菁英來說，像這樣的補償原則是不證自明且毋庸置疑的前提，托克維爾就是一個典型。托克維爾在一八四〇年代法國社會的辯論中，最著名的便是提出了一些他認為絕頂聰明的提案（像是賠償一部分由國庫負擔，一部分由奴隸自己負擔，讓他們在十年或二十年間以低廉薪資工作來補足差額），更重要的是，這些菁英對所有權人（也就是奴隸主）非常慷慨大方。施勒謝（Victor Schœlcher）在歷史上被認為是一位偉大的廢奴主義者，他覺得這些補償讓他心中十分過不去，卻同時強調除此之外也沒有別的做法，畢竟奴隸主是合法使人為奴的。[10]換句話說，如果剝奪這些奴隸主的財產卻不予補償，那麼對好幾年前賣掉他們的奴隸換取一批金融債券、一座波爾多附近的城堡，或一棟巴黎的樓房的人又該如何處理呢？會不會如同毛細現象，到最後整個社會秩序與私有財產制都遭人質疑呢？其實現在回頭看，我們也可以認為公正的廢奴措施應包含對奴隸的補償（而非補償奴隸主），因為他們承受了數十年惡劣的勞動待遇，其勞動也未獲得報酬，這些費用應由所有直接或間接透過奴隸制得利的人負擔，實際上就是當時生活優渥的所有奴隸主。[11]法國大革命期間，孔多塞（Condorcet）或潘恩（Thomas Paine）等運動人士都曾支持廢奴措施應該包含對奴隸的補償（但未成功），方法是由前主人給予一筆年金或一小片土地。不過這觀點完全不受統治階級菁英們支持，他們開口閉口都是絕對尊重財產權，也希望最好不要打開這個危險的潘朵拉盒子。

除了補償奴隸主以外，一八四八年四月二十七日公布的廢奴命令，包含一些「取締遊蕩與乞討及預定在殖民地開設管教所（atelier de discipline）」的條款，目的是保障種植園主享有低廉的勞力。換句話說，不只沒有給予奴隸任何賠償或幾小塊土地，施勒謝的解放政策還附帶一套幾近強迫勞動的制度，讓種植園主和政府當局能繼續控制那些前奴隸長達數十年。在留尼旺，行政長官立刻訂下具體施行辦法：前奴隸必須提出一份長期勞動契約，若不是種植園的工人就得是家僕，如果拿不出來，就會被以遊蕩之名逮捕並送至法令規定的管教所。

二〇二〇年，一些英國和法國的觀察家看到一些奴隸商人的雕像在黑人的命也是命運動發生後被人拉倒（也包括像施勒謝等曾給予他們補償之人的雕像），感到十分訝異。回想起廢奴過程中發生的不公不義，或許能讓我們更容易理解這些憤怒從何而來，同時重新思考如何解決。為二〇〇一年關於承認人口販賣及使人為奴屬於「違反人道罪」的法案進行表決前的辯論時，圭亞那眾議員陶比拉（Christiane Taubira）曾提議以修復為立法原則，並成立一個負責審查具體處理辦法的委員會，[12]但此項提議不敵當時的多數意見故無疾而終。除了在金錢上修復海地的債務問題，還有一個至今仍未解決的重要問題，亦即留尼旺、馬丁尼克島、瓜地洛普和圭亞那的土地改革，這是為了讓脫離奴役的人終於能擁有幾小塊土地，因為在當地擁有土地及金錢仍然主要是白人的特權，而這些白人有時是一八四八年曾獲得賠償的種植園家族的後代。即使非常複雜，我還是認為遲早必須給這個問題一個答案。

美國：一個蓄奴主義共和國的漫長道路

現在讓我們來看看美國的例子，美國關於修復的辯論尤為激烈。奴隸制是美國經濟發展的重大推手，這個國家自創建以來就是一個不折不扣的蓄奴主義共和國。直到一八六〇年林肯當選之前的歷屆十五位總統中，至少有十一位是奴隸主，包括華盛頓和傑佛遜，兩位都出身維吉尼亞州，一顆心為了剛起步的年輕聯邦國而跳動。蓄奴體系在一八〇〇年到一八六〇年間快速擴展。不過東北部、更明顯的是中西部（包含林肯的家鄉）發展得尤其快速。這兩個地區都支持另一種以西部土地的殖民與自由勞力為基礎的經濟模式，希望阻擋奴隸制擴張到新領土。

一八六〇年勝選後，共和黨的林肯打算展開協商，找到一個漸進和平的方式來終結蓄奴主義，其中包含對奴隸主的賠償，就像一八三三年和一八四八年英國和法國廢奴的做法一樣。雖然如此，傑佛遜和麥迪遜早在一八二〇年代便提出了一些計畫：他們認為只需要把西部大部分的土地移轉給蓄奴主義者即可，這些人可因此成為新領土上的大地主，同時將奴隸送回非洲，因為奴隸恐怕很難跟自己的前主人待在同一個地方。事實上，這個計畫打算移轉的規模使這個選項顯得非常不實際。[13] 南方人對此十分明瞭，他們寧願打出分裂牌，而二十世紀時南非與阿爾及利亞的一部分白人殖民者也曾這麼做，因為他們想守住自己的世界。北方人則不願讓南方脫離，於是戰爭在一八六一年開打了。四年之後，歷經六十萬人的死亡（等同於這個國家參與過的所有其他衝突累積的死亡總數，包括兩次大戰、韓戰、越戰和伊拉克戰爭），這場戰事最後以邦聯軍一八六五年五月的投降告終。不過北方人不認為黑人已經準備好成為公民，遑論成為所有權人，他們便讓白人繼續握有南方的控制權，並實施嚴格的種族隔離制度，白人因此能再維持權力超過一個世紀，直到一九六五年為止。在這段期間，美國變成全世界第一大軍事強國，並成功終結一九一四年至一九四五年間令歐洲殖民強權彼此對立的民族主義與種族滅絕的自我毀滅循環。民主黨在歷史上曾是支持奴隸制的政黨，後來卻變成支持這項新政策的政黨。[14] 在共產主義的競爭與非裔美國人動員所形成的壓力之下，他們同意賦予黑人民權。

由於分離主義者在內戰中造成的損害，給予奴隸主一筆補償金似乎顯得不太合適，可想而知，所有類似方向的計畫都被放棄。相反的，到了戰爭最後幾個月，北方人在一八六五年一月向被解放的奴隸承諾戰勝之後將給予他們「一頭驢子和四十畝地」（大約十六公頃）。當初的想法一方面是為了動員他們上戰場，也為了彌補他們數十年來的無償勞動，並讓他們以自由勞動者的身分走向未來。如果那時採行了這套政策，可能會是一次大規模的土地重分配，會失去財產的主要是支持蓄奴的大奴隸主。只是戰鬥一結束，承諾就被遺忘了：從來沒有任何關於賠償的法條通過，四十畝土地和那頭驢子變成北方人欺瞞與偽善的象徵（以至於導演史派克李〔Spike Lee〕將他的製片公司取名為「四十畝和一頭驢」以表譏諷）。

然而修復的問題依然存在。二〇二一年，伊利諾州艾凡斯頓市（Evanston）通過一項針對非裔美國人的修復政策，對個人給付的金額可達兩萬五千美元，目的是為了協助他們購置住宅。考量到美國財富集中度如此驚人，尤其在資產方面種族不平等的程度，以及他們所承受的歧視（包括奴隸制時期與後來的種族隔離時期），這樣的金額可能顯得相當微薄，但或許這只是一個開始。[15]就聯邦層級而言，有一些討論正在進行中，其中常常被拿來比較的是一九八八年對日裔美國人予以賠償的法律。直到最終通過施行以前，數十年來大家都覺得這部法律似乎不可能問世。邁向平等與正義之路永遠還在半途中。

後蓄奴時代的殖民主義與強迫勞動的問題

除了蓄奴主義和給予奴隸主金錢賠償的問題，需要探問的還包括整個殖民遺產。整體而言，如果將關於財富分配可取得的資料彙整起來，我們會觀察到蓄奴的殖民社會是歷史上最不平等的社會之一（見圖十二）。其歷史高點出現在法國大革命前夕像聖多明哥那樣的奴隸島上。根據種植園的帳冊與現有的文獻，大約八十%的生產額被奴隸主、墾殖民、混血兒與有色自由人（占人口十%）占為己有，而供應奴隸（占九成人口）的糧食與衣物僅耗去不到二十%。[16]理論上，我們可以想像未來有一些科技極度先進的社會出現更加極端的貧富差距：原則上若物質充足，就可以更大力開採資源，只要未來這些超先進科技社會裡掌握權力的科技億萬富豪階級能成功靠著半壓迫半勸誘的手法開發出合適的工具，極端貧富差距便近在眼前。不過這個情況目前還沒發生，那些一七八〇年到一七九〇年間的奴隸島依舊頂著全球史上貧富差距的桂冠。[17]

也請各位注意，像一九三〇年的法屬阿爾及利亞或一九五〇年的南非那樣的殖民社會，特殊之處就是貧富差距的程度當然不像在蓄奴社會中觀察到的那樣極端，

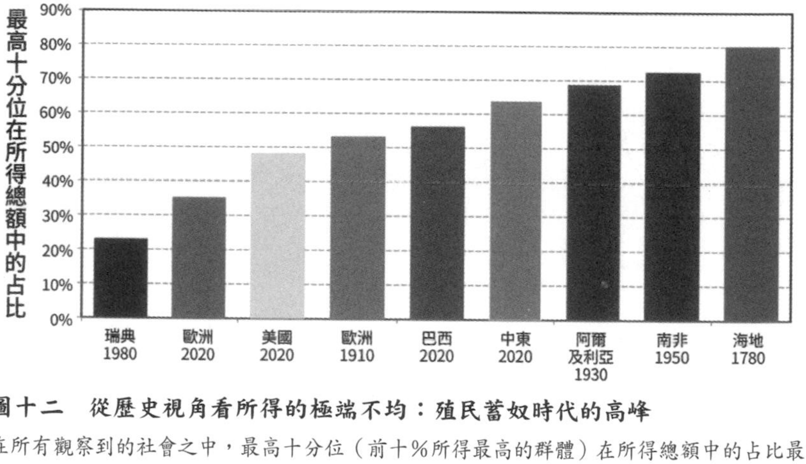

圖十二　從歷史視角看所得的極端不均：殖民蓄奴時代的高峰

在所有觀察到的社會之中，最高十分位（前十%所得最高的群體）在所得總額中的占比最低為一九八〇年瑞典的二十三%，最高為一七八〇年的聖多明哥（海地，當時人口九成為奴隸）。如一九三〇年的阿爾及利亞和一九五〇年的南非那樣的殖民社會，是我們在歷史上所觀察到貧富差距最大的社會之一，其最高十分位群體擁有總額七十%左右的所得，而此一群體包含所有當地歐洲人口在內。

來源與數據：piketty.pse.ens.fr/egalite

但並不是完全無關（最高十分位便占了所得總額的六十%至七十%，未及八十%）。換句話說，這些不同類型的不平等體制之間，實際上存在某種連續性（見圖十三）。[18]在後蓄奴時代的殖民社會中，不平等的機制以其他面貌呈現，尤其是透過一套深深烙印著歧視的法律、社會、財稅與教育系統。舉例來說，像薩達針對法蘭西帝國所做的一些研究便指出，在二十世紀中之前各殖民強權如何在其帝國內發展出某些特殊的法律制度，使他們得以依據詳細訂定於法律中的族群與種族類別授予權利，雖然一般都以為這些類別在廢奴之後已自法國本土法律中刪除。[19]以荷屬印尼的例子來說，隆巴爾（Denys Lombard）曾指出一八五四年頒布之殖民地法規造成的不良影響，這部法規決定嚴格區分「土著」（indigène）和「東方外國人」（中國人、印度人、阿拉伯人等多種少數族群皆被歸於此類）。[20]至於南非的歧視形式則殘暴至極。依據一九一三年公布的《原住民土地法》（*Native Land Act*），黑人事實上被囚禁在相當於南非領土七%面積的保留區內。黑人勞工被禁止離開他們工作的地區，除非持有特殊的通行證。隨著一九四八年正式實施種族隔離，這些措施變得愈加嚴峻，並一直施行到一九九〇年為止。這些當時合法的制度並非都像南非那樣極端，但事實上在不同的殖民環境下，遭到殖民的人民一概被剝奪就業、教育以及與殖民者一樣擁有財產的權利。

同樣必須提醒的是，在最典型的奴役與不同形式與程度的強制勞動之間實際上存在一種連續性。在廢除奴隸制之後，英國與法國政府開始發展新的運作系統，好從更遙遠的地方引進勞力，好比留尼旺和模里西斯引進的是印度的長期契約工（法國稱之為「engagés」，英國稱之為「indentured workers」〔譯按：皆指契約勞工〕）。對某些印度勞工來說，「契約」（engagement）一詞意味著以一段較長的期間，好比十年，將雇主為他們負擔的渡海費用清償完畢，方法是繳回一大部分領到的薪資。如果工作表現不佳，或更糟的是違反紀律，繳回義務或許會再延長十年或更久。從被保存下來的相關司法檔案中可以清楚看出，在司法系統嚴重偏袒雇主方的環境下，像這樣的制度很可能會衍生出一些剝削與專斷霸道的行為，這類行為的確不同於典型的奴役，但亦非天差地遠。從現有的資料中也可看到雇

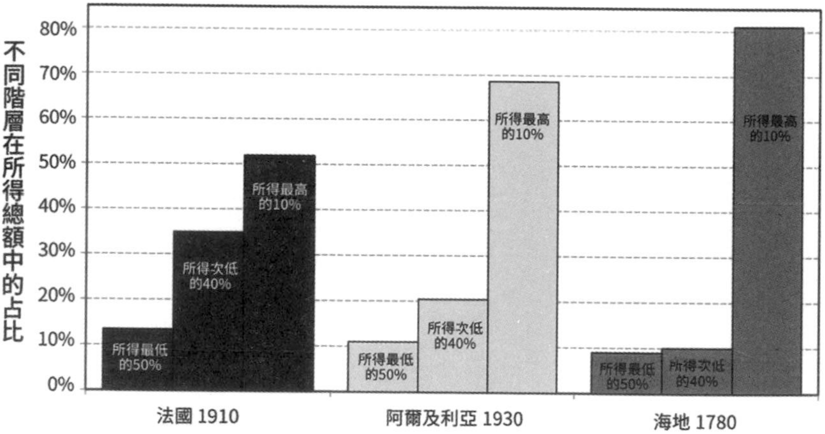

圖十三　法國本土與殖民地的所得分配

在一七八〇年的聖多明哥（海地，人口由約九成的奴隸與一成的歐洲殖民者構成），所得最高的前十%群體擁有超過八十%的所得總額，在一九三〇年的阿爾及利亞（由約九成的「阿爾及利亞穆斯林」與一成的歐洲殖民者構成）則超過六十五%，在一九一〇年的法國本土則為五十%左右。

來源與數據：piketty.pse.ens.fr/egalite

主和法院之間某種談判協商的過程如何改變了勞動紀律的管束機制。雇主們逐漸接受減少使用奴隸制下盛行的肉體懲罰，但條件是司法機關必須幫助他們施加能夠達成同等效果的金錢懲罰。[21]

一個相當有代表性的例子就是，一九一二年到一九四六年間在法屬殖民地合法（或至少表面上包裝為合法）實施的強迫勞動。十九世紀末，當歐洲人開始深入內陸，想開發非洲大陸豐沛的自然與礦物資源，他們大量仰賴義務勞力，工作條件往往十分惡劣。隨著愈來愈多關於比屬剛果慘況的第一手見證為人所知，爭議開始湧現，因為比屬剛果自一八八五年起成為國王利奧波德二世（Léopold II）的個人財產，當地的橡膠採收建立在一些極為暴力的手段之上，目的是驅使當地勞動力投入並加以管束，例如焚燒村莊和切斷手掌。最後在歐洲人的要求下，這片土地在一九〇八年轉移為比利時所有，希望在議會監管之下能改善這套殘忍的體制。法屬殖民地上的一些強徵勒索行為本來時常遭受譴責，在這種情況下，殖民地不得不發布一些法令，為法屬非洲人民被要求提供的「勞動服務」（prestation，更常被稱為「徭役」〔corvée〕）訂定法律框架。

這套邏輯看起來無懈可擊：殖民地的行政要依靠所有人繳納的稅金；而某些原住民無法取得足夠的貨幣來繳稅；因此，他們應該同時補繳一種實物稅，以替當地殖民政府提供無償勞動的日數來計算。實際運作上，其問題不只在於這些徭役是外加於被殖民者原本就必須繳納且十分沉重的貨幣稅與實物稅（針對農穫課徵之稅賦），還包括無償勞動的可能性成為各種形式的欺凌濫用的理由，形同事先將這些行為合法化。一九一二年那份「規範法屬西非政府治下殖民地與領地之原住民所提供之勞動服務」的判決，設下了幾面防護牆，但其保護有限而且監督不彰。[22] 由於一九二一年到一九三四年間建造剛果—海洋鐵路（chemin de fer Congo-Océan）造成慘重犧牲，使強迫勞動成為千夫所指。起初法屬赤道非洲政府承諾提供約八千名當地工人，他們認為可以在沿線長達一百公里的狹長地帶上「招募」到這些人，但工地驚人的死亡率與危險的實況導致招募來的工人逃之夭夭，於是各殖民政府開始往中剛果（Moyen-Congo）的另一端尋找「成年男性」。一九二五年開始，這些政府甚至必須策畫遠至喀麥隆與查德的襲擊行動。大量第一手見證皆提及這般「駭人的人命耗損」，紀德（André Gide）一九二七年的知名作品《剛果之旅》（*Voyage au Congo*）與艾柏・倫敦（Albert Londres）一九二九年出版的報導文學《烏木之地》*（*Terre d'ébène*）皆予以抨擊。

法國承受的國際壓力於是愈來愈沉重，尤其來自才剛成立的國際勞工組織（International Labor Organization）。這個機構和國際聯盟同樣成立於一九一九年，其憲章前言開宗明義寫道：「有鑑於世界的永久和平唯有以社會正義為基礎始得實現。有鑑於現今某些勞動條件為廣大人群帶來不公義、悲慘與剝奪，引發不安與痛苦，危及世界和平與和諧，又鑑於上述勞動條件之改善迫在眉睫。有鑑於任何一國若不採取真正符合人道之勞動體制，將有礙於其他渴望改善國內勞工命運之國家所付出之努力。」接著列出一連串關於工作時間及危險性、薪資訂定、受雇者及其代表之權利的建議與說明。然而國際勞工組織偏偏欠缺可以要求他人落實這些建議的制裁手段與權利。一九二〇年代，國際勞工組織經常敦促法國停止無償勞動與強迫勞工遷移的做法，在此一國際組織看來，這些做法皆是一種奴役式勞動。但是法國當局否認這些指控，強調政府前不久才將以金錢代償勞動服務的可能性擴大適用於全體「土著」（而不只限於「開化民」〔évolué〕，這是法國殖民政府的用語，用來指稱一小批已採行「歐式」生活形態的原住民，原本只有他們有權代償）。同時，法國政府最喜歡的論點之一便是主張許多遭人抨擊的例子（尤其是剛果—海洋鐵路上的狀況）與勞動服務的制度無關，而是屬於軍事徵召——這是國際勞工組織少數允許的無償勞動之一，不過前提是不能為了執行民間任務而扭曲此一軍事制度（在此處的例子中，國際勞工組織便懷疑法國有扭曲制度之嫌）。法國政府認為這侵犯了自認屬於「國家主權」的事務而大為光火，為此拒絕批准一九三〇年的國際勞工組織公約。因此之故，以勞動服務和軍事徵召為形式的無償強迫勞動在法國殖民地一直存續到二次大戰結束之後，象牙海岸的可可種植即是一例。一九一二年的命令最後直到一九四六年才在未來的象牙海岸總統費利克斯·伍弗—布尼（Félix Houphouët-Boigny）的振

＊編註：又譯為《烏黑的大地》，此處烏木為黑奴的代稱。

臂疾呼下廢止，但法國突然願意在那個時間點做出一切讓步，只是為了避免帝國瓦解。

法國，被忽視的殖民共和國

殖民時代下最難以察覺也最偽善的一種歧視形態便是教育資源的享有，其實在其他不平等體制下也是如此。在美國南方，禁止黑人小孩和白人小孩上同一所學校是一直實施到一九六四年至一九六五年的合法種族歧視制度中的一大重點。在此之後，這些差別待遇變成不合法的歧視，但這些種族與地域上的嚴重不平等留下的烙印依舊清晰可見，始終深深影響著美國社會。在歐洲，法國又更為明顯，人們有時會以為合法種族歧視是專屬於美國的沉重歷史遺產，絕不可能發生在歐洲大陸上。在法國，人們習以為常的說起「共和」遺產與共和「價值」，彷彿歷朝歷代的君主制與帝國政體最終在一八七〇年代被共和政體所取代一事，就足以保證權利平等必會得到整體尊重，種族平等自然也不在話下。

實際上，第三共和政府數十年間對海地的榨取似乎從未遇到阻礙，於是一八二五年被君主制政府要求的貢金（即賠款）便這樣持續繳納至一九五〇年。該政府在一九一二年打算建立一套強迫勞動制度時似乎也沒有更多顧慮，而這套要求非洲殖民地「土著」提供「勞動服務」的制度後來持續到一九四六年。在阿爾及利亞或其他殖民帝國的角落，共和國政府直到一九六二年為止實施的體制，都是建立在赤裸裸的嚴重種族歧視與族群—宗教性歧視之上。舉一個具體的例子，不管名稱如何改變，直到殖民帝國的最後一天，「阿爾及利亞穆斯林」就和各原住民族群一樣，不管是政治權利也好，[23]社會與經濟權利也罷，從不曾與殖民者平等。尤其學校體系直到最後依然是高度隔離，亦即殖民者小孩與原住民小孩可就讀的教育機構之間往往區分得最為嚴格，其相關規定雖與美國南方的狀況不完全相同，但各方面條件都顯示兩者不平等的程度不相上下。雖然美國是一個蓄奴主義共和國，但法國很長一段時間都是殖民主義共和國，或者換個說法，是頂著殖民帝國腦袋的共和國。這兩個共和國直到一九六〇年代之前都是藉由種族主義與歧視來管理他們所控制的領土。如果我們希望有一天能擺脫這沉重的歷史遺緒，最好先從了解它有多沉重開始。

近來有些研究恰恰能幫助我們更清楚理解法國殖民時期施行的殖民地預算結構，對其中的不平等也能掌握得更精確。[24]例如在一九二五年的摩洛哥，專供歐洲人就讀的中小學與高中獲得教育支出總額的七十九％經費（雖然他們僅占四％人口）。在同一時期的北非與印度支那，原住民小孩的初等教育就學率低於五％，在法屬西非則低於二％。驚人的是，這樣的嚴重經費不平等直到殖民時期結束時都未獲改善。又如一九二五年的阿爾及利亞，從預算文件上看來，專門保留給殖民者族群的教育機構獲得教育支出總額的七十八％經費，一九五五年時則達到八十二%，而此時爭取獨立的戰爭已經開打。殖民體制的運作方式是如此不平等，以致乍看之下彷彿沒有改革的可能。在此要特別指出，當時供給上述經費的財稅體系本身便缺乏公平性，採用累退稅制，而且基本上仰賴原住民支撐（消費稅、間接稅等）。一言以蔽之：被殖民的族群繳納沉重的稅金以支應一些經費，而受惠的主要是來到此地對他們實施軍事與政治統治的人。

確實，二十世紀初法國本土實施的教育制度本身也是極度階級分明且不平等，而且大體而言自始至終不曾改變。不過我們必須明白，這和殖民時期教育資源不均的程度完全不能相提並論（見圖十四）。一九一〇年時，法國的教育階層化非常明顯：平民階級鮮少擁有小學以上的文憑。如果將可取得的

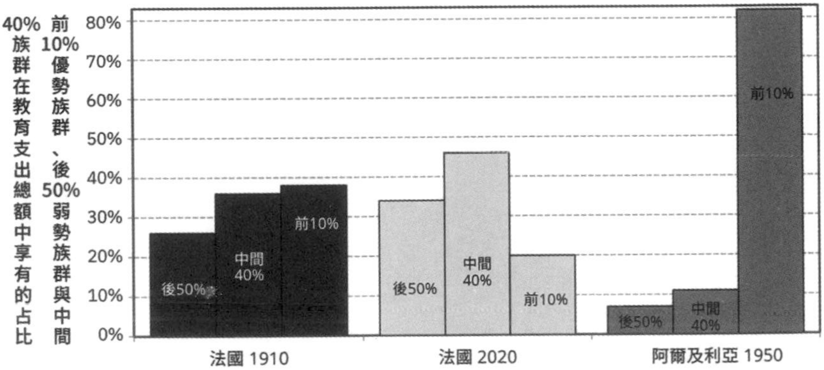

圖十四　為殖民者存在的殖民地：從歷史視角看教育投資的不平等

在一九五〇年的阿爾及利亞，享受最多初等、中等、高等教育投資的前十%人口（實際上即是殖民者的小孩）獲得教育支出總額的八十二%。相較之下，在一九一〇年的法國，前十%享受最多教育投資的群體擁有教育支出總額中的三十八%，在二〇二〇年則為二十%（不過他們的人口占比高了一倍）。

來源與數據：piketty.pse.ens.fr/egalite

預算資料彙整起來，會發現同一年齡層中享有教育投資最高（可接受高中教育或更少見的高等教育）的前十%群體，便獲得當時支出總額三十八%左右的經費，而同一年齡層中教育水準較低的五十%群體只獲得二十六%的經費。這兩者的差距相當可觀，因為依照定義，後者群體的總人數是前者群體的五倍。換一種角度來看，前十%資源最多的孩童享有的人均教育投資接近後五十%弱勢孩童的八倍之多。在一九一〇年到二〇二〇年之間，法國教育支出的不均明顯改善，雖然在今日的教育體系之下，前十%最優勢的孩童每人享有的公共經費依然是後五十%的弱勢孩童享有的三倍之多，對一個理應能減少社會再製的制度而言（稍後將再詳論），這種差距相當驚人。在此我們僅簡單指出，如法屬阿爾及利亞那樣的殖民社會中的教育落差更是高得難以相比：當時殖民者和被殖民者的孩童所享有的經費落差可高達四十倍。

修復的問題：跨國正義的反思

讓我們複習一下。目前世界各國間的財富分配就像各國國內的分配一樣，依然深受蓄奴與殖民遺緒的影響。若要深入理解現今經濟體系的源起及其不正義之處，便不可不認識這段過去，但僅僅認識並不足以讓我們確定解決與改正之道。這個問題十分複雜，需要經過深入的審議討論。在某些情況下，解決之道可以是直接恢復原樣，比如退還海地給法國的債款，而我認為這是不可迴避的做法，一如某些領地上的農地改革與擁有土地之權利之間的問題，或者是美國的賠償問題。當其他同樣久遠的剝奪行為與不公不義持續得到賠償，拒絕對修復問題進行任何討論將十分不利於發展令絕大多數人都能接受的普世正義規範。時至今日，我們應該理解修復正義與普世主義正義的邏輯是彼此互補的，應該攜手並進，相輔相成。

儘管如此，一望即知，並不是所有問題都能靠修復解決。要修復種族主義與殖民主義造成的破壞，同樣重要的是必須系統性改變經濟體系，亦即改善不平等並盡可能保障所有男男女女都能不受個人出身之影響，享有教育、工作及取得財產的公平機會。這同樣需要我們推動具企圖心、一致性且可受檢驗的政策來打擊歧視，同時要避免這些政策造成認同僵化，因為認同永遠是多元且具有多重面向的。稍後我們將看到，我們如何可能依據現有的經驗，找到平衡社會性身分以及出身相關性身分的方法。基於類似的理由，我們勢必得打破國內重分配措施與國際重分配措施之間的對立。具體而言，地球上每個國家、每個公民都應該有權分到全球跨國企業與億萬富豪所繳納的稅賦中一部分，首先是因為每個人都應該擁有平等的最低醫療、教育和發展權，其次是因為若沒有貧窮國家，富裕國家的繁榮也將不復存在。西方國家的致富向來都是靠著國際勞動分工體系加上毫無節制地利用地球上的自然與人力資源而來，其實日本或中國亦是如此。世界上所有的財富積累都依附在一套全球性的經濟體系之下，而我們也應該在同樣的高度上提出關於正義與追求平等之路的問題。不過，在往不同方向深入探討之前，我們必須了解自十八世紀以來，法律地位與階級的不平等在全球、尤其是西方國家中發生了何種改變。

第五章　革命、地位與階級

一七九一年，聖多明哥的奴隸反抗開啟了終結奴隸制與殖民主義之路，但爭取種族平等的戰鬥始終還是進行式。整體而言，法律地位的平等也是如此：一七八九年法國大革命廢除貴族特權，完成一個重要階段，但結果卻離終結許多由金錢而來的特權很遠。我們將會看到具有強烈納貢制和金權政治色彩的思維直到二十世紀初依然盛行於眾多國家，瑞典就是其中之一。雖然一部分已有所改善，但事實上同一套邏輯現在仍以多種不同形式出現在我們四周，不論是金錢在選舉中的力量，或是權力高度集中於股東使更有能力、在生產過程中投入更深的人反被犧牲的情形，都是如此。

特權與法律地位不平等的終結？

根據某個廣為流傳的傳說故事，西方國家毫無疑問是從啟蒙時期與「大西洋革命」（révolutions atlantiques）時期便建立法律平等。在這個故事裡，法國大革命與一七八九年八月四日晚上廢除貴族特權這兩個重大事件，奠定了法律平等基礎。但實情顯然更為複雜。直到一九六〇年代為止，美國與法國都是支持蓄奴、法律上充滿歧視的殖民主義共和國，英國和荷蘭這兩個王權國家也是。幾乎在所有國家，已婚女性都必須等到一九六〇至一九七〇年代，才能擺脫丈夫的法定監護權並正式獲得法律上的兩性平等。事實上，十八世紀末主張的權利平等首先是一種屬於白人男性的平等，尤其是擁有資產的白人男性。

八月四日晚上廢除特權一事絕對是重大事件，不過我們必須重新從漫長且尚未成功的平等之戰的角度來看待它。如果沒有七月十四日占領巴士底監獄，更不要說沒有一七八九年夏天的農民暴動，恐怕就不會有八月四日之夜的成就。這些農民把矛頭指向領主和城堡，並開始焚燒在城堡裡找到的房契、地契，導致聚集在巴黎的眾議員們認為必須盡快採取行動，廢除惡名昭彰的封建制度。這些暴動本身承接了數十年來的農民反抗，而分裂的政權愈來愈難控制這些反抗行動，尤其是在一七八八年夏天那段期間。當時在幾近要起義的氣氛之下（公有財產與土地遭占領、反資產階級的暴力行動），終於有人大聲提出關於三級會議選舉規則的問題。[1]

我們也必須注意到，雖然法國貴族確實在一七八九年失去了財稅、政治與司法特權，但身為有產階級的他們依然長期保有優越的社會地位。例如在研究巴黎繼承檔案中的家族姓氏時，我們便看到貴族階級雖然在十九世紀巴黎人口中只占不到一%，卻囊括了一八三〇年代與一八四〇年代至少四十%至四十五%最富有的人，比起大革命前夕的狀況幾乎沒有改善。必須等到一八八〇年代至一九一〇年代，高額財產群體中的貴族比例才會確實降低（見圖十五）。

貴族地位之所以能維持不墜有幾個原因。一七八九年至一八一五年間流亡至鄰近君主制國家的貴族於一八一五年大量回流法國，並且在納貢制王權時期（一八一五年至一八四八年）享受許多非常優惠的措施。我們首先會想到的就是極具代表性的那部法律，名為「給貴族移民的十億」(milliard des émigrés)，該法規定將為數可觀的金額撥付給這些貴族（將近當時國民所得的十五%，由稅金與公共債務支應）以補償他們在大革命中失去的土地與租金。關於這部法案的討論從波旁復辟之初便已展開，一八二五年於維萊爾伯爵（comte de Villèle）主政時期通過施行，同年，維萊爾伯爵要求海地支付賠償金，奴隸主們因此受惠（其中大多數為貴族階級）。

從更廣泛的角度來看，必須特別注意的是大革命時期達成的重分配可能比我們想像的更有限。教會的財產曾相當於整個王國土地與不動產總額的近二十五%（包含教會什一稅的價值在內），被收歸國有之後確實沒有得到補償。不過這些財產並沒有被重分配給沒有土地的農民，而是被拍賣，得利的是那些手中有資源的人。西耶斯神父（abbé Siéyès）在一七八九年一月發表了著名小冊子[2]為第三等級發聲，他描述這種做法讓他氣憤難當，認為這只是讓資產家、貴族或布爾喬亞從中得利，卻讓教會的社會服務（救助一無所有的人、開設學校、醫院）斷了財源。在英國，亨利八世於一五三〇年決定解散修道院一事也促進資產階級的茁壯，上議院也逐漸變成幾乎全由貴族組成的議會（在此之前神職

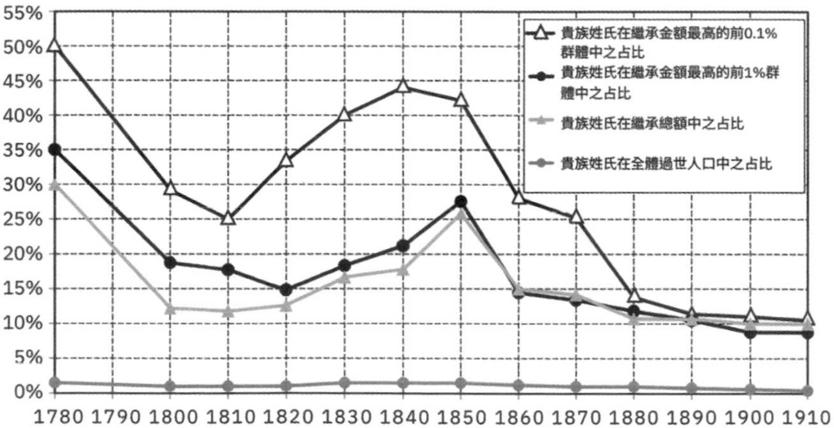

圖十五　巴黎繼承檔案中的貴族階級（一七八〇年至一九一〇年）

貴族姓氏在巴黎繼承金額最高的前零點零一%群體中之占比在一七八〇年到一八一〇年間由五十%下降到二十五%，接著在納貢制王權時期（一八一五年至一八四八年）回升到四十%至四十五%左右，至十九世紀末、二十世紀初降至十%左右。作為對照，在一七八〇年到一九一〇年間，貴族姓氏在所有過世人口中始終只占不到二%。

來源與數據：piketty.pse.ens.fr/egalite

人員向來占據半數席次）。法國和英國一樣，在這個過程中一步一步從三重功能社會的意識形態，也就是從其中兩個統治階級（教士與貴族）其地位的正當性，原本應該來自他們為第三等級及整個社會服務的功能（教士為管理靈性秩序及社會服務，貴族為治安與保護）這種意識形態，逐步走向可以稱之為「所有權至上」（propriétariste）或更簡單的稱為「資本主義式」的意識形態。在這種意識形態下，私人所有權人唯一的任務，就是找到讓自己的財產產生最大利益的方法並藉此致富，而國家會保護私人所有財產，不需要對社會付出任何對應的代價。

脫離強制與半強制勞動的漫長過程

從結果看來，法國大革命廢除了貴族特權，卻強化了有產者的權利。對半點財產也沒有的所有人來說，這個成果很難說是好是壞。不再需要被領主呼來喚去，能夠享有一個由中央政府集中管理、對所有公民一視同仁的司法體制，基本上已是一項實質的進步。但是在一七八〇年到一八〇〇年間，前一％最富有人口（包含貴族與布爾喬亞階級）的財產集中度幾乎沒有下降，並在一八〇〇年到一九一〇年間再度提高。對後五十％較貧窮的人口來說等於幾乎沒有進步。[3]

我們也必須從勞動力在法國與歐洲社會中的地位所經歷的漫長變化來理解大革命的意義。以一七八九年前夕來說，一般都認為此時農奴制（servage）已經消失於法國與英國鄉村有數世紀之久。常見的一種解釋是勞動力的相對稀缺與十四世紀中葉發生大瘟疫導致的制度崩解，有利於農奴「脫身」並獲得解放。許多歷史學家都曾強調這種解釋過於想當然爾。事實上，農奴制的消存一切取決於當地的權力關係與社會政治條件，例如東歐的農奴制在十四世紀後益發盛行，遲至十九世紀才廢除，就是很好的例子。[4]在最樂觀的中世紀學者眼中，是基督教信仰下的三重功能意識形態讓奴役形式的勞動漸漸消失，勞動者也才得以全部歸入同一個備受讚揚的自由的勞工階級，就像歐陸西部的勞工一樣，而走向這個結果的歷程，早在大瘟疫之前便已展開。[5]或許一部分情形是如此，不過現有的資料讓我們無法認為確確實實就是如此，因為地區性與區域性的差異非常大。

可以確定的是，大革命時期的法國仍然存在一些實施農奴制的區域，例如在聖克洛德修道院（abbaye de Saint-Claude，位於侏羅省的大型教會莊園）的土地上，亦可確定直到此時勞動力移動的限制才確實且全面性的取消。至於「傜役」的說法，在一七八九年的法國鄉間處處可聞，當時農民普遍享有行動自由（如果一個人沒有財產也沒有人際網絡，這個名詞往往只存在理論之中），可是他們有為領主提供數日無償勞動的義務。這類傜役在大革命時期引發非常激烈的辯論。在最重視平等也最重視重分配的時期，亦即一七九二年至一七九四年間，國民公會的成員公開指出傜役這個名詞本身便洩露了它和農奴制與封建制度的淵源，因此他們要求傜役既然同屬八月四日晚上處理的貴族特權，應該廢除且不予補償。有一群貧困的農民從此完全擁有自己的勞動果實以及辛苦耕耘的土地。可是在大革命時期的大多數時間內，人們接受的是一種保守得多的看法，亦即傜役說穿了不過是一種地租，以後只需要將它重新如此命名即可，如果採取別種做法，恐怕會如毛細現象一般損及整個財產權制度，而不只一七八九年至一七九七年間如此，隨著納貢選舉制的原則重新被確立，[6] 這種看法自一七九五年開始再度成為主流。因此，就在這樣粗暴而草率的狀況下，封建制度下的傜役大部分變成了資本主義下的地租（例如每週一天的傜役變成相當於農作物價值五分之一或六分之一的地租）。[7]

同樣要特別注意的是，整個十八世紀與十九世紀大部分時間下，勞動紀律體制皆十分嚴酷，有產者的權利則逐漸增強。在英國，根據數次通過並越趨嚴格的《圈地法》（*Enclosure Acts*）（主要介於一七七三年至一八〇一年間），田地周圍立起圍籬，貧窮的農民從此不得再使用公有田地和牧草地。這些法令把一些無事可做又容易被剝削的勞動者踢出家門，成為英國工業化的勞動力。一七二三年的《黑匪法》（*Black Act*）同樣讓最弱勢的人更加無枝可依，這部法律規定對偷木材的人和獵捕小野獸野禽的獵人處以死刑，這些人是習慣在夜間冒險偷盜的小老百姓，他們把臉孔塗黑，不讓人認出身分，跑到他人的土地上活動，而地主們希望從此以後能確保這些土地只為他們自己所用。[8] 直到一八七五年為止，新的赤貧無產階級都服從於名符其實的《主人與僕役法》(*Master and Servant Act*)之下。這部法律賦予雇主充分的權力(包括把挖角列為犯罪行為)，因此雇主可以將薪資壓到最低。[9] 法國於一八〇三年引進工作記錄簿(livret ouvrier)制度，讓主人可以提醒未來的雇主注意他們認為反抗心特別強的工人，更在一八五四年加以強化，最終直到一八九〇年才廢止。在一八八五年時，瑞典還有一部法律規定沒有工作也沒有足以維生之財產的人有義務接受強迫勞動，違反的人將遭到逮捕。在十九世紀大部分歐洲國家中都可以找到類似的條款，讓政府與有產階級可以遏止遊蕩行為並管束勞動力。

在殖民地，這套合法體制的狀況更糟糕：強迫勞動一直存在到一九四六年，甚至到獨立建國為止。在法國本土，工會和工人的動員讓新規範能較快樹立：法國關於童工的法令在一八四一年通過，組織工會之自由於一八八四年通過，關於勞工意外的法令於一八九八年通過，團體協約及一天工時八小時於一九一九年通過，有薪假於一九三六年通過，社會保險於一九四五年通過。為受薪勞動者與一個真正的「薪資社會」(société salariale)建立法律地位，這項重大的文明進展是歷經一段又一段長時間的逐步累積、轉換過好幾種不同形態才完成的。舉例來說，必須等到一九六九年至一九七七年，每月給付薪資的做法才會成為常態(可保障每月有固定收入，不再是每天或每週領)。[10] 各位也知道，隨著政治與經濟角力關係的變化，這種演變是有可能逆轉的。例如近期受薪階級的地位明顯遭到削弱，因為像法國就在二〇〇八年通過了一部讓經濟制度「現代化」的法律，引進了自營工作者（autoentrepreneur）制度，在這種制度下繳納的社福扣繳金較低，保護也較少，二〇二〇年到二〇二一年全球疫情爆發時，此一制度變化讓相關勞動者承受的惡果便清楚呈現在眾人眼前。今日數位平台與按件計酬的零工經濟（gig worker）的發展，對受薪階級的法律地位形成莫大威脅，對我們的自由權也是，只能靠公權力重新掌控該產業領域並實施新法規才有可能抵擋這類發展。[11]同時我們必須強調，提高對受薪階級的法律地位保障，這件事其實在北方民族國家的歷史上已經發生過，有時代價是疆界劃分變得更加嚴實。南方國家的勞工身上幾乎未曾發生這種變化，從全球經濟體的視角來看，於二十一世紀初的現在被局限於出生地的他們，和十八世紀聖克洛德修道院的農奴並沒有不同。追求勞動平等與尊嚴之路是一場永遠還在進行中的戰役，而現在要面對的則是全球經濟體系的劇烈轉型。關於這點我們稍後會再回頭討論。

一九〇〇年的瑞典：一個男人，百張選票

除了爭取勞動權，全民普選之戰是十九世紀至二十世紀初的另一場社會與政治大戰。

一八一五年，路易八世將他在英國所看到的那套政治制度搬到法國，包含一個純由上層貴族組成的貴族院（chambre de pairs，模仿英國的上議院）與一個由納貢選舉制選出的眾議院（chambre de députés，如同英國的下議院但條件更嚴格）。具體而言，在第一次復辟時期，只有前一%繳納最多直接稅的成年男性擁有投票權。成為候選人的門檻則更高，只有零點二%的成年男性能達到。[12]選舉權的範圍在一八三〇年革命後稍稍擴大了：七月王朝時期的選舉人人數上升到略略超過成年男性人口的二%，而有候選人資格的人數及於成年男性人口的零點四%左右。男性普選制曾在一八四八年革命後短暫實施過，後於一八七一年正式實施，最後在一九四四年擴大到女性選民。在英國，男性普選之路走得更加緩慢（見圖十六）。一八二〇年時，擁有投票權的成年男性不到五%，在一八三二年選舉制改革後增加到十四%，一八六七年改革後為三十%，一八八四年選舉法通過後更達到六十%，這部法律改變了政治格局，日後也將促成重分配精神更明確的社會與財稅立法。男性普選權最終於一九一八年實施，接著在一九二八年實施女性普選權。

一個特別有意思但鮮為人知的例子是瑞典。自一五二七年到一八六五年，瑞典的君主制是以國會（即「Riksdag」）為基礎，而國會是由當時組成整個王國的四大團體或等級的代表所組成：即貴族、教士、都市布爾喬亞與有產農民階級。這套體制在一八六五年被一套由兩院組成的納貢選舉議會制取代，這個制度包含一個從一小群大資產家（至多九千位選民，不到成年男性人口一%）之中選出的上議院，以及一個同樣採納貢選舉制但顯然開放許多的下議院（約二十%的成年男性擁有投票權）。必須等到一九〇九年至一九一一年的改革，瑞典的選舉權才會進一步擴大，也必須等到一九一九年，男性選民的財產條件才會完全取消，普選權要擴大到女性選民甚至得等到一九二一年。在一九〇〇年前後，由於最多只有二十%的成年男性擁有投票權，使瑞典成為歐洲國家中普選權的後段班。

尤其值得一提的是，瑞典在一八六五年到一九一一年間施行的納貢選舉制的重大特色，便是依據繳納的稅金、財產與收入，選舉人可擁有多個投票權。[13]在這二十%富有到擁有投票權的男性中，選舉

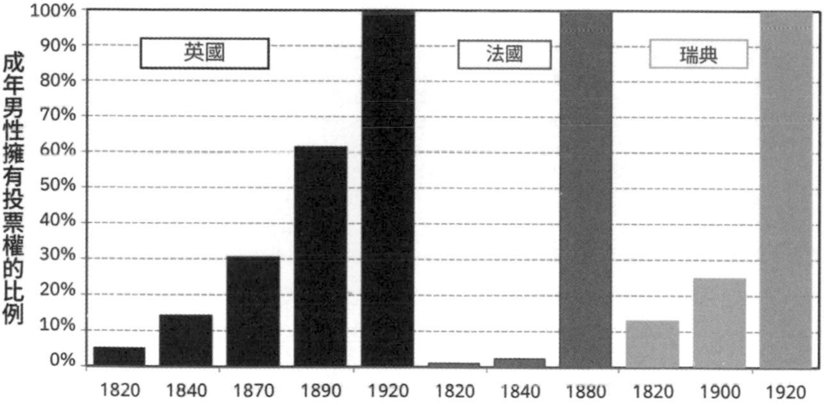

圖十六 歐洲男性投票權的演變（一八二〇年至一九二〇年）

成年男性擁有投票權的比例（投票權取決於年貢〔cens éléctoral〕，亦即為了取得投票權需繳納的稅金和／或持有的財產）在一八二〇年的英國為五%，到了一八七〇年成長為三十%，一九二〇年時為一百%，而法國則是由一八二〇年的一%成長為一八八〇年的一百%。

來源與數據：piketty.pse.ens.fr/egalite

人被分為四十多個組別，每一組投票權的比重皆有所不同。具體來說，最不富有的那一組的成員每人可投一票，而最富有的那一組每人可投高達五十四票。決定每位選舉人投票權比重的具體基準表（稱為fyrkar）是由一項公式所算出，衡量基礎包括稅賦、財產及收入之多寡。市政選舉也使用類似的制度，但另有一項特點，就是股份有限公司也有權參與地方選舉，它們同樣依據納稅金額、財產及利潤的多寡可擁有多張選票。針對都市地區的市政選舉，不論是個人或企業，同一個選舉人不得擁有超過一百張選票；相反的，鄉村地區的市政選舉則沒有這類天花板，以至於在一八七一年瑞典舉行市政選舉時，有五十四個選區出現同一個選舉人擁有超過五十%選票的情形。這群毫無破綻地掌握民主正當性的獨裁者之中，便包括當時的瑞典首相：在一八八〇年代，艾維德．波塞伯爵（comte Arvid Posse）一人就握有當地所在的行政區超過半數以上的選票，而他的家族在當地擁有一片廣闊的莊園。除此之外，由單一選舉人獲得超過二十五%選票的行政區也超過四百一十四個。

瑞典驚人的超級納貢選舉制經驗之所以有意思，原因不僅止於此。經過數十年光陰，瑞典從超級不平等光譜中最極端的所有權至上制，轉變為相對平等的社會的模範生（或者至少可以說比其他已知的社會都更平等），這一切是從社會民主派於一九二〇年代初取得執政權開始，而社會民主派的勝選是工會與工人強力動員的結果，其後在一九三二年到二〇〇六年間，這類動員幾乎成了常態。在第一次大戰前夕，瑞典驚人的財產集中度不亞於法國或英國

（見圖十七），而且瑞典無疑是當時最徹底將不平等作為制度明文訂定在憲法與選舉法規中的歐洲國家。[14]接著在戰間期，社會民主派掌握了瑞典政府，並運用國家力量為一套完全不同的政治計畫服務。他們不再利用財產與所得登記資料來分配投票權，而是開始利用它們來對最有錢的人課徵高度累進性的稅賦，這一切都是為了使公共服務獲得財源，好讓所有人民都能相對平等的享有醫療與教育資源（此處同樣是指相對於其他國家）。瑞典的經驗證明了的確沒有什麼事是千古不移的。有些人會想像世界上應該有一些文化或文明的本質是傾向平等或不平等的，例如：瑞典人很可能自古就愛好平等，或許是遺傳自維京人

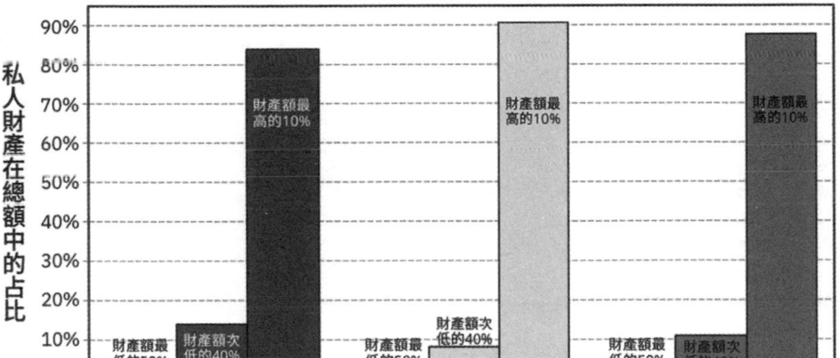

圖十七　極端的資產不均：美好年代的歐洲資產家社會（一八八〇年至一九一四年）

在一八八〇年到一九一四年間的法國，財產額最高的前十％群體在私有財產（不動產、營業及金融資產，扣除負債）總額中的占比平均為八十四％（財產額次高的四十％群體占十四％，最貧窮的五十％群體則占二％），在英國為九十一％（後兩種群體分別占八％與一％），瑞典為八十八％（後兩種群體分別占一點一％與一％）

來源與數據：piketty.pse.ens.fr/egalite

的古老的熱情；至於印度和他們的種姓制度可能永遠都不會平等，顯然是因為一些亞利安人傳下來的幾近玄秘不可解的理由。事實上，一切都取決於每個人類社群訂下的制度與規則，一切都可以快速改變，改變的發展路徑隨著權力關係、集體動員與社會抗爭的狀態而起伏不定，因此這些路徑值得我們細細加以研究。

特權的變形：金權民主

瑞典的發展路徑同時也凸顯了有產階級為了將各種制度設計成利於自己的形式，是如何發揮他們無邊無際的想像力。我們若以為現在已經不存在這些奇思妙想，恐怕是大錯特錯：今日的億萬富豪大概不敢再公開要求像瑞典那樣的投票權，但他們常常透過其他手段試圖達到相同的目的。我們尤其需要注意，各選舉民主政權從未針對政治獻金問題給出真正令人滿意的答案，現況甚至離令人滿意還很遠。站在純理論的角度，我們可以想像實施全民普選之後的下一步顯然就是建立一個平等的制度，讓每個公民擁有一筆一樣多的錢，用來支持他們選擇的政黨和政治運動；除此之外，還要絕對禁止高於這個數額的捐款，並嚴格限制選舉經費的上限，如此一來才能讓所有候選人與選民都站在平等的立足點上。我們甚至可以想像憲法保障這樣的政治平等，並如普選制般保障這些措施。

然而這些不只完全不存在現實之中，現實甚至完全背道而馳。有些國家確實曾相當保守地發展過針對政黨與政宣活動的公開獻金制度，例如自一九五〇年代開始的德國、一九七〇與一九八〇年代的美國與義大利，也包括一九九〇年代的法國。但這些機制顯然不足，在絕大多數的情況下，它們完全無法應付湧入的私人獻金。美國的狀況尤其明顯：美國的遊說團體最終成功說服法院接受不應該對任何政治活動經費訂定上限（而且只要訂定上限就代表侵犯了最富裕階級的表達自由）；[15] 歐洲、印度和巴西也有相同情形。幾乎在每個國家，政治獻金都可以享有租稅減免的制度——其實一般捐款也可以——這造成的最後結果卻是用最貧窮的人的錢來補助最有錢的人的政治或文化偏好。在法國，一個捐款七千五百歐元（每年的合法上限）給他所喜愛的政黨的富裕選民，有權在繳稅時扣除五千歐元的稅額，而這筆錢減稅額是由其他納稅人負擔。相較之下，普通人基於對政黨的公開獻金而獲得的減稅額，平均只有每人一歐元左右。[16] 這個例子告訴我們納貢選舉制的邏輯至今依然活生生的存在，只不過是變得稍微不顯眼了一點罷了。

在媒體、智庫和其他促進人們形成意見的機構中，也出現相同的金援難題。有些國家已經制定了一些法規，來限制媒體所有權的集中度或減少股東對編輯部的影響力，且這些法規大多制定於二次大戰之後，但法規的缺陷備受詬病，更一直沒有跟上數位時代的腳步。在法國，超過半數的新聞媒體目前掌控在一小群億萬富翁手中。我們發現不論是窮國或富國，這個情形幾乎普遍存在。最好的解決之道就是改變法律框架，通過一部真正能讓媒體民主化的法律，保障員工和記者在決策組織（不論法定形式為何）裡擁有半數席次、將讀者也廣泛納入組織席次，並且大力縮減股東之權力。[17]

重要的是在這樣批評當代民主政治及其如何被金錢操縱的同時，不可不一併提出明確的制度性措施建議，以促進平等提升。整個二十世紀，對「布爾喬亞」民主政治的批評太常被當政的領導者與官僚階級當成廢除多數決選舉制或者控制媒體的藉口，這不只發生在蘇維埃集團的國家中，在一些剛獨立的國家裡也是。拒絕投票永遠不是一個站得住腳的選項；相反的，建立一個貫徹平等精神的政黨、選舉活動與媒體獻金制度不只合理，更是不可或缺，因為這樣我們才能開始談論一個真正以平等原則為基礎的民主政治。這樣的民主政治必須同時提供多種政治參與形式，特別是公民議會與審議式公投，但同樣的，先決要件是我們必須先慎重處理好政治獻金問題，並保障資訊生產與傳播平等。[18]

在現實運作中，這種對民主與政治平等的保障並不存在。在大多數國家裡，憲法和法院反而傾向保護既有秩序，亦即他們會設下相當嚴格的法律規範以阻止政治上的多數意見往前踏出一步，好比大刀闊斧的修改財產權制度（就連只是限制股東權力都會被阻止）。一般而言，將財產重新分配便應該承擔賠償義務，但在實務上這會導致幾乎不可能真正進行任何財產轉移。如果有一個人將某個國家全部可持有的財產皆納為己有，當要他把所有財產轉移給其他人或一些地方自治團體時，就必須給予他全面性的賠償，但這正意味著，不論原初狀態為何，都不可能加以改變，至少在合法框架之下是如此。如果再加上修憲通常會受到層層規範防護（例如法國有參議院的否決權，但參議院本身卻是非常不民主的），[19]各位就能明白為何在某些情形下一切都變得動彈不得。大家應該不會感到太意外，每個體制通常都會設法不讓它所重視的原則有機會被修改變動，並且認定所有質疑這些原則的嘗試都是不合法。

可想而知，結果就是這些規定在人類歷史上一再遭到推翻。在追求平等之路上有許許多多革命時刻，在這些時刻，為了改變社會與經濟結構，人們重新界定了政治制度。在一七八九年召開三級會議時，沒有任何一條法律規定國民議會可以自行宣布成立，甚至有權廢除貴族階級的特權和決定徵收教士階級的財產，同時將這兩個特權階級數百年來擁有的否決權踩在腳下。各位也會發現，一七八九年以來法國所發生的體制變動（約十來次）之中，沒有一次是遵照舊體制立下的規範。[20]在英國，因為表決《國民補助預算案》（*People's Budget*）以及創建對整體所得課徵累進稅的制度，衝突一觸即發，極度緊繃的政治氣氛讓直到十九世紀為止在兩院制下明顯擁有主導地位的上議院（大多數總理皆出身於此）不得不在一九〇一年到一九一一年間放棄手中的否決權，從此將其權力交由下議院行使。[21]在一九三七年的美國，羅斯福必須威脅最高法院要增加新成員（稱為法院填塞計畫

〔court-packing〕），好讓最高法院不再以企業自由名義否決他的社會立法，而同時間，他甫以六十一％的得票率當選連任。[22]若是遇上無法事先預知的危機，同樣性質的事件未來很可能會再度發生。同樣的，我們不該將這樣的觀察當作踐踏一切法律規則的藉口，我們該做的反而是提出新的、遠比舊法更加平等也更加民主的規範，同時不可忘記法律應該是一項解放的工具，而不是用來維護有權者的地位。

歷久不衰的納貢選舉制：經濟金權政治

如果有一個領域研究依舊奉納貢選舉制為王道，想必就是經濟權力的世界。在股份公司裡，法律上擁有一切權力的就是股東，而他們的投票權是依持有的股份數按比例計算的。我們可以說這就是資本主義的定義，不過事實上這是一種特殊的制度，沒有什麼稱得上理所當然的地方，它是隨著環境條件和特定的角力關係逐漸形成的。[23]理論上，我們完全可以設計出別的規範，例如沒有人能保證股東一定比企業的員工更擅長經營公司，也不能保證長期來看他們一定會更投入公司推動的經濟計畫——情況甚至常常相反：一筆資助公司資本的投資資金可能會在短期間內就撤離，但員工一般而言都將一大部分的生命、精力與專業知識投注於這家公司。他們從許多角度來看都是公司長期的最大投資者，而我們如果將眼光放得長遠一些，必定會為這種經濟領域的金權政治竟能如此長壽而感到訝異。

不過事實上自二十世紀中葉以來，人們曾實驗過一些稍微平衡一點的制度，包括一些名義上屬於「資本主義國家」的地方。在德國，所謂「共同經營」（cogestion，又稱「共同決定」〔codétermination〕）指的是將企業的決策組織（經營會議或監事會）中的席位以一比一的比例分配給員工代表和股東代表。這套制度在一九五一年引進鋼鐵與煤礦產業，一九五二年時擴大到所有大型企業（包含所有產業部門）。一九七六年的法律確立了現行的制度，亦即員工數介於五百至兩千人的企業裡，員工的席次需占三分之一，超過兩千人的企業則為二分之一。[24]奧地利、瑞典、丹麥、挪威等國採行的制度十分類似，其中有些規定也適用於中小企業。[25]儘管如此，共同經營的形態目前還是幾乎只有德語系國家與北歐國家採用。[26]

從實際運作的結果來看，我們不應過於誇大上述變化的重要性，因為以投票權平等來看，股東的力量始終大勝。儘管如此，對已成慣例的資本主義規範來說，這仍然是一項不可小覷的改變。請各位注意，五十%的投票權被分配給作為「勞力投資人」的員工，與他們有無將任何資本投入該公司無關。假如員工另外持有公司十%或二十%的資本，或是任何公共自治團體持有十%或二十%的占比，那麼即使面對的是一位擁有八十%或九十%股份的股東，股東也不一定能獲得多數票。[27]站在股東的立場，這等於顛覆了他們的自然權利，不可接受。這一切之所以得以實現，正是經過激烈拉鋸的社會與政治抗爭，再加上角力關係明顯倒向勞工這一方的大環境下，以及一九二九年經濟危機後的創傷心理和經濟菁英向納粹黨讓步的經驗而得來。德國在一九五一年與一九五二年頒布的法律得到基督教民主黨議員的支持，但那是受到社會民主黨、尤其是各工會的強大壓力所為，工會一方當時主張的提案更大膽，例如要求以一比一的比例參與地區和聯邦的經濟計畫委員會。我們也必須特別指出，這些法律之所以能實施，都是因為一九四九年頒布的德國憲法已率先採用了一套基於其社會政策目標而訂定的突破性財產定義。具體來說，這部憲法一開頭便言明財產權唯有在「對集體的普遍福祉有所貢獻」時始有正當性（第十四條）。憲法明確表示生產工具的社會化以及財產制的重新定義必須由法律規範，這種規範方式使共同管理等措施有可能存在。[28]這部憲法承襲了一九一九年德國威瑪憲法開啟的傳統，而後者本身是在幾近爆發起義的氣氛下通過的，它促成了土地的重分配與新的社會權與工會權，而這些權利在一九三三年到一九四五年間一度遭到凍結。[29]企業主們組成的團體多次試圖在法庭上爭論共同經營制的正當性，尤其在一九七六年社民黨通過新法之後，但是遭憲法法庭根據一九四九年《德國基本法》（譯按：即德國憲法）駁回。相反的，包括法國在內的許多國家都在其基本法中保留源自十八世紀末的財產定義，亦即將財產視為一項絕對的自然權利，因此若通過德國式共同管理制的法規卻未經過修憲，便極有可能鬧上法庭爭執。[30]

參與式社會主義與權力分享

理論上，我們絕對可以設想一個更完備的德國式或北歐式共同經營制，因為所有相關研究都認為這套制度讓員工更深入參與企業的長期策略，也提高了集體效率。[31] 舉例來說，我們可以想像在某個制度下，一方面規定所有企業（包含規模最小者）的員工代表皆可擁有五十％的投票權，另一方面規定在規模夠大的企業中，（在屬於股東的半數投票權中）個別股東擁有的投票權比例不可超越一定的門檻。舉例來說，或許個別股東可以在小企業（員工十人以下）中取得最高九十％的股東投票權，到了最大的企業（員工超過九十人），這個門檻或許會直線下降到十％。[32] 依照這種做法，假設公司唯一的股東本身也是員工，則在一個很小的公司裡（依上述假設最多十名員工）他很可能會擁有多數票，可是一旦公司規模愈來愈大，他可能會愈來愈需要仰賴和其他員工共同審議（見圖十八）。在一個很小的公司裡，保持資本的提供和經濟權力之間緊密連結是站得住腳的：如果有一個人將他所有的財力都用來實現一個他長期以來極為重視的事業計畫（例如開設一家有機食材店或咖啡廳），那麼他比一個昨天才剛聘用、可能自己也準備存錢發展個人事業的員工擁有更多票數，這件事一點也不奇怪。[33] 相反的，如果是需要投入更多員工和集體力量的事業計畫，像這樣權力高度集中的做法就不再合理。假設公司唯一的股東本身不是員工，則按照此處採用的制度設計，從他聘請第一名員工開始，他就失去了多數票的地位。假設員工們本身也向公司出資（即使金額微薄），就能更快掌握多數票。當然，上述所有參數都只是為了說明而設定的，必須再經過廣泛的討論與實驗才行。

本書描述的「參與式社會主義」制度只有一個目標：呈現可能的經濟制度是多麼千姿百態。根據我們所知曉的歷史經驗，建立像這樣的制度顯然需要非常強大的人民動員力量。在大多數國家裡（法國也是如此），這類變

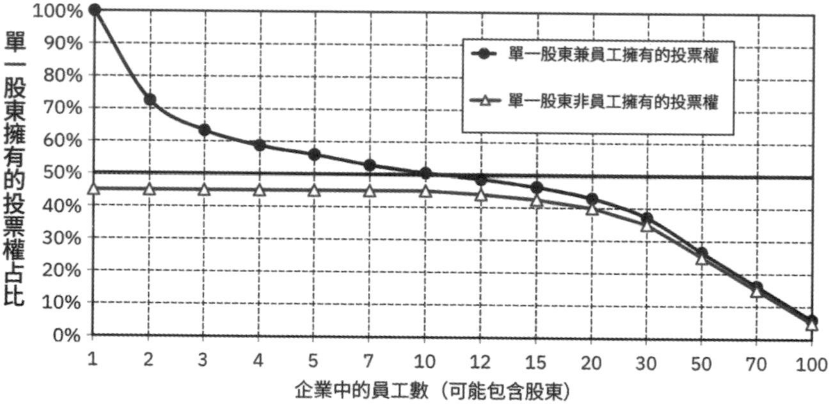

圖十八　參與式社會主義與權力分享

在本書所規劃的參與式社會主義制度框架之下，單一股東（擁有企業一百%股份）在一個擁有兩名員工（包含他在內）的企業裡會持有七十三%的投票權，在十名員工（亦包含他在內）的企業裡則擁有十五%的投票權，超過十人以上時他將會失去多數票的地位。如果企業員工數低於十人，一個本身不是員工的單一股東將持有四十五%的投票權，而這個占比會漸次減少，當員工達到一百人，占比將會降至五%。

注意：此處使用的參數如下：（1）員工（不論是否為股東）共享五十%的投票權；（2）在員工少於十人的企業裡，分配給股東的五十%投票權中，個別股東不得持有超過九十%（相當於四十五%的投票權）；在超過九十名員工的企業裡，此一比例會直線下降到十%（相當於五%的投票權）（不能分配給他的股東投票權則重新分配給員工）。

來源與數據：piketty.pse.ens.fr/egalite

動也可能透過憲法的大幅修正達成，而要做到這件事，十之八九只能藉助發生危機的時刻，歷史上往往也是如此。各位也會看到，如此劇烈的改變必須伴隨著財稅制度的全面改造，如此才能真正實現財產與經濟權力的流動；此外，也必須伴隨許多國際條約的重新修訂，尤其是所有與資本流動有關的條約。本書所追求的目標並不是告訴大家像這樣的制度可以輕輕鬆鬆在下個月就建立起來，我們想做的只是凸顯同樣龐大複雜的法律、財稅與社會制度變動在一七八〇年到二〇二〇年之間曾持續不斷的發生，而這樣的過程不會突然在今天劃下句點。因此，依據現在可掌握的經驗思考接下來該如何一步步前進，應該會有所助益才是。

關於企業內部權力分享的問題，與更廣泛的、圍繞著經濟體系轉變與新形態民主社會主義興起的問題，我們驚訝的發現，自從二〇〇八年發生金融危機後，同一批討論竟然又重新上演了一次。在許多國家，尤其美國與英國，都可看到一些重要的政治運動著手擬定一些前所未見的提案，希望能建立一些規則，而這些規則都在某個面向上受到德國式或北歐式共同經營制的啟發。[34]要是當初這些提案被採納了，或許就有了向世界各地擴散的條件。在知識分子和工會人士之間，如「勞動宣言」(Manifeste Travail）這樣極具企圖心的跨國集體計畫讓大家重新想起組織經濟體系的方法其實有許多種，關於企業內部的權力關係自然也不在話下。[35]除了共同經營的問題以外，我們也必須從歐洲與跨國的視角重新思考整個工會權制度，包括如何讓受雇者更容易加入及參與，如何將公開市場保留給有簽署團體協約的企業，以及如何讓工會走入工作現場並就地組織會議的權利更加普及。[36] 雖然現在還不到能看出影響力的時候，這些提案卻反映出目前的討論有多熱烈。我們也會看到瑞典在一九七〇及一九八〇年代針對「薪資基金」(fonds salariaux，又稱麥德納基金〔fonds Meidner〕) 掀起的討論近來再度浮上檯面。但在進一步詳細分析各種對未來可能變化的展望之前，我們必須先更加深入理解為何二十世紀經濟不平等大幅改善的情況擴及如此多的國家，尤其是發生在幾個世界主要資本主義強權內。

第六章 「大重分配」時代：一九一四年至一九八〇年

一九一四年到一九八〇年之間，整個西方世界的所得與財產不均都大為改善（包含英、法、德、美、瑞典等國），其實日本、俄國、中國和印度也是如此，只是依循的方法不同，之後將再論及。在這一章中我們將聚焦於西方國家的情形，試著更加了解這場「大重分配」是如何發生的。

第一項因素是福利國家的高速成長。很大程度而言，是十九世紀末以來的社會抗爭與動員力愈來愈強的工會及社會主義運動促成的長期變化。不過兩次世界大戰與一九二九年的經濟危機也大大加速了福利國家發展，在三十一年的時間裡（一九一四年至一九四五年），這些事件澈底改變了勞資之間的權力關係。第二項因素是高度累進性的所得稅與遺產稅的發展，使社會頂層的財富與經濟權力集中度大減，促進階級流動，也讓社會更加繁榮。同時，累進稅也是定義新的社會契約與租稅契約的決定性要素。最後，我們會看到在私有財產權走下神壇、不平等獲得改善的過程中，海外與殖民地資產以及公共債務的結清發揮了重要的影響力。在這場最終使美好年代的資產家社會走向衰亡的運動中，歐洲強權之間的對抗與殖民體制殘酷至極的特性成為了關鍵。歐洲在戰後藉由取消公共債務的方式重建國力，也讓我們從中獲得許多對未來的啟示。

福利國家的創建，包括教育、醫療與社會保障。在一九一四年到一九八〇年間，租稅國家與福利國家的地位在所有西方國家都出現前所未見的快速成長。在十九世紀末、二十世紀初，包含所有稅捐、社福扣繳金與各種性質的強制課徵在內，歐洲國家與美國的整體財稅收入相當於不到國民所得的十%。在一九一四年到一九八〇年間，此一占比在美國成長為三倍之多，在歐洲國家則超過四倍。自一九八〇至一九九〇年代開始，英國、法國、德國與瑞典的財稅收入約占國民所得的四十%至五十%。好幾份研究都指出租稅國的茁壯對經濟發展極有助益。這是因為新的稅收為一些支出提供了財源，而事實證明這些支出不僅助於減少不平等，也能刺激經濟成長，主要是因為大量且相對公平的投資（至少是比過去更大量也公平得多）挹注至教育與醫療領域、交通基礎建設與公共設施，以及幫助我們面對高齡化社會（例如老人年金），並得以獲得在經濟衰退時穩定經濟與社會（例如失業補助）不可或缺的替代所得。[1]

如果檢視幾個主要歐洲國家，會發現稅收的增加幾乎完全是因為有關教育、醫療、退休及其他移轉金的社會支出增加之故（見圖十九）。也要請各位注意，一九一四年到一九五〇年是國家角色轉型極為關鍵的時期。在第一次世界大戰前夕，歐洲國家的政府最主要的工作是維持治安與保障財產權，不論在國內的領土上或在國際與殖民地的舞臺上都是如此，這是從十九世紀延續而來的體制。高權行為的支出（軍隊、警察、司法、一般行政、民生基礎設施）幾乎耗去所有的稅收，亦即在總稅收僅有十%國民所得時，這些支出便占了八%左右。其他支出（尤其是社會支出）只能依靠不到二%的國民所得（其中用於教育的不到一%）。相反的，到了一九五〇年代初，福利國家的基本項目都已在歐洲國家實施，此時總稅收超過了國民所得的三十%，多元多樣的教育與社會支出也開始占據總稅收的三分之二。這樣的變化在一九五〇年到一九八〇年間持續存在並繼續擴大。

在此必須強調，教育支出既是促進平等的因素也是發展的動力，具有獨特重要性。十九世紀末、二十世紀初的學校體系充斥菁英主義，階級也極度分明，只有少數人能期待自己念到小學以上並再念幾年中學。教育支出在一八七〇年到一九一〇年之間開始向上走，不過一般而言仍然介於國民所得的零點五%到 %之間，其中美國明顯領先，英國則大幅落後。2 其後，教育投資在二十世紀成長為將近十倍之多，在一九八〇到一九九〇年代，所有西方國家中皆達到國民所得的六%，如此一來便能提供經費讓幾乎所有人都能接受中學教育，接受高等教育的情形也大為進步。在這張教育領域顯著擴張的鳥瞰圖中，一馬當先的是二十世紀中葉的美國。一九五〇年代，在大西洋這端的美國，十二至十七歲兒童（包含男孩與女孩）中學教育就學率已經達到接近八成。與此同時，英國與法國的中學教育就學率介於兩成至三成之間，德國和瑞典則恰好達到四成。在這四個國家，中學教育就學率必須等到一九八〇至一九九〇年代才會達到美國早在數十年前就達到的八成。[3]日本在一八八〇年到一九三〇年間經歷教育領域的大幅擴張，當時他們與西方強權處於激烈競爭與彼此追趕的狀態，而日本消弭差距的速度更快：中學教育就學率在一九五〇年代達到六成，至一九七〇年代初已超過八成。

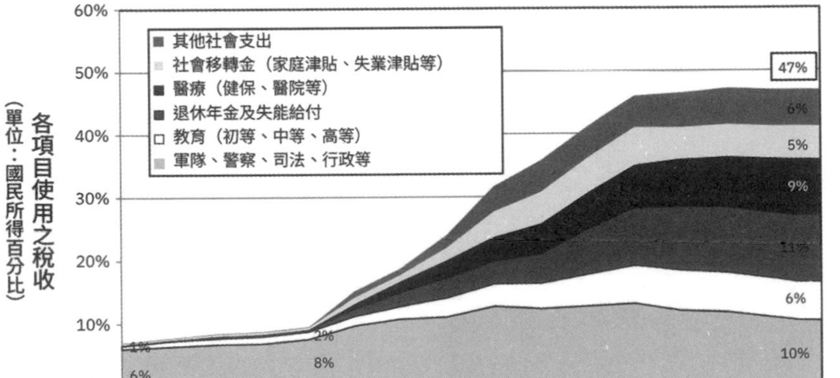

圖十九　歐洲福利國家的茁壯（一八七〇年至二〇二〇年）

在二〇二〇年，西歐國家（德、法、英、瑞典四國之平均）的稅收平均相當於四十七%的國民所得，其各項支出如下：十%國民所得用於高權行為支出（軍隊、警察、司法、一般行政、民生基礎設施如道路等）；六%用於教育；十一%用於退休金；九%用於醫療；五%用於社會移轉金（不含退休金）；六%用於其他社會支出（住房補助等）。一九一四年之前，幾乎所有稅收皆用於高權行為。

來源與數據：piketty.pse.ens.fr/egalite

各國政府普遍於十九世紀末開始體認到教育培訓是一個攸關國力的課題，而不只是關於平等與個人解放的問題。在一八八〇年到一九四〇年間，隨著第二波工業革命擴散到化學、鋼鐵冶金、電力、汽車、家電等產業，對專業技能的要求變得更高。第一波工業革命，尤其是紡織業與煤炭業的革命發生時，只需要重複操作、相對機械性的勞動力，交由幾位工頭和工程師管理就已足夠。到了第二波時，關鍵變成需要更多勞工熟悉需有最低的技術與數學素養才能控制的製造流程，以及能夠閱讀設備的使用手冊等等。正因如此，美國與後來的德國與日本等新近登上國際舞臺的國家，才會逐漸在這些新的產業領域中超越英國。二十世紀中葉時美國和其他西方國家為何會在勞動生產力上產生可觀差距，很大的原因是美國在教育方面的領先。在接下來的數十年間，不僅教育方面的領先被追上了，生產力的差距也是：自一九八〇至一九九〇年代以後，美國、德國和法國勞工每小時生產的GDP幾乎已毫無差別。順帶一提，由此亦可見社會經濟指標的選擇有多麼重要。在這類比較中工時遭到忽略（這樣的忽略非常可議但卻十分普遍，令人遺憾），形同漠視休閒與有薪假的增加及每週工時減少的巨大歷史潮流，也忽視了這個問題在過去兩個世紀中都是工會與社會大眾走出來的主要原因。[4]

租稅國家的第二次躍進是一場人類學的革命，但我們也必須特別注意租稅國家的第一次躍進與第二次躍進之間的重大差異。一七〇〇年至一八五〇年間發生第一次躍進時，歐洲主要大國的稅收從國民所得的一%至二%左右提高到接近六%至八%，這主要與軍事及高權支出的成長相符。[5]當時國家受到貴族與布爾喬亞菁英人士控制，其第一要務就是守住國際競爭與殖民貿易擴張。在一九一四年到一九八〇年間，守住社會支出成為國家第一要務。增強國家力量的思維並未完全消失，但國家角色之所以出現前所未有的擴張，主要是為了平民與中層階級的福祉，很大一部分也受到他們的主導，或者至少是受到代表這些階層、也由他們選出的政治運動組織的主導，而這些條件在歷史上前所未見。

例如在英國，工黨於一九四五年國會大選中取得絕對多數，創立了國民保健署（National Health Service）與龐大的社會保險制度。這個全歐洲貴族力量最強，且直到一九〇九年憲政危機之前都由上議院領導的國家，變成真正屬於平民與工人的政黨能取得執政權並推行改革措施的國家。在瑞典這個直到一九一〇年為止資產階級還能擁有一百張選票的國家，工人票讓社會民主黨自一九三二年開始幾乎不曾失去執政權。在法國，人民陣線（Front populaire）於一九三六年建立了有薪假制度，而共產黨與社會黨在國會與政府中的力量也讓社會保險制度（Sécurité sociale）在一九四五年成功施行。在一九三二年的美國，平民階層的串連將民主黨和新政送入白宮，並使自由放任的信條與經濟金融菁英的權力長期遭受質疑。[6]這場人類學的革命具有雙重面向。國家的控制權不再只握在統治階級手中，這是歷史上頭一次能這麼大規模地實現這件事。這是全民普選、代議制議會民主、選舉程序與政權輪替帶來的結果，而獨立的媒體與工會運動促進了這一切。這套政治制度仍然有非常多可以改善的空間，必要時亦可訴諸重大的憲法修改，但現在大家都知道，我們必須站在既有成果上向前走得更遠。這個想法自一九七〇至一九八〇年代開始為人們所接受，並與共產主義這個負面典範的正當性終於崩解有極大關連：如果共產主義模式創造的政治自由比較少，帶來的社會與經濟生活品質也比較差，那麼究竟有什麼好處？

第二個啟示是，我們不只可以擺脫納貢選舉制的權力，也可以擺脫資本主義與無所不在的商品化現象。[7]不依商品邏輯來組織的經濟部門所在多有，好比教育、醫療以及一大部分的交通與能源部門，它們採用各種不同的公務人員聘用制度、互助式或非營利的組織構造，並透過稅金提供補助與投資。再者，這麼做不僅行得通，還比奉行資本主義的私部門運作得更有效率。雖然美國有些遊說團體持續宣稱私部門才是效率較高的（都是些可想而知的理由，不幸的是這些說詞有時相當有效），但在乎事實的人現在都知道，歐洲的公共醫療系統不僅比美國的私人業者便宜，從健康與預期壽命上來看成效也更佳。[8]在教育部門，沒有人（或幾乎沒有人）會提議要中小學、高中或大學替換成由資本主義邏輯主導的股份公司。[9]不論人們針對未來應改善之處或再創經濟高峰的可能性如何爭執與（合理的）辯論，沒有一個曾在二十世紀經歷過租稅與福利國家茁壯的國家曾出現任何政治運動，魄力十足地主張要回到一九一四年以前的社會，回到那個稅收只占不到十％國民所得的時代。

創建針對所得與遺產的累進稅

現在讓我們進入累進稅的問題。直到二十世紀初，幾乎全世界稅制的累退性都非常明顯，因為各國稅制絕大多數都建立在消費稅與間接稅之上，造成比例上最窮的人的負擔比最有錢的人更沉重。最極端的累退稅就是人頭稅（capitation），這種稅每人應繳的數額相同，按照這個定義，對薪水微薄的人來說，這筆錢在其所得中的占比，是一個可領他十倍薪水的人的十倍之多。[10] 比例稅（impôt proportionnel）是一種對所有社會階層的所得或財產都以相同比例課徵的稅賦。相反的，累進稅的特色則是不同社會群體實際繳納的稅率會隨著所得或財產愈多而變得愈重。[11]

關於累進稅的辯論已有悠久的歷史。這類辯論在十八世紀變得愈來愈重要，尤其是法國大革命期間。當時許多小冊子提倡的一些制度與後來終於在二十世紀大規模實施的制度十分接近。一七六七年，都市計畫專家格拉斯蘭（Graslin）主張實施一套稅率表，根據此一標準，所得僅約平均所得半數的人需負擔五％的有效稅率，而所得相當於平均所得一千三百倍的人需適用七十五％的稅率。一七九二年，拉科斯特（Lacoste）提議對遺產稅採用類似的制度：小額遺產適用六％的稅率，最高額的則適用六十七％（見表一）。但如果不看一七九三年至一七九四年（這段期間曾短暫試行累進稅率），大革命時期最後採用的是比例稅或說累退稅。舉例來說，在整個十九世紀，不論價值多少，子女繼承父母的財產都要被課徵一％的稅率。繼承兄弟姊妹、堂表親而非父母的財產時需適用較高稅率，但財產規模不會影響稅率。這種排除累進性的做法有助我們理解為何直到一九一四年以前財產集中度會如此之高。

必須等到二十世紀初，累進稅才會在數年之間變得十分普遍。在美國，聯邦所得稅的最高稅率，亦即適用於最高額所得的稅率，從一九一三年的七％提高到一九一八年的七十七％，其後於一九四四年達到九十四％（見圖二十）。一九三二年到一九八〇年這將近半個世紀之內的平均稅率為八十一％。雖然美國一枝獨秀，我們也看到英國、德國、法國、瑞典與日本朝累進所得稅發展的趨勢十分明顯，累進遺產稅也是（見圖二十一）。

表一　十八世紀法國的幾種累進稅提案

格拉斯蘭：累進所得稅（《解析財富與稅賦》〔*Essai analytique sur la richesse et l'impôt*〕，一七六七年）		拉科斯特：累進遺產稅（《論全國繼承稅》〔*Du droit national d'hérédité*〕，一七九二年）	
平均所得倍數	有效稅率	平均所得倍數	有效稅率
0.5	5%	0.3	6%
20	15%	8	14%
200	50%	500	40%
1300	75%	1500	67%

在格拉斯蘭於一七六七年提出的累進所得稅方案中，有效稅率由年所得一百五十圖爾鎊（livre tournois）（約為當時每位成年人平均所得的一半）適用的五％逐步提高到所得四十萬圖爾鎊（約為平均所得的一千三百倍）適用的七十五％。我們可在拉科斯特於一七九二年提出的累進遺產稅方案中看到類似的累進度。

來源與數據：piketty.pse.ens.fr/egalite

如果沒有第一次世界大戰的衝擊，也沒有布爾什維克政權對資本主義國家菁英造成的壓力，累進稅還能那麼快建立嗎？嚴格來說，我們無法回答這個問題。一九一四年以來的世界歷史被第一次的世界性軍事衝突與戰後延伸的許多事件（好比一九一七年革命）攪得天翻地覆，因此現在再想像一個沒有戰間期、沒有蘇聯也沒有冷戰的二十世紀，其實已沒有太大意義。[12]不過以長期來看，累進稅的創建首先應該被視為社會與政治動員與長期以來的請願運動共同促成的結果。確實，許多事件（戰爭、革命、危機）加快了這段發展歷程，但這些

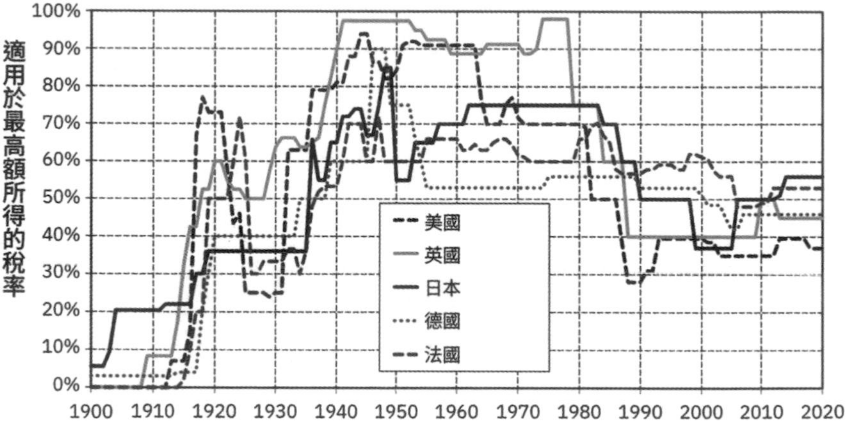

圖二十　創造累進稅制：所得稅的最高稅率（一九〇〇年至二〇〇〇年）

在一九〇〇年到一九三二年間的美國，適用於最高額所得的稅率平均為二十三%，一九三二年到一九八〇年間為八十一%，一九八〇年到二〇二〇年間為三十九%。在同樣的幾段期間內，英國的最高稅率為三十%、八十九%與四十六%，日本為二十六%、六十八%與五十三%，德國為十八%、五十八%與五十%，法國則為二十三%、六十%與五十七%。租稅累進性在二十世紀中達到最高點，尤其在美國與英國。

來源與數據：piketty.pse.ens.fr/egalite

事件的相對重要性隨著國家不同而差異極大，何況這些事件並不是平白無故發生，反而大多都是源自當時不平等社會下的強烈矛盾。

至於法國的情形，十分驚人的一點是，各國會團體竟然在一九二〇年代初期決定將最高稅率提高到六十%，而且當時國會多數派還是所謂的「國民集團」（Bloc national，法蘭西共和國史上最右傾的多數派），這些國會團體明明在戰前曾經拒絕投票支持稅率五%的所得稅，還用盡各種手段阻擋法案通過。[13] 幾年過後，政治環境因戰爭、破壞、數百萬傷亡而澈底改變，此時工人的薪資始終沒有回復

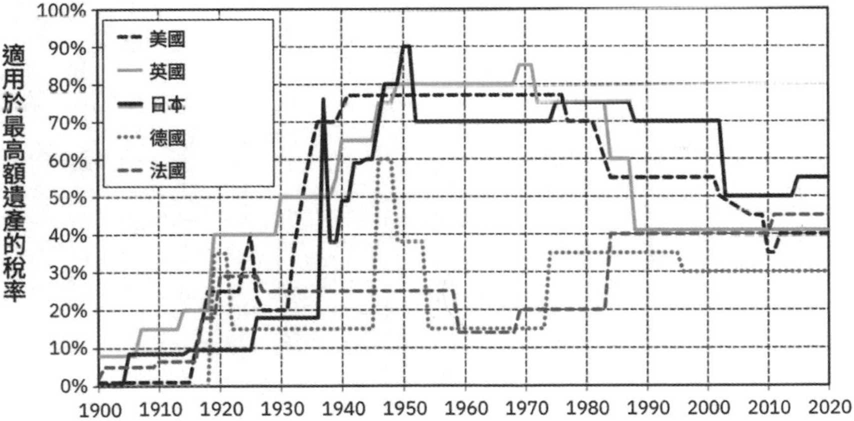

圖二十一　創造累進稅制：遺產稅的最高稅率（一九〇〇年至二〇〇〇年）

在一九〇〇年到一九三二年間的美國，適用於最高額遺產的稅率平均為十二%，一九三二年到一九八〇年間為七十五%，一九八〇年到二〇二〇年間為五十%。在同樣的幾段期間內，英國的最高稅率為二十五%、七十二%與四十六%，日本為九%、六十四%與六十三%，德國為八%、二十三%與三十二%，法國則為十五%、二十二%與三十九%。租稅累進性在二十世紀中達到最高點，尤其在美國與英國。

來源與數據：piketty.pse.ens.fr/egalite

到一九一四年時的購買力，好幾波罷工潮先是在一九一九年五、六月，後來又在一九二〇年春天讓整個國家飽受癱瘓的威脅，人們幾乎要覺得政治色彩已不再重要。政府必須找到收入來源，而沒有人會認為最富有的那群人可以置身事外。此時社會黨與共產黨的威脅顯然發揮了作用：菁英人士最好接受高度累進稅，免得有一天走到全面徵收的地步。但是很顯然地，這並不代表要是沒有塞拉耶佛暗殺事件或占領冬宮事件，就不會有相似的威脅形成。支持租稅累進性的動員力量從戰前開始就愈來愈強大，戰爭顯然不過是將引信點燃而已。[14]

藉由檢視其他國家的情形，便可確認社會政治動員具有決定性的力量。在瑞典，超級納貢選舉制從一九〇九年到一九一一年開始遭受質疑。這個國家相對而言受兩次世界性衝突的影響不大，主要是社會民主黨獲得執政權，才使福利國家與累進稅制的建立獲得臨門一腳。在英國，關鍵的一章同樣在一九〇九年到一九一一年間展開，亦即上議院的衰落與《人民預算案》的通過，該法案中包括高度累進性的稅制與社會政策預算。美國的聯邦所得稅於一九一三年建立，但這件事與第一次世界大戰無關，它是始自一八九五年一段漫長修憲過程的結果，也見證了人民的動員力量與當時全國對租稅與經濟正義的需求。[15]我們也必須特別注意一九二九年經濟危機對美國的重大影響，這個事件對大西洋彼端來說比一次大戰或俄國革命更加關鍵，傷害也更加深遠。對所有人來說，經濟大蕭條證明有必要重新控制資本主義，也促使羅斯福在一九三〇與一九四〇年代將租稅累進性提高到前所未見的程度。

實質的累進性與社會契約：人民對租稅制度的認同

租稅累進性的實質經濟效益為何？關於這個問題，我們要澈底丟棄一種成見，亦即誰也不會被課到最高稅率，所以不會產生任何實質影響。當然七十%或八十%的稅率只會影響一小部分人，通常是前一%最有錢的人（甚至前零點一%）。[16]但事實上在二十世紀初，所得分配、尤其財產分配是極度集中的：單單前一%最富有的人就持有超過全法國財產總額的一半，在英國則持有近三分之二。至於前零點一%最富有的群體則持有超過全法國財產的四分之一，在英國則持有超過三分之一。如果將房屋排除在外，將焦點放在作為生產工具的財產，則集中度還會更高。換言之，即使七十%或八十%的稅率只影響最高的百分位或千分位，事實上在美好年代的資產家社會那樣的不平等體制下，這些非常小眾的群體擁有的影響力非常可觀。透過深入檢視法國繼承檔案的個人細節，我們觀察到所得與遺產累進稅對一九一四年到一九五〇年間推行的財產分散化工作助益極大。[17]

至於美國，若將所有強制徵收包含在內（含聯邦所得稅，但同樣包含所有政府層級課徵的其他稅捐），會發現其稅制在一九一四年到一九八〇年間具有很強的累進性。具體來說，九十%較不富有的人口繳納的有效稅率明顯低於美國的平均稅率，而前千分之一及萬分之一最富有的人口繳納的有效稅率則高達六十%至七十%，超過平均稅率的三倍（見圖二十二）。[18]現有關於歐洲國家的資料也支持同樣的結論。換言之，在這段時期，實質的租稅累進性確實是明顯且無可質疑的現實。

這樣的高度累進性帶來幾種影響，首先是不平等的改善與頂層社會所得及財產集中度的下降，其次是影響整個社會契約，並促使社會接受更高的財稅壓力與財產社會化程度。在一九一四年到一九八〇年間，中下階層的納稅人（受雇者、自營工作者或中小企業主）不必懷疑最富裕的經濟活動參與者（高所得、高財產、更龐大的企業）有沒有繳納比他們高得多的稅率。今天的情況就完全不同了，現在實質的累進性已經不復存在，甚至轉為累退性，因為最富有的人繳納

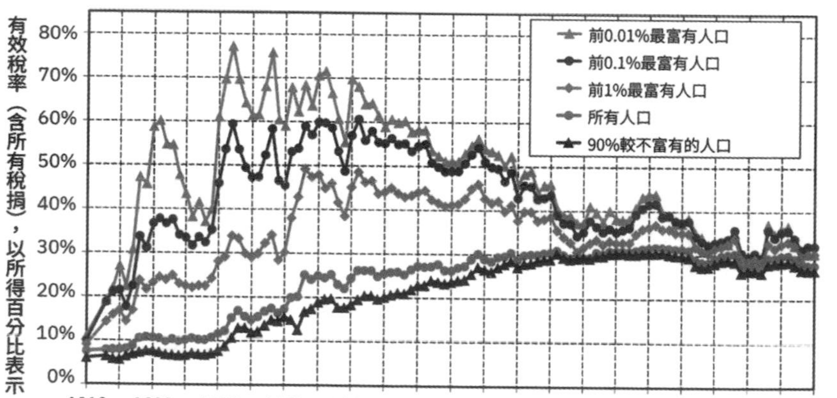

圖二十二　美國的有效稅率與累進性（一九一〇年至二〇二〇年）

從一九一五年到一九八〇年，美國的稅制呈現高度累進性，亦即所得最高的群體（含所有稅捐，以占稅前所得總額之百分比表示）繳納的有效稅率明顯高於整體人口（尤其高於九十％所得較低人口）繳納的平均有效稅率。一九八〇年以後的稅制累進性不高，有效稅率的差距有限。

來源與數據：piketty.pse.ens.fr/egalite

的有效稅率有時會低於中等或平民階級的人，而大型企業繳納的稅率常常低於中小企業。[19]如此一來極可能會危及人們對稅制的政治接受度與整個社會互助體系的正當性基礎。

累進稅，一種在稅前亦可減少不均的工具

在此我們也必須特別指出一九一四年到一九八〇年這段期間的另一項重要啟示，亦即租稅累進性不僅有助於減少稅後的貧富不均，更重要的是連稅前的不均也能減少（有人稱之為「前分配」，相對概念則是再分配）。[20]這個結論乍看或許自我矛盾，實際上幾乎是不證自明。可以減少下一世代財產不均的遺產累進稅就是個非常清楚的例子。假設遺產稅是用來將遺產重新分配，使所有幾乎沒有繼承任何財產的人能夠受惠，又假設我們同時利用每年課徵的富人稅來實施常態性的財產重分配，這個結論還會更無可質疑。累進所得稅也是如此，尤其是對最高額所得課以八十％或九十％稅率，幾近充公的那一種。如果將這樣的稅率實施於資本所得（股利、利息、租金等，美好年代與戰間期的最高所得大多是由這類所得構成），則相關人士的物質享受將被迫快速縮水，而失去了物質享受，他們可能很快就會發現自己必須永久割捨一部分資本，漸漸賣出愈來愈多屬於自己的企業與財產才行。這種效應在財產逐漸分

散，以及鉅額資產被資產持有型中產階級取代的過程中十分關鍵。如果是針對勞動所得，尤其是領導階層獲得的高額薪資，則這類稅率可以使積累龐大財富的機會遽減，更重要的是可以澈底改變這些高薪人士談判與議定薪資的條件，最終使薪水較低的人受惠。

目前可取得的資料顯示上述第二種效應極為重要，在美國尤其明顯。具體而言，因為羅斯福主政時代與戰後實施八十%到九十%的稅率，促使企業不再開出大價高薪，因為相較於企業老闆實際獲得的利潤與其他的用途，付出高薪的成本顯得愈來愈不成比例。超高薪酬縮水，便有更多資源可以用來投資和為較低薪的員工加薪。從資料中可以看出，這些形同充公的稅率

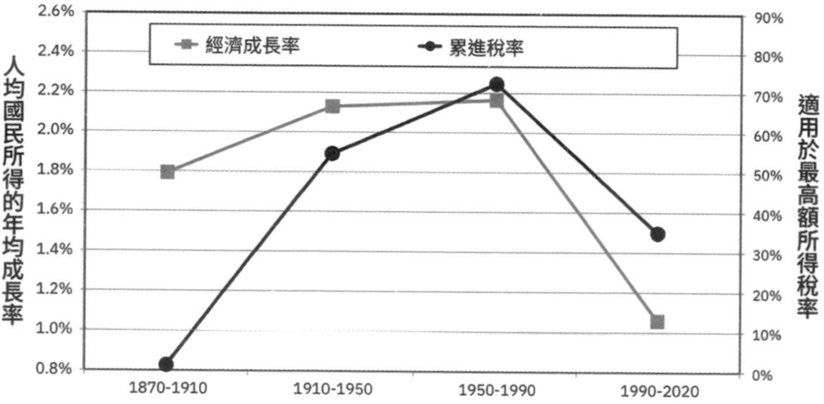

圖二十三　美國的經濟成長率與累進稅率（一八七〇年至二〇二〇年）

在美國，人均國民所得成長率在一九五〇年至一九九〇年間為每年二點二%，到一九九〇年至二〇二〇年間下降為每年一點一%，與此同時，適用於最高額所得的邊際稅率從七十二%下降為三十五%。調降最高邊際稅率時承諾會更加活絡的經濟成長顯然沒有發生。

來源與數據：piketty.pse.ens.fr/egalite

帶來的重分配效應主要是靠前分配達成的，這也代表單純檢視不同百分位群體負擔的有效稅率只能幫助我們評估部分的總效應。從不同國家的比較中亦可看出，這種課稅機制更加有效，因為它讓員工在薪酬及薪資級距表的議定與監督上，有更多參與空間（例如透過德國式和北歐式的經營會議或美國的戰時勞工委員會〔War Labor Board〕[21]中的工會代表）。關於相關企業與不同部門及國家薪酬水準的現有資料，也讓我們可以確定只要超過特定水準，領導階層的薪酬與他們的經濟表現之間就不再有任何顯著相關性，而且這些薪酬還會對中低薪的員工帶來負面影響。[22]

針對這個主題，讓我們再補充一點：高度累進稅的茁壯似乎完全沒有削弱創新與生產力的提升。在一八七〇年到一九一〇年間的美國，在還沒有所得稅的情況下，人均國民所得每年的成長率是一點八%，在建立所得稅之後的一九一〇年到一九五〇年之間，成長率則為二點一%，一九五〇年到一九九〇年間甚至達到二點二%，當時的平均最高稅率則達到七十二%。其後最高稅率被砍了一半，官方宣稱目的是為了刺激經濟成長。但結果而言，經濟成長率反而少了一半，在一九九〇年到二〇二〇年間降為每年一點一%（見圖二十三）。當不均到達一定程度以上，所得與財富的差距必然會擴大，而這件事顯然不會為經濟活力帶來任何正面影響。[23]簡要來說，現在所有可取得的資料都告訴我們，這種幾近充公的稅率創下了極大的歷史成就，讓財富與所得差距大幅縮小，更促進中等與平民階級處境的改善、福利國家的發展，並刺激整體社會與經濟表現的提升。從歷史的角度來看，促成經濟發展與人類進步的是為平等與教育而戰的力量，將財產、穩定與不平等奉為圭臬則毫無作用。[24]

殖民地資產與公共債務的結清

繼福利國家與累進稅之後，標誌著一九一四年到一九八〇年這段期間的「大重分配」的第三項要素就是，海外與殖民地資產以及公共債務的先後結清。在一次大戰前夕，資產家們的榮華富貴似乎穩若泰山、堅不可催。在英國、法國與德國，私有財產的總價值介

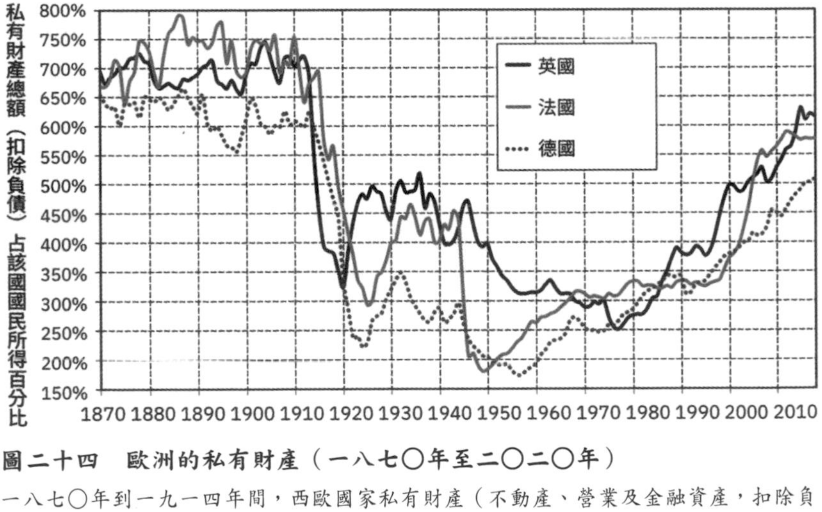

圖二十四　歐洲的私有財產（一八七〇年至二〇二〇年）

一八七〇年到一九一四年間，西歐國家私有財產（不動產、營業及金融資產，扣除負債）的市場價值大約為六到八年的國民所得，其後在一九一四年到一九五〇年間萎縮，一九五〇至一九七〇年代時大約落在二至三年的國民所得之間，接著在二〇〇〇年到二〇二〇年間再度回升到五至六年的水準。

來源與數據：piketty.pse.ens.fr/egalite

於六年到八年的國民所得之間（見圖二十四）。[25]然而這些財產的集中度非常高：十%最富有的人擁有總額八十%到九十%的財產。接著我們在一九一四年到一九五〇年看到私有財產嚴重萎縮：一九五〇年代時的財產總價值介於二至三年的國民所得之間，之後開始緩慢回升直到現在，不過還沒有完全回到最一開始的程度，更重要是財產集中度再也不曾回到當年的水準。[26]萎縮的一部分原因在於財產（工廠、建物、房屋等）在兩次世界大戰的戰役與轟炸中遭到摧毀，造成法國與德國減少了四分之一到三分之一的財產（英國則為數個百分點）。另一部分同等規模的財產之所以消失，則是因為一整套刻意削弱私有財產力量的政策所致（如凍結租金、國有化、金融及經濟管制、工會權等）。這些彼此相異的政策有一個共同點，就是要削弱私人資產家手上財產的金錢價值，但不包括這些財產在使用者眼中的社會價值：亦即這是為了進行權力的重分配，而不是要剝奪其真實價值。最後，萎縮的第三部分、也是最重要的一部分，大約占法國和德國財產的三分之一到二分之一（在英國則占將近三分之二），萎縮的原因是海外資產及後來公共債務的結清。[27]同樣的，結清主要也是為了重分配而不是摧毀，因為被殖民的人民和戰後的納稅人都能因此獲得自由。

所謂結清分為兩個階段：海外資產先是被摧毀或轉變為公共債務，接著再將這些公共債務結清。如果要更深入理解這些事件，首先要掌握一個事實，亦即跨國資產的規模在二十世紀初曾達到歷史上前所未有而且至今也不曾再現的高峰（見圖二十五）。例如在一九一四年，英國資產家擁有的海外資產淨額高達將近兩年的國民所得（超過他們所有財產的四分之一），對法國資產家而言則達到接近一年半的國民所得（將近其所有財產的五分之一）。這些資產位在殖民帝國轄下，例如印度支那的橡膠園或剛果的木材開採事業，但也有的位在許多領地上，這些領地不屬於狹義的殖民地，但英國與法國與這些地區維持的關係充滿強烈階級性，例如鄂圖曼帝國或波斯的石油井，以及俄國、中國和拉丁美洲的鐵路或公債及私債債權憑證。從巴黎的檔案中可清楚看出這些殖民地和跨國資產對個人而言份量有多重。例如在一八七二年到一九一二年間因為繼承移轉的財產總額中，海外資產的比例由

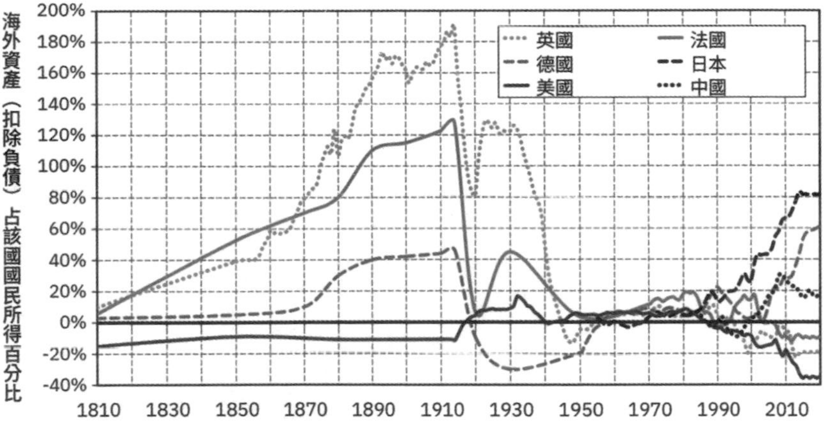

圖二十五　從歷史視角看海外資產：法國與英國殖民時期的高峰

海外資產淨額，亦即居住在該國家的所有權人（含政府）所擁有的海外資產與外籍所有權人在該國家擁有的資產之間的差額，在一九一四年的英國為國民所得的一百九十一％，法國則是一百二十五％。二〇二〇年時，日本的海外資產淨額高達八十二％，德國為六十一％，中國則為十九％。

來源與數據：piketty.pse.ens.fr/egalite

六％上升到二十一％，而這個比例在最高額的遺產中還會更高。[28]

這些跨國資產會為它們的所有權人帶來可觀的收入（利潤、股利、利息、租金、權利金），為法國創造約五％的國民所得（相當於法國工業最發達的北方與東方省份的工業產值總額），在英國則是近十％。[29]然而正是這些收入讓這兩大全球殖民強權在一九八八年到一九一四年之間能夠幾乎常態性地處於對其他國家的貿易赤字之下（平均為國民所得的一％至二％）：因為海外資產創造的所得大致能彌補赤字，還能保留相當可觀的財力繼續在海外置產並累積新的資產。事實上，法國和英國在一八八〇年到一九一四年間累積海外資產的速度快得不合理，快到不可能長期如此維持下去，不論從外部因素或內部因素來看都是如此。對世界上其他地方而言，既然積累的速度如此快，假如再繼續下去數十年，整個地球恐怕幾乎全部都會落入這些歐洲強權手中。這種開發殖民地與持有海外資產的思維往往伴隨著暴力與極度殘忍的行為，形式可能是準強迫勞動或低薪勞動、惡劣的勞動條件與歧視，更普遍的是對這種處境下的人所遭受的苦難冷眼以對。[30]如此一來當然只會讓全國性的解放運動獲得愈來愈多支持並促成最終的勝利，而兩次世界大戰更加快了這一天的到來。

在歐洲內部，大家都知道這些金流與獲得的利潤有多少，使殖民地資產引發的覬覦與對抗變得愈來愈激烈。[31]德國在十九世紀末、二十世紀初成為歐陸主要的人口大國與工業強國，在海外資產方面則比英國和法國少得多。一九一一年的摩洛哥危機差點導致各國兵戎相見，不過德國最終接受了一九〇四年英法針對摩洛哥與埃及締結的協約，同時在喀麥隆獲得一筆補償，戰爭因此得以延後幾年才發生。下一次，星星之火便真的燎原了。

兵戎相見的結果導致海外資產萎縮。英國和法國在一九二〇年代稍稍恢復了他們的財產規模，一部分是因為瓜分了德國的殖民地資產，後來經過第二次世界大戰，這些資產便完全見底。在一九一四年到一九五〇至一九六〇年代之間，史上最龐大的跨國財產持有現象澈底消失了（見圖二十五），部分原因在於經過革命與獨立戰爭之後所實施的一系列財產徵收。在一九一七年革命之後，新的蘇維埃政府決定否認一切沙皇時期累積的債務，因此英國、法國、美國成立的一支遠征軍於一九一八年到一九二〇年間進入俄國北部，希望能平息這場革命但並未成功。在這段時期的末期，埃及決定在一九五六年將蘇伊士運河收歸國有，而這條運河自一八六九年竣工後便持續帶給它的英、法股東穩定的股利。英國與法國同樣打算發動軍事行動，就像他們過去習以為常的做法。不過這次美國丟下了他們，因為美國無法承擔讓南方國家一個一個落入蘇聯手中的風險。殖民強權已不復存在。

除了徵收以外，讓歐洲資產家們付出高昂代價的無非是戰爭本身。為了替這些超越人類經驗的殘忍戰役籌措財源，持有海外資產的人售出愈來愈多財產，好借款給自己的政府，而可想而知，政府承諾戰後會如數償還，一分不少——但這個承諾從來沒有實現。第一次世界大戰過後，法國政府希望能再度充實資產家的財庫，便在《凡爾賽條約》中要求德國償還一筆難以想像的鉅額賠款：約為德國國民所得的三百%，而這個國家當時已經舉白旗投降。各位會發現這和一八二五年海地被要求的賠款占國民所得的比例幾乎相同（三百%左右），差異在於德國有能力保護自己。對法國當局而言，這個數字合情合理，因為法國於一八七一年時必須賠給德國相當於國民所得三十%的金額，而一九一四年到一九一八年間因戰爭造成的破壞甚至更為慘重。實際上，這套制度已經來到臨界點。《我的奮鬥》（*Mein Kampf*）一書寫於一九二四年，當時法國軍隊占領魯爾（Ruhr），想要取回屬於他們的財產。希特勒在書中一再提起這筆軍事貢金有多可恥，更何況要求這筆錢的是一個人口正在衰減的民族，而他的結論是唯有形成最強大的國家力量才能讓德國人民抬頭挺胸，最終建立一個為這個民族量身訂做的殖民帝國。[32]一九二九年的經濟危機與後來的二次大戰終於讓殖民地資產徹底衰落，也導致直到一九一四年為止主宰世界的財產權至上兼殖民主義強權（兩種思考乃一體兩面）終於崩解。

公共債務的取消使歐洲得以重建

在一九四五年到一九五〇年間，歐洲主要國家承受著龐大的公共債務：介於國民所得兩百%到三百%之間（見圖二十六），其中很大一部分是三十年前陸續出售以支應軍費的海外資產留下的結果（見圖二十五）。大多數國家後來選擇不償還這筆債務，轉而支持其他更重要的經濟與社會政策，他們的做法是結合三組在一次大戰之後已經實驗過的手段：直接取消債務、通貨膨脹與對私有財產課徵特別稅。法國的年均通貨膨脹率在一九四五年到一九四八年間連續四年超過五十%。公共債務灰飛煙滅，就像一座工廠遭到轟炸一般無可質疑。問題是數百萬小存戶也同樣被摧毀了，與此同時，有些比較富裕的人早已及時把他們的公債債券換成股份或不動產，因此沒有或幾乎沒有受到影響。這導致一九五〇年代時

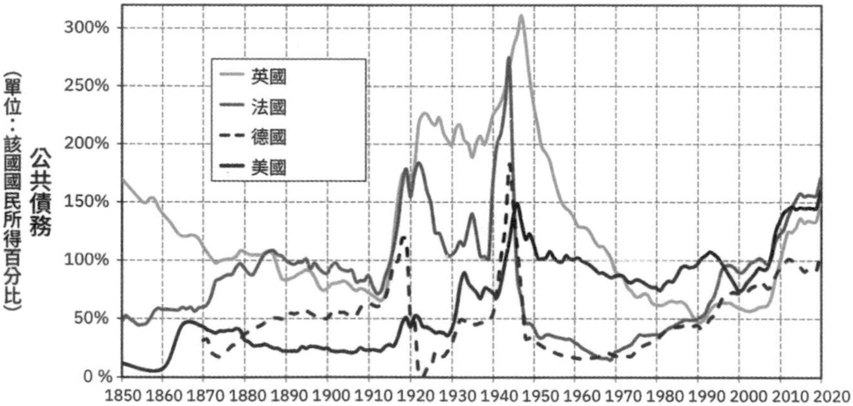

圖二十六　公共債務：在積累與取消之間

自兩次世界大戰之後，公共債務快速成長，在一九四五年至一九五〇年間達到國民所得的一百五十%至三百%之間，接著德國與法國出現直線墜落（取消債務、私有財產特別稅、高通膨），英國與美國的線條則較為和緩。在二〇〇八年金融危機與二〇二〇年流行病危機後，公共債務再度大幅成長。

注意：本圖中未納入《凡爾賽條約》（一九一九）產生的德國債務，其金額相當於當時國民所得的三百%，而這筆債務從來沒有真正開始清償。

來源與數據：piketty.pse.ens.fr/egalite

蔓延開來的老人貧窮問題更加嚴重，並引發深沉的不正義感。在西德，人們對一九二三年超級通貨膨脹的創傷記憶猶新，政府採取的解決之道便更加複雜。一九四八年的貨幣改革將過去一百馬克的舊債權取代成新馬克一元的債權，同時透過一套基準表來保護最小額的存戶，結果是債務消失了，也沒有引發通貨膨脹。更重要的是，德國聯邦議院（Bundestag）在一九五二年通過一項「分擔負擔」（Lastenausgleich）措施，亦即對最高額的金融、營業資產和不動產（不分性質）課徵最高五十％的稅率，以籌措資金來補償那些因戰爭破壞和貨幣改革而失血的中、小型資產所有權人。這套制度稱不上完美，但是它帶來了一筆可觀的金額（約為一九五二年時德國國民所得的六十％，分為三十年支付），也是一次大膽的嘗試，且大致上成功在社會正義的基礎上重建了國家。[33] 一九五三年倫敦會議（conférence de Londres）中取消德國外部債務，也讓德國在重建工作、社會支出以及基礎建設和教育的投資上都多了一些餘裕。[34] 在日本，一九四六年到一九四七年間實施的特別稅對最高額的投資組合課以九十％的稅率，同樣幫助他們更快打平戰爭債務。[35]

如今回頭來看，這些政策都極為成功，因為這些國家得以在數年間擺脫過去的債務，將眼光投向未來與重建工作。如果必須以一般手段來清償這些債務，沒有債務取消也沒有通貨膨脹，更沒有對私人資本課徵特別稅，只能靠一年又一年累積的預算盈餘（excédent budgétaire），那麼站在二〇二〇年代初的我們恐怕還在原地踏步，所做的一切都只為了支付利息給那些一九一四年前的殖民地與國內資產繼承人。這種長期向收租者清償的策略就是英國在十九世紀採用的策略，當然那是個納貢選舉制的時代。[36]我們想不出來當初在戰後會有哪個政府實施這種做法，就以未來數十年來說，也想不出來有哪個政府可能會這麼做。然而我們必須記住，一九四五年到一九五〇年間做出的那些決定與一些大型政治抗爭有關，而且這些決定都經過激烈尖銳的辯論。最終看來，在漫長的動亂結束後，跨國資產與公共債務的結清都顯著促成了所得與財產不均的改善，以及一九一四年到一九八〇年間發生的「大重分配」。

第七章　民主、社會主義與累進稅

現在，讓我們轉向未來。一九一四年到一九八〇年間的「大重分配」既不是無足掛齒的小事，也不是一場華麗盛宴，可是它留給我們許多寶貴的啟示。最主要的教訓便是，福利國家與累進稅是能夠改變資本主義的有力工具。唯有在這類制度成為大型動員與集體適應的目標時，社會才會再次朝向更平等的方向發展。而妥善衡量這些制度在二十世紀的成就有何局限，以及使它們在一九八〇年後開始弱化的原因，同樣至關緊要。我將特別著重於金融鬆綁與資本自由流動造成的負面影響，以及為了跳出這種框架應擬定的可行策略。

平等的局限：財產的超級集中現象

首先讓我們回顧一下過去這個世紀進展有限的平等化運動。其中最令人驚訝的是財產超級集中的現象遲遲未能打破（見圖二十七）。在歐洲，長期來看，我們的確觀察到一種「資產持有型中產階級」的興起。一九一三年時，介於後五十％較貧窮人口與前十％最富有人口之間的四十％人口所擁有的財產不超過總額的十％；二〇二〇年時，他們持有的財產占比為四十％，主要形態為不動產。[1]儘管如此，在二〇二〇年的歐洲，後五十％較貧窮的人口擁有的依然微不足道（占總額五％），前十％最富有的人口卻擁有五十五％的財產。換言之，前者持有的平均財產不到後者的五百分之一（前者擁有的資產占比不到後者的十分之一，人數卻是後者的五倍）。美國的情形更為極端，在二〇二〇年，後五十％較貧窮人口的財產僅有總額的二％，相對的，前十％最富有的人口卻擁有七十二％，資產持有型中產階級則擁有二十六％。從財產集中度來看，二〇二〇年的美國介於一九一三年的歐洲與二〇二〇年的歐洲之間，而且有愈來愈朝前者發展的趨勢。

令人驚訝的是，以不平等而言，美國和歐洲的相對位置曾在二十世紀互換（見圖二十八）。在二十世紀初，歐洲的財產集中度比美國高。歐洲的財富主要仰賴殖民地與跨國資產（英、法）與採取納稅選舉制又不平等的社會政治體制（瑞典）。一旦有能力，工人階級便移民到美國，希望能在那裡找到更好的工資。經過兩次世界大戰與多次工會及政治動員，新的規範實施了，舊大陸的面貌也改變了，這樣的情形便有了一百八十度的反轉。歐洲建立起涵蓋範圍更廣也更有企圖心的福利國家，因此不平等改善的幅度比美國更大。兩者的曲線在一九六〇年到一九七〇年間出現交叉，並且自一九八〇年以後往相反的方向拉開差距。好比一九八〇年代初期，歐美的資產持有型中產階級幾乎處於同樣的財富水準，在一九八五年到二〇二〇年間，他們在全國財產總額中的占比卻減少了超過四分之一，而後五十%較貧窮人口的財產占比更持續探底。在歐洲，財產不均的鴻溝較不明顯，

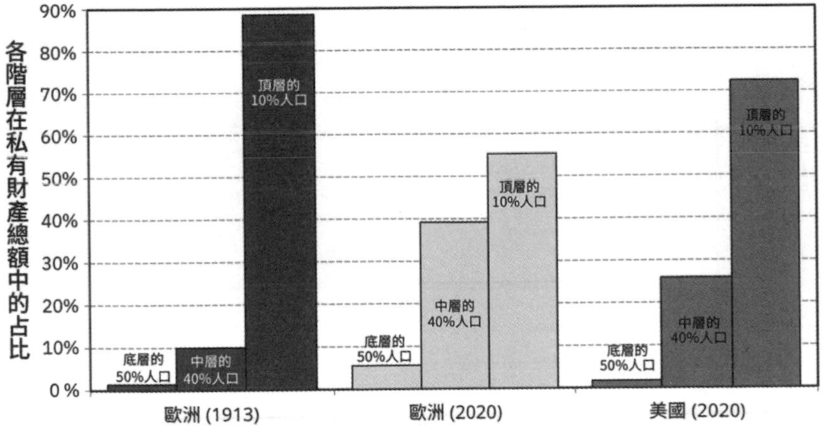

圖二十七 不見改善的財產超級集中現象

在一九一三年的歐洲（指英、法、瑞典平均值），前十%最富有的人在私有財產總額中的占比高達八十九%（後五十%較貧窮人口的占比則為一%），在二〇二〇年的歐洲則為五十六%（後五十%較貧窮人口的占比則為六%），在二〇二〇年的美國為七十二%（後五十%較貧窮人口的占比則為二%）。

來源與數據：piketty.pse.ens.fr/egalite

但我們同樣觀察到不論是中間四十%人口，還是更重要的後五十%較貧窮人口，兩群人的財產占比都漸漸減少（但後者的起始點已經非常之低）。在這一方面，沒有一個國家、一塊大陸有資格張燈結綵或傳授心得。幾乎在世界每個角落，一九八〇年代開始推動的經濟與金融鬆綁都創造了利於最龐大的投資組合滋生的條件，對於最弱勢的人卻幾乎沒有帶來好處，他們經常陷入超額負債的泥淖之中難以自拔。

在所得不均上亦可看到相似的變化：所得不均從一九八〇年開始再次擴大，其中美國的趨勢格外明顯（見圖二十九）。我們再次看到，所有可

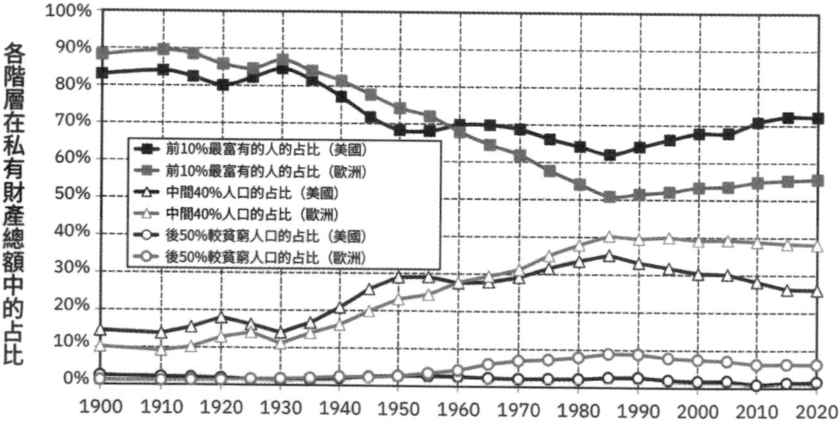

圖二十八　歐洲與美國的財產（一九〇〇年至二〇二〇年）：資產持有型中產階級的誕生與脆弱

在一九一四年到一九八〇年間，不論在歐洲（英—法—瑞典三國的平均值）或美國，我們都觀察到十%最富有的人在私有財產（不動產、營業與金融資產，扣除負債）總額中的占比大幅減少，因而受惠的主要是介於前十%最富有人口與後五十%較貧窮人口之間的四十%人口。此一趨勢在一九八〇年到二〇二〇年間出現部分反轉的情形，尤其是美國。

來源與數據：piketty.pse.ens.fr/egalite

取得的要素都顯示造成這些變化的原因在於，社會、財稅、教育與金融面上發生整體性的政治反轉。在大西洋彼端的美國，反工會政策的殺傷力與聯邦最低工資的萎縮（受到通貨膨脹的侵蝕，由一九七〇年的每小時接近十一美元縮減到二〇二〇年的七點二美元，現在許多民主黨民選首長希望能再提升），成為最低所得的下滑的決定性關鍵。即便將與公共醫療保險（聯邦醫療保險〔Medicare〕和聯邦醫療補助〔Medicaid〕）有關的實物補助納入考量，也無從緩減上述的所得不均狀況。[2]金字塔頂端的財富量又開始快速飆升，領導階層薪資也出現爆炸性成長（尤其在美國），一大原因是累進稅

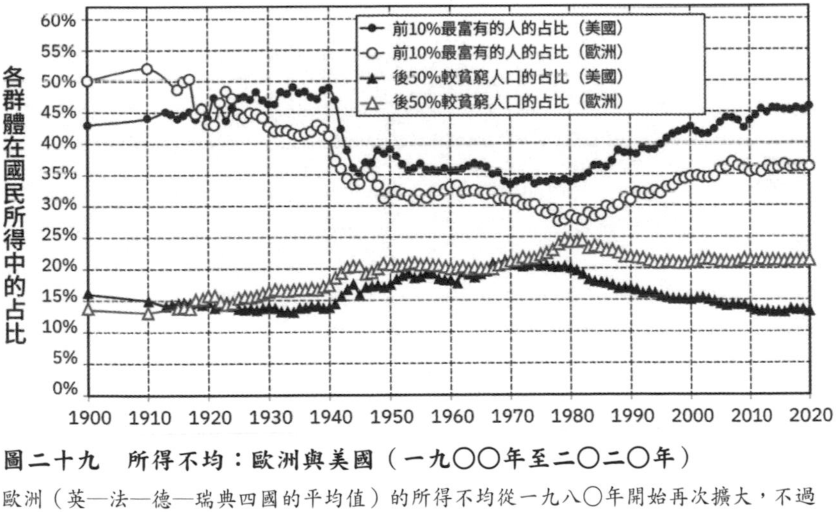

圖二十九　所得不均：歐洲與美國（一九〇〇年至二〇二〇年）

歐洲（英—法—德—瑞典四國的平均值）的所得不均從一九八〇年開始再次擴大，不過仍遠低於一九〇〇年至一九一〇年間的水準。美國的惡化趨勢則更加明顯。無論如何，兩者的不均程度一直都很高：雖然人數只有後者的五分之一，但前十%最富有的人口在所得總額中享有的占比始終比後五十%較貧窮的人口高。

來源與數據：piketty.pse.ens.fr/egalite

制遭到破壞。美國的累進稅制之前在一九三二年到一九八〇年間達到高峰，然後在一九八〇年代因為「保守派革命」(révolution conservatrice)組織起來的力量，開始以同樣的力道將局勢推往相反的方向。在歐洲，因為福利國家與租稅國家的力量，不均的回升被控制的比較好。前十%最富有群體在所得總額中的占比從一九一〇年的五十二%減少到一九八〇年的二十八%，然後又回升到二〇二〇年的三十六%。後五十%較貧窮人口的占比從一九一〇年的十三%提升到一九八〇年的二十四%，又掉到二〇二〇年的二十一%。整體看來，二〇二〇年所得不均的程度遠遠低於一九一〇年，平均所得在過去這一個世紀裡也提升了不少，但我們同樣不能因此忘記，純粹從數字看來，貧富差距始終非常高。歐洲社會始終是一個具有強烈階級差異的社會，過去數十年間，物質享受的高低落差又開始明顯擴大。已經實現的進步應該作為未來進步的養分，而不是用來助長自我感覺良好的心理，這種心理太常成為各種表裡不一行動與棄之不理的藉口。

福利國家與累進稅：資本主義的系統性轉型

為了繼續追求平等，最合理的路徑似乎已經畫得清清楚楚：我們應該讓那些在二十世紀成功促進平等、人類進步與繁榮的制度發展得更好、適用得更廣，例如福利國家與累進稅。但如果期望繼續朝此方向前進，不可不深入了解這些制度遇到的瓶頸以及從一九八〇年開始削弱它們的因素。在一九一四年到一九八〇年間，社會與政治抗爭讓促進平等的制度成為可能，若沒有社會大眾、沒有集體動員起來強力支持走向下一個階段，就不可能踏出這一步。雖然雷根與柴契爾的改革自一九八〇年代以來影響深遠，但原因不僅在於獲得統治階級的普遍支持以及擁有媒體、智庫和政治獻金形成的強大影響力網絡（雖然這些因素當然都發揮了作用），平等派聯盟本身的缺陷也是原因之一，他們未能成功建立一套能取代舊論述的嶄新敘事，並為福利國家與累進稅號召到足夠的支持力量。

這就是為什麼此刻最重要的是試著重建一套新論述，證明福利國家與累進稅為何真的能實現資本主義的系統性轉型。如果將這些制度的邏輯發揮得淋漓盡致，它們將成為重要的一步，帶我們踏入具備民主精神、自治精神、環保意識、分散式、多元混合的新形態社會主義，讓我們能打造另一種世界，比眼前的世界更自由解放也更平等的世界。從歷史來看，社會主義與共產主義運動圍繞著一套相當不同的綱領，亦即生產工具的國有化與集權式的計畫經濟，而這套綱領失敗了，且一直沒有真正被另一套綱領所取代。相較之下，福利國家、尤其是累進稅制經常被視為一種「軟性」社會主義，無法顛覆資本主義的深層邏輯。在第一次世界大戰以前的法國，支持累進稅制的是激進黨派，他們主張「尊重私有財產權的社會改革」；

相對的，社會黨則認為，這種改革寧願事情發生後才減少資本主義制度製造出的不平等，且不真正處理生產過程的核心問題、不批判因生產過程而生的各種社會關係，甚至因此可能讓勞工朝無產階級革命前進腳步麻痺，更應該抱持著懷疑的態度。這些歷史淵源和辯論依舊深深影響人們的觀念。基於幾個理由，我認為有必要立刻重新加以檢視。

首先，一切顯然與租稅累進性的強度有關。以二%為最高稅率的累進稅和稅率可高達九十%的累進稅並不是同一回事。二十世紀的經驗證明，對財富頂層課以幾近充公的稅率是有可能做到的，這堂重要的歷史課卻很少有人上過。其次，累進稅的問題不能與福利國家的問題分開思考。我們先前已看到二十世紀福利國家的建構反映在財富社會化的明顯趨勢上（歐洲主要國家的國庫收入由一九一四年前的十%國民所得，上升到一九八〇至一九九〇年代以後的四十%至五十%左右），這件事證明我們完全有可能不依靠商品邏輯來組織眾多事業部門，尤其是醫療與教育，以及文化、交通、能源產業。沒有人可以預先決定這樣的歷程會如何發展，不論是會牽涉哪些事業部門名單、未來在這些不同的部門中會發展出何種分散式與參與式的組織形態（醫院與療養院、中小學與大學、協會與基金會、政府行政機關與地方自治團體、合作社與地方公營事業等），或是受影響的公共經費該如何支應規定與範圍（或許有一天會達到國民所得的六十%或七十%或更多）。[3]相反的，比較可以確定的是如果我們不能讓人們再次相信公共經費的制度邏輯是以租稅與社會正義的追求為基礎，我們就不可能想像如何向財富社會化踏出新的一步。如果不能證明也無法檢驗最高所得與資產是否有回饋社會，亦即沒有真正重新施行累進稅制，我們就不可能想像如何踏上建構福利國家與將社會福利去商品化的長征。

同樣必須提醒各位的是，二十世紀時具體運作過的累進稅制不只讓不同所得與財產階層應繳納的稅賦得到更公正的分配，也明顯抑制了稅前的不均程度。這種除了重分配之外還能進行前分配的作用絕對非常關鍵，同時讓我們看到累進稅也能深入影響生產過程，當然這還需要搭配許多其他制度，例如工會權或者企業經營會議中的員工席次。需注意的是，薪資等級的差距因為實施累進稅制而大幅縮減（尤其是適用於最高所得的八十％到九十％稅率），也是讓人們能平等對抗奉行商品邏輯之領域的必要條件。如果那些數位產業下的資本主義企業付出令人咋舌的高薪，希望盡可能把市場上所有最頂尖的資訊工程師全招入旗下，對於負責管理這些企業的政府部門來說恐怕會變得非常棘手（除非他們選擇鼓勵企業相互競逐，讓原本就很高的薪資差距繼續擴大）。對金融部門或法律部門而言也是如此。把薪資差距拉回五倍之差，而不再是二十倍或一百倍之差，這件事不只是分配正義的問題：這也是一個政府如何有效進行管制與發展另類經濟組織模式的課題。

最後，我們必須明白福利國家與累進稅在所得不均、尤其是財產不均的改善上成效有限，並試著尋找克服這些限制的方法。關於所得差距，前面已經提及，一九八〇年以後差距擴大的部分原因在於累進性遭到破壞，而破壞累進性的理由（刺激經濟或提升效能等）則難以成立，因為經濟成長率反而減半了。重新提高租稅累進性或許可以讓薪資差距再次拉近，但必須搭配其他工具，尤其是讓大眾平等享有教育培訓資源，與讓員工及其代表獲得協商權的相關制度。目前在大多數歐洲國家所實施的基本收入制度同樣有許多不足之處，尤其是兒少群體、學生以及無家可歸或沒有銀行帳戶的人如何享受這項制度的問題。另一項重要的工作則是將基本收入擴大到低薪和其他執業所得很低的人身上，透過一套系統自動轉入薪資單和銀行帳戶裡，不需當事人另行申請，並和累進稅制相連結（同樣採取從源頭扣繳的制度）。我們也要特別指出，基本收入制度提供的微薄金額，依據不同的提案內容，一般介於正職最低工薪的二分之一至四分之三，這使它作為一種對抗不平等的工具，先天上便效果有限。基本收入制度可以幫助我們建立一條底線，這的確很重要，但更重要的是我們不能在此原地踏步。[4]

一項可以補強基本收入之不足且更具企圖心的工具是近來在綠色新政（Green New Deal）之相關討論中提出的就業保障制度。其概念是提供所有希望就業的人一份全職工作，薪資為符合合理標準的最低數額（在美國為每小時十五美元），財源由聯邦政府提供，政府勞動相關局處會提供在公部門或合作部門的工作機會（市鎮政府、地方自治團體、非營利組織）。在一九四四年羅斯福提出的《經濟權利法案》（*Economic Bill of Rights*）與一九六三年馬丁路德・金恩組織的「為工作與自由向華盛頓進軍」(March on Washington for Jobs and Freedom）大遊行打下的雙重基礎之上，這套制度可望大大助於經濟體去商品化的發展且重新定義集體需求，尤其是在個人服務、能源轉型與房屋更新等領域。[5]

財產與社會主義：去集中化的問題

現在讓我們來看看財產不均與財產制的問題。如果從長期來看，最令人訝異的是財產的超級集中現象一直沒有消失。尤其後五十%最貧窮的人口，他們幾乎從來沒有任何像樣的財產。如果只要經濟一成長，人人就都會富起來，這件事應該早就發生了，顯然這句話其實沒什麼道理。要脫離這種狀態，最合情合理的方法應該是想像一個遺產的重分配制度，讓所有人都可以得到一筆最低遺產（見圖三十）。為了讓大家比較容易思考，不妨想像這筆最低遺產相當於每個成年人平均財產額的六十%（亦即十二萬歐元，這是假設平均值為二十萬歐元，這也是法國目前的狀況），會在每個人二十五歲時發放。這筆基礎資本的財源可以來自累進富人稅與累進遺產稅綜合起來的稅收，約為五%的國民所得。另一方面，福利國家與生態國家（Etat écologique，包含基本收入與就業保障）可由一個統一的累進所得稅制度支應，包含各項社福扣繳金與碳卡（carte carbon），約可獲得國民所得四十五%左右的稅收(見表二)。

全民遺產制的第一項目的是，提高所有幾乎一無所有的人的談判權力（這個群體約占人口半數）。如果你一無所有，甚至更慘的是只有債務，不管薪水多寡、勞動條件如何你都只能接受，或幾乎沒有選擇。只要有基本收入與最低薪資就業保障這兩種珍貴工具，便能改變上述情形並平衡權力關係，可惜這樣還不夠。然而若是擁有十萬或二十萬歐元，再加上基本收入、就業保障以及照顧範圍最廣的福利國家下的各種權利，像是免費教育與醫療、具高度重分配作用的退休年金與失業補助、工會權等，處境就大不相同了。[6]你可能就有條件拒

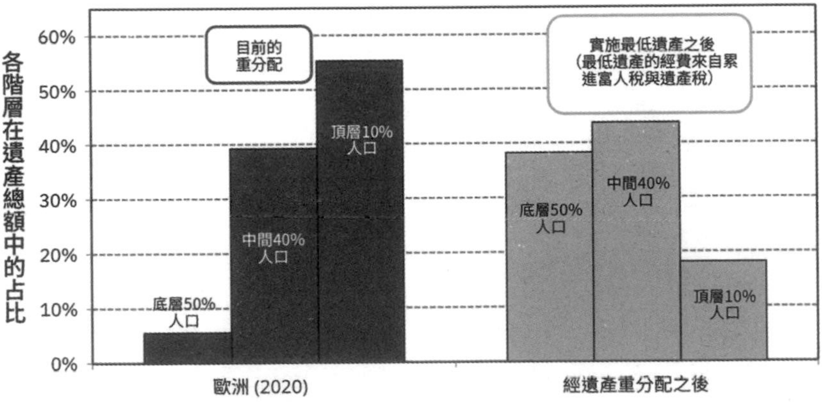

圖三十　遺產重分配

在二〇二〇年的歐洲（英、法、瑞典的平均值），後五十%較貧窮人口在遺產總額中的占比為六%，中間四十%人口的占比為三十九%，前十%最富有人口則占五十五%。實施由累進富人稅與遺產稅支應的全民遺產之後（亦即相當於平均財產六十%的最低遺產，於二十五歲時發放），後五十%人口的占比可能為三十六%（另外兩個群體則是四十五%與十九%）。

來源與數據：piketty.pse.ens.fr/egalite

表二 財產流動與累進稅

累進財產稅（支應發給每位年輕成年人的基本資本〔全民遺產〕）			累進所得稅（支應基本收入、就業保障、福利國家與生態國家）	
平均財產的倍數	每年課徵的財產稅（有效稅率）	遺產稅（有效稅率）	平均財產的倍數	有效稅率（包含社福扣繳金與碳卡）
0.5	0.1%	5%	0.5	10%
2	1%	20%	2	40%
5	2%	50%	3	50%
10	5%	60%	10	60%
100	10%	70%	100	70%
1000	60%	80%	1000	80%
10000	90%	90%	10000	90%

此處提出的稅制包含一項累進財產稅（包含年度財產稅與遺產稅），用來支應給予每個成年年輕人的基本資本（全民遺產），以及一項累進所得稅（包含社福扣繳金與關於個人碳排量的碳卡），用來支應基本收入、福利國家及生態國家（醫療、教育、退休、失業、能源等）。這套財產流動制度是參與式社會主義的基本要素之一，企業員工與股東共享投票權也是其中之一。

注意：在此處的範例中，累進財產稅的稅收約為國民所得的五%（四%來自年度財產稅，一%來自遺產稅，合起來可用來支應二十五歲時發放的基本資本，其數額相當於平均財產額的六十%），而累進所得稅的稅收則為國民所得的四十五%左右（可用來支應經費需求為五%國民所得之基本收入與就業保障制度，以及經費需求為四十%國民所得之社福與環保政策）。

來源與數據：piketty.pse.ens.fr/egalite

絕某些工作機會、擁有自己的房子、發展某項個人事業計畫、開一間小公司。這樣的自由是雇主和擁有資產的人最怕的，因為他們的勞工可能不再乖乖聽話，但對其他人來說則是再歡迎不過。

在此有幾點需要釐清。首先，此處呈現的數值只是為了示範之用，也可以訂得更大膽。根據我們選定的參數，目前幾乎沒有任何財產的人（大約等同於後五十%較貧窮的人）可獲得十二萬歐元，而繼承了一百萬歐元的人（相當於前十%最富有的人獲得之平均遺產額，但內部差異非常大）在這套課稅與基本資本制之下可藉由繼承獲得六十萬歐元。各位看得出來，我們距離機會平等（égalité des chances）還非常遙遠。人們常常在抽象與理論的層次捍衛這個原則，然而一旦有人打算具體落實，特權階級就會像看到瘟疫一樣避之唯恐不及。理論上，要在遺產重分配上做得更澈底絕對是可能的（在我看來也是更好的）。

也請各位注意，我們所規劃的經費來源建立在一套稅率基準表上，它與二十世紀已經實施過的基準表十分相像：稅率最低為數個百分點，適用於低於平均值的財產或所得；最高為八十%至九十%，適用於最高額財產或所得。其主要創新之處在於將類似的基準適用於每年課徵的富人稅之上，而不只限於所得稅與遺產稅。[7]如果我們希望財產重分配的影響力能比二十世紀更大，這一點絕對至關緊要。透過正確的實施與監督，每年課徵的富人稅可以獲得比遺產稅更豐厚的稅收，也能依據每個人的納稅能力更適當地分配大家的貢獻。[8]理想上，基金會與其他非營利組織持有的基金最好適用特殊基準，這同樣也是為了避免權力過度集中在一小群團體手中，並使財力較薄弱的組織也有機會發展。[9]

我們也要特別說明，財產重分配本身並不足以克服資本主義的問題。如果重分配的目的只是單純希望大資產家能被同樣貪婪且不太在乎自己的行為會為社會與環境造成何種後果的中、小型資產所有人所取代，那麼它的用處並不大。我們所提出的方案與此不同。本書提出的財產重分配會搭配累進性非常強的課稅基準，以阻止這些人無限制的積累財產或汙染環境，而且必要時可以再提高強度。[10] 我們也可以想像管控全民遺產的使用方式，例如限制只能用於購買住宅或設立服務社會或環保目的之企業。這當然都可以再討論，但前提是同樣的規定必須適用於所有遺產與所有繼承人身上，而不只是可領取最小遺產的平民階級。

此外我要強調，本書所提出的全民遺產的概念必須搭配基本收入與就業保障等制度才有意義（在我看來應該優先實施這些制度再建立全民遺產制），從更廣的層次來說，它應該以附加要素的形式，成為以漸進達成經濟體去商品化為目標的福利國家體系的一個體制，才能真正發揮意義。具體而言，一些如教育、醫療、文化、交通或能源等領域的基本產品與服務，背後的目的都不是成為商品去買賣，而是在國家或市政體系、協會或非營利組織的框架下向全民提供這些服務與產品。這個廣大的非營利部門追求的是繼續擴大，相對的，可以將全民遺產投入其中的營利部門則漸漸限縮到只有幾種事業類型，例如房屋與小型企業（尤其手工藝、商店、旅館餐飲業、維修工程、顧問等）。

最後要強調的是，基於全民遺產制而產生的中、小型財產應該優先被視為一種社會性與暫時性的財產，而非狹義的私有財產，因為它背後的法律制度基礎是不同資本使用者的權力分享，利用稅制讓資本積累與存續的可能性大為縮減。關於營利事業裡的權力分享，前面已經提及，我建議採用前面介紹過的「參與式社會主義」制度，包含員工與股東平分投票權以及依據企業規模嚴格限制個別股東的投票權，如此一來，一個員工兼單一股東在一個很小的企業裡或可保有多數票，不過公司員工一超過十人，他就會失去多數地位。[11]我們也可以想像投票權是依據員工年資而定，依照同樣的道理，也可以想像房客的權利與日俱增，最終可以取得永久使用權。[12]在最近的辯論議題中也可看到，麥德納與他在瑞典工會聯合會（LO）中的同事們，於一九七〇至一九八〇年代設想的「薪資基金」有關的提案再度引發討論。這套制度針對的主要是最大規模的企業，雇主每年必須將一部分利潤撥入薪資基金中，員工便可逐漸掌握公司資本，經過二十年後將達到五十二％。[13]這項提案是為了補強共同經營制（保障員工不論是否持有公司資本，皆可擁有一部分投票權），但當時引爆瑞典資本主義支持者的激烈反對而未能通過。近年來一部分美國民主黨人（尤其是桑德斯〔Bernie Sanders〕與歐加修—寇蒂茲〔Alexandria Ocasio-Cortez〕）重新將這項提案放入討論議程中，英國工黨也將之納入正式政策綱領。[14]為了發展市鎮層級的地方性公共投資基金，也有人草擬了其他創新的提案。[15]在此我們無意為討論做出總結，反而希望能充分展現其廣度：我們依然可以，也永遠可以重新想像、創造各種權力與經濟民主的具體形式。[16]

追求一種民主、自我管理、去集中化的社會主義

讓我們整理一下。福利國家與累進稅，如果澈底實踐它們的邏輯，便可以為新形態的社會主義奠定基礎，亦即一種民主、自我管理、去集中化、以權力與財產的常態性流動為基本原則的社會主義。這套體系和二十世紀在蘇維埃集團中實驗過的那種由國家發動、中央集權、專制的社會主義正好相反。它大致上是許多國家在上一個世紀曾推動的社會、財稅與法律轉型的延伸，不過我們必須先記住這些轉型的實現是靠著角力關係、人民動員和許多危機與衝突拉鋸的時刻才換來的。

讓我們再說一次：本書所描述的民主社會主義只是一個雛型，尚有許多缺點與局限。舉例來說，有些人或許會認為如果繼續允許私人有限度的持有生產工具（小型企業層級）和房屋，恐怕會讓這些變革成為曇花一現，可能也會守不住對財富差距的嚴格限制，因為有些人會想方設法修改課稅基準並鬆綁所有限制。這些擔憂有其道理，但我們不能讓它遭人利用，

因為正是這種擔憂驅使冂中說著「資本主義毒瘤」的蘇維埃政府在一九二〇年代將擁有一切形式的財產都打為犯罪，包含各種僅雇用寥寥幾個員工的小公司，並使蘇聯走上眾人皆知的專制與官僚的錯誤道路。對這個問題理想的回答應該是反過來，選擇深化民主：將財產予以重分配的同時，必須採用一套公平提供政治運動、媒體與智庫財源的制度，以避免民主選舉成為財力最雄厚之人的囊中物。我們先前已經指出，一般而言，本書提及的財產重分配與權力分享制度需要經過相當程度的修憲。[17] 一種額外予以保障的做法則是將累進財產稅與遺產稅的收入撥入全民遺產的管理單位，就像把社福扣繳金撥給社會保險局一樣。歷史經驗告訴我們，這會讓想要收回這些決定（例如承諾要減稅或減少社福扣繳）的人難以達到目的，因為他們就必須公開表明自己打算剝奪這些權利。

儘管如此，我們還是可以省視一些對任何私有財產形式都不屑一顧的制度，例如本書所考慮的暫時性社會所有制（propriété sociale et temporaire）。我想提出的例子是佛里奧（Bernard Friot）所主張的「薪資社會主義」（socialisme salarial）。[18] 簡單來說，佛里奧提倡將一九四五年以來主要為退休金和健康保險建立的社會保險局（caisse de Sécurtié sociale）的模式，擴大適用於所有社會與經濟體組織上。具體來說，這代表要建立一個「薪資基金管理局」和一個「投資基金管理局」，前者要負責依據專業技能區分不同層級的「終身薪資」（差距最多四倍），後者則負責將投資信貸以及不動產與營業資本的使用權，授予提出申請的不同生產單位以及多種個人與集體事業計畫。由於這些管理單位將採取民主參與式體制，具體形式則有待進一步確定（佛里奧並未提供），因此充滿想像空間。整體而言，我們當然應該鼓勵發展以公共財產與財產使用權為核心的新組織形態，並且要和本書所主張的暫時性社會所有權制度互相搭配。[19]

在此我只想請各位將目光放在其中一點：佛里奧所想像的薪資或投資管理局（或其他完全不存在小型私有財產、社會所有權與暫時所有權的提案中的同類機構）握有不可小覷的權力，可以影響數百萬人的存在與日常決定（例如影響薪資水準與資本的使用，尤其是關於住宅與小型企業之用途），但針對這種幾乎像中央政府一樣且權力高度集中的機構，其內部應如何組織、運作應如何落實民主與解放之精神，都絕對不是信手拈來就能回答的問題。再怎麼說，我們不能天真到事先就假設這個問題早已解決，也以為自己有能力排除一切落入官僚與專制的風險，應該要做的是，事先說明在這些體制之下可能實施的投票制與權力分享制度，包括這些體制與目前可收集到的類似社會歷史經驗（議會、黨派、工會、社福經費管理單位、公有銀行等）的關連，並討論有沒有可能學習和改良這些體制。[20] 以目前的知識與可參考的經驗來看，我認為比較合適的做法是承認社會性、暫時性的小型私有財產權具有永久性，尤其是住宅與小型企業，同時在符合相關人士需求的前提下，鼓勵發展集體與合作式的組織。一般而言，相信（有時過度相信）集權式大型組織更有能力組織審議討論並以民主的方式進行內部決策，這種信念可能會導致人們低估像小型私有財產權這樣的制度性措施也能促進解放，且只要給予正確的規範框架，對小型私有財產權之規模與所生相關權利也能妥為限制。累進稅也是如此。如果所有關於薪資與投資基金分配的重要決策都是由全國性的薪資與投資基金管理局決定，那麼採取何種稅制都無所謂了，因為稅基與累進性如何也不再重要，畢竟無論如何，價值的分配都是由權力集中的中央層級集體決定的。[21] 相反的，如果我們接受永久去集中化的社會經濟組織原則，讓多元多樣的行動者、自治團體與混合式組織都參與其中，那麼具體的課稅方式就非常重要，因為這些課稅方式會決定價值的分配，不過當然也受到其他制度性措施的影響，例如各組織內的投票權制度。

資本的自由流動：新的納貢式權力

現在讓我們來討論一個核心中的核心問題。自一九八〇年代以來，對福利國家與累進稅的質疑不只停留在論述上，也具體化為一整套規範與國際條約，打算造成幾乎難以扭轉的改變。這些新規範的核心在於資本的自由流動，至於管制或共同稅制方面的配套措施則付之闕如。一言以蔽之，這些國家建立了一套法律制度，讓經濟行動者取得一種幾近神聖的權利，可以利用國家的公共基礎建設與福利國家制度（教育、醫療等系統）來充實自己的財富，然後只要大筆一揮或滑鼠一點，就能把他們的資產移到別的司法管轄權之下，稅制中卻沒有任何其他機制可以追蹤這些財富並以公正且一貫的方式對他們課稅。事實上，這就是一種新形態的納貢式權力，因為簽署這類條約的國家，既然不願推翻前任政府的承諾，各位就會看到他們信心滿滿地向人民解釋說，完全不可能讓第一批受惠於國際整合的人（億萬富豪、跨國企業、高所得人士）貢獻稅金，所以他們只能轉向平民與中層階級這些懂得乖乖守著自己的家鄉、哪兒也不去的人。這套邏輯看似無懈可擊，卻讓這些走不了的階級產生被遺棄與憎惡全球化的感受。

我們自然會開始好奇，事情是怎麼走到這個地步的。有些研究已表明，銀行界遊說團體在戰後長達數十年間，一直奮力實踐這個結果，而這些研究也從更廣泛的角度展現資方團體、銀行與財富管理人如何聯手推動立法，也包括這些團體如何讓這些法律的制定盡可能利於逃避一切稅收或實現最佳化抵稅手段。[22]經濟金融化與金流鬆綁的趨勢，也必須被放在股東們想重新掌控管理層（或更希望讓他們跟股東站在同一利益陣線），以及想以更快且更有利的方式重組大型生產單位（併購、轉讓財產等）所採取的策略下加以分析。[23]另一方面，透過國際條約來排除政治因素對經濟的影響、保護財產並阻擋重分配，這種想法其實是一九四〇年開始海耶克派與秩序自由主義（ordo-libéralisme）針對戰後世界的架構所提出的理論之一，這些理論後來在一九八〇年到一九九〇年間靠著民間遊說團體的力量化為現實。[24] 我們也要特別注意最早在歐洲展開、後於一九八〇年代末擴大到全球的資本流動自由化運動中，歐洲政府的角色時而關鍵、時而矛盾。例如在法國，社會黨為國內的經濟困境吃足了苦頭，決定將希望押注在一九八四年到一九八五年開始推動的歐洲整合工程。為了加速實施單一貨幣，他們答應德國基民黨要求的資本流動完全自由化，而這項要求在一九八八年化為一項歐洲指令，之後被納入一九九二年的《馬斯垂克條約》，其中的規定後來被經濟合作暨發展組織（ＯＥＣＤ）和國際貨幣基金組織（ＩＭＦ）採納，成為新的全球準則。當時這些參與者的動機之一也是想藉著國際資金的力量來降低政府借款的成本，但他們卻沒有讓這些不同的目的主張真的有機會向公民說清楚並經過充分辯論。[25]

可以確定的是，如果不脫離這個架構，恐怕無法再繼續朝平等前進了。具體來說，希望提升平等的國家都必須解除過去的承諾，從租稅與社會正義的角度將追求資本流動與自由貿易必須遵守的條件明確列出。這條路已經有人起了頭。例如在二〇一〇年歐巴馬政府就成功讓瑞士同意修改銀行法，允許將擁有瑞士銀行帳戶的美國納稅人資料傳遞給美國，如果沒有這麼做，該銀行將會立刻失去在美國的營業執照。二〇二一年，拜登政府宣布打算直接對企業在低稅率國家的盈利課稅，做法是向企業及其子公司收取美國最小稅率和該國（如愛爾蘭或盧森堡）實施之稅率間的差額。在上述兩個案例中，美國所做的單方決定公開打破了所有先前的規範，尤其是歐洲內部的規範：如果法國或德國之前也做了相同的決定，遭到針對的國家很容易就可以透過歐盟法院予以懲罰，而裁罰根基具體上便是基於法、德政府過去簽訂的條約。[26]不過事實上這毫無疑問是我們唯一能前進的辦法了。這是一個兩面困境：一方面來說，美國政府目前為止跨出的那幾步其實只是九牛一毛，還有很多該做的事，而且只想靠美國提供所有解答，這完全是昧於現實的想法（尤其考慮到這個國家的政治獻金模式）；[27]另一方面，歐洲國家依舊什麼也不做，繼續把修改歐盟或OECD規範的工作推給一個假設性且不切實際的未來共識。出於狹義的法律形式主義，或是因為害怕成為其他國家、金融遊說團體或受他們影響的媒體和智庫的眾矢之的，這些歐洲國家都不願自己主動跳出這個既有的框架，向讓這種新納貢制權力延續下去的公家或私人力量施加反傾銷的制裁。

然而，要從這條死巷子脫身也別無他法了。因為這不只是北方國家的課題，重新訂定國際規範對南方國家與整個世界來說都是個關鍵議題。目前的經濟體系基礎是不受控制的資本、商品與服務之流動，缺乏社會與環保目標，基本上是一種使最有錢的人得利的新殖民主義。我們將會看到，唯有推動一個全球轉型計畫，讓所有國家都出一分力來實行一種以普世主義為宗旨，亦即以一些明確的社會正義指標為基礎的新主權治理形態，如此一來才有可能克服上述矛盾。

第八章 反歧視，真平等

現在讓我們回到社會與種族歧視的問題，尤其是關於教育培訓資源與就業機會平等。平等化運動在過去這一世紀遇到的一大極限，就是往往太局限於形式平等。簡要來說，人們主張不受出身影響的權利與機會平等的理論性原則，卻沒有任何手段可以檢驗此一原則是否符合現實。如果我們期望達到實質平等，當務之急就是發展一些有助於對抗性別、社會、種族／族群歧視的指標與程序，而這些歧視事實上幾乎蔓延於世界各地，不論貧窮或富裕國家都是如此。在實際運作上，最大的難題之一就是如何成功消除根深柢固的成見又不至於造成認同僵化。沒有一個單一答案可以解決這種兩難的處境，而解決之道或許會依據該國的民族與後殖民脈絡而有所不同。唯有平心靜氣檢視我們可在歐洲、美國、印度或世界上其他地區收集到的歷史經驗，才能試著描繪出一些路徑，同時重新將打擊歧視的工作放在更廣的、朝向普世主義的社會政策框架之下來思考。

教育平等：永遠是口號，從來沒實現

讓我們先從教育平等的問題開始：知識的傳播一直是實現不受出身影響的實質平等的主要工具。然而問題在於幾乎不管走到哪裡，官方對機會平等的說詞與弱勢階級現實上遇到的教育不平等之間，總是存在一道難以跨越的深淵。經過二十世紀，整體人口中的確愈來愈多人有機會接受小學教育，後來也擴大到中等教育，至少在北方富裕國家是如此，這是一項相當了不起的進步。但進入最有前途的科系和院校的機會實際上依然有如天淵之別，在高等教育層級更是如此。在美國，有些研究者已找出父母的財稅資料與子女從小學

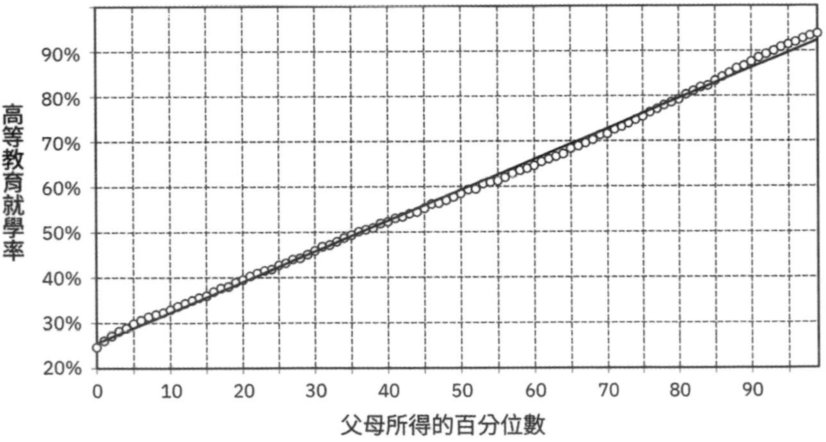

圖三十一　父母所得與進入大學的機會（二〇一八年的美國）

在二〇一八年的美國，高等教育就學率（十九歲至二十一歲人口在大學、學院〔college〕或任何其他高等教育機構註冊的百分比）在後十％最貧窮的孩子之中只有不到三十％註冊，前十％最富有的孩子的就學率則超過九十％。

來源與數據：piketty.pse.ens.fr/egalite

到大學的就學歷程之間的關連性。結果令人相當喪氣，因為從父母的所得幾乎可以完美預測子女進入大學的可能性。具體來說，父母所得最低的十%年輕成年人之中，接受高等教育的機率不超過二十%，接著幾乎直線上升，在父母所得最高的年輕成年人群體中，此一機率上升到超過九十%（見圖三十一）。而且我們必須再說明一點，這兩群人所接受的高等教育並不相同：前者大多只能接受公立大學或經費有限的社區學院（community college）提供的短期文憑，而後者卻是在最有錢的私立大學接受最頂尖的教育。此外，這些私立大學的一大特點就是入學程序非常不透明，而且幾乎不受政府管制。雖然享有許多基礎建設與公家補助，這些學校還是成功說服握有政權的人相信，讓他們隨心所欲運用自己的一套錄取公式是再正常不過的事，包括優先錄取校友子女（legacy student），亦即該校校友或富豪贊助人的子女。換言之，不只高不可攀的註冊費導致家境清寒的人上不起最好的大學（除非成績特別優秀才能取得獎學金），最富有的人還可以用金錢獲得某種加分效果，彌補他們家寶貝分數上的不足。這些大學解釋說，這類不能公開示人的程序所影響的學生名額有限，卻不肯公開相關資訊以及用來權衡分數與捐款比重的公式。[1] 驚人的是，採用這種慣例的大學，在美國不勝其數：再怎麼說，如果這麼做能從那些關切自家二代入學狀況、出手又大方的億萬富豪身上取得額外的學校經費，何樂而不為呢？然而更簡單的做法應該是，讓這些億萬富豪將捐款費用改用來繳稅，其稅收專門用來支應全民教育培訓政策，並優先補助那些最弱勢族群的學費（而非反其道而行補助優勢族群）。無論如何，這些敏感問題必須透過民主方式，經過公開透明、互相辯論的審議之後再決定，而非在贊助人主導的校董會上以閉門會議的方式決定。

各位若以為這種教育上的極度偽善只發生在美國，那可就大錯特錯了。說得具體一點，讀書幾近免費絕不代表能不受社會揀選的影響。由於缺乏一套學生也適用、規劃得宜的最低所得制度，對家境清寒的人來說，接受漫長的高等教育始終代表一筆可觀的投資，他們也始終無法享有能讓他們進入某些科系需要的基本訓

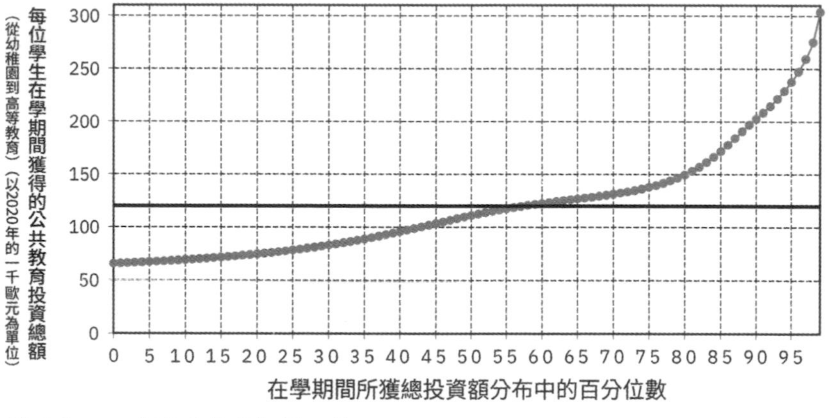

圖三十二　法國的教育投資不均

在二〇二〇年年滿二十歲的世代中，每位學生於整個在學期間內（從幼稚園到高等教育）獲得的公共投資總額平均為十二萬歐元左右（亦即在學約十五個學年，每學年的平均成本為八千歐元）。在這個世代中，後十％享受最少公共投資的學生獲得約六萬五至七萬歐元的經費，而前十％享受最多公共投資的學生獲得約二十萬至三十歐元。

注意：法國在二〇一五年到二〇二〇年的制度下，每種就學管道每學年的平均成本為幼稚園及小學介於五千至六千歐元，中等教育為八千至一萬歐元，大學為九千至一萬歐元，高等學院預備班則為一萬五至一萬六歐元。

來源與數據：piketty.pse.ens.fr/egalite

練、慣例與人脈。法國的現行制度更是偽善，因為在「共和精神」的平等大旗之下，政府一方面讓註冊費為零或很低，表面上呈現出沒有貴族階級專屬特權，另一方面又給予進入菁英院校（預備班、高等學院〔grande école〕）的每位學生更多公家資源，平均下來是一般公立大學科系學生的三倍之多。然而事實上前者的平均出身社會階層比後者好上許多，在最搶手的學校裡更是如此。[2]我們就是這樣心安理得地使用公共資源來加深初始社會不平等。簡言之，如果把幼稚園到高等教育的所有教育支出都算在內，我們會在同一年齡層中觀察到相當驚人的落差：後十％獲得教育支出最少的學生，每人享有的經費約為六萬五至七萬歐元，而前十％獲得教育支出最多的學生，每人享有的經費約為二十萬至三十萬歐元（見圖三十二）。這種教育資源集中於少數群體的情況確實不如以往那麼極端，但集中程度依然十分可觀，與今日我們高唱的機會平等，顯然有所落差。[3]

依據社會背景條件的正向差別待遇

要脫離這種偽善的狀態只有一種方法：我們必須一起透過民主的方式找到一些資源或方法來衡量這些實際情況、設定有明確數字且可檢驗的目標，並常態性的調整所實施的政策以達到這些目標。在租稅正義方面，人們花費了數百年的時間企圖透過所得、財產、基準表、稅率等概念訂定一個客觀的基礎，試圖藉此建立一套規範與語言，讓人們能同意根據這些規範與語言來比較各自的情況——然而，這個發展歷程距離終點還非常遠。在教育正義方面，人們有時似乎以為只要靠一些大原則與出於善意的宣示或呼籲就可克竟其功，但從圖三十一與圖三十二中呈現的數字看來完全不是如此。首先，這類量化要素絕不能只是偶爾由一兩位單打獨鬥的研究者公諸於世，必須成為政府每年正式且公開透明執行的一項工作。具體來說，每年公布教育資源與不同教育管道就學率的分布非常重要，其中應包含不同社會背景、父母所得百分位數……等等之影響，並分別呈現不同層級教育體系的狀況。為了讓這些資訊也能促進平等且民主的公共辯論，而且在任何情形下都不會令人懷疑受到操弄，關鍵在於必須讓許多研究中心都能取得所有相關數據與檔案。這不是一蹴可幾的事，因為實際上，政府與公家機關在這些問題上極度不透明，可以說跟私立大學比有過之而無不及。我們往往看到相關人士對公共政策與公共利益依然抱持一種由上而下的想像，而這種垂直關係的想像，也讓他們死守專家鑑定的資格與隨之而來的資訊壟斷。

形成大家都能接受的指標確實至關重要，但並不足夠。同樣非常重要的是，這項公開透明的工作要能直接觸發讓人採取行動及施行政策的條件，使我們能進一步要求相關單位評估，不管對象是高等教育或中小學教育都是如此。針對高等教育層級，已有非常多國家開始實施區域性或全國性的集中分發程序（例如法國的「Parcousup」平台）。相較於讓每個大學各行其是，這種做法理論上可以改善情況，因為如此一來就能擺脫人脈與個人關係的邏輯（以美國的例子來說亦可擺脫捐款的影響），也可用民主的方式決定中立客觀、一視同仁的入學審查標準。舉例來說，我們可以想像一套同時考量學生意願、學業成績與社會背景的制度，更顧及到出身清寒的高中生要達到指定學業水準需面臨更多困難的現實。可想而知，要找到理想的折衷點非常難，儘管依據社會背景條件賦予一定程度的正向差別待遇（discrimination positive）是可以成立的，可是一旦做過了頭，或許反而會對所有人造成反效果。對於如此困難複雜的權衡，沒有人可以宣稱自己掌握終極的正確答案。由此看來，我們更加有必要在制度設計上，創造以公開透明與實際測試為根本的大規模民主審議。不幸的是，對學生和家長來說，這些入學資格公式總是像從天而降的炸彈，沒有事先商討也沒有經過反面評估，不小心還會引發大眾對這些制度、甚至教育正義概念本身的普遍不信任。在法國，「Parcousup」平台原本預定自二〇一七年起對申請進入預備班的獎學金高中生（占學生人數的十五％至二十％，主要依父母所得認定）實施一種正向差別待遇。然而一直沒有人知道參數是如何設定，因為政府沒有確定任何量化目標，也沒有進行任何評估。二〇二一年，一度傳出可能會在高等行政學院碩士班的入學程序中新增一些保障名額給獎學金生（在同年齡層中占五十％至六十％），但同樣沒有提供更精確的資訊讓外界能夠了解這項措施實際影響的範圍。[4]即使政府和行政單位原本就應該負起主要責任，回應公開透明的要求，並努力爬出慣於以上對下、甚至操弄民眾的醬缸，然而我們還是要特別強調，要順利朝這個方向發展，同樣需要所有相關人士的大力投入，包括公民、各種協會、工會、議員、政黨等，大家必須要求政府提供必要資訊，並且以建設性且符合邏輯的方式來利用這些資訊。唯有以這種方式投入並經營這個新的民主空間，才可能真正造成改變。

除了高等教育的問題之外，同樣重要的是透過公開透明的作業，幫助我們澈底重新檢視小學與中等教育的資源分配體系。等要進入大學的時候才審視，通常已經太晚了，無法根本改善機會不平等，所以我們得更早更早就開始行動。然而在這一點上，教育方面的偽善達到令人難以置信的地步。在許多國家，政府都主張現行措施目的便是「給資源少的人多一點」，亦即另外將一些資源分配給最弱勢的學校或教育機構。問題是，如果我們設法將資料匯整起來，確認事實如何，就會發現完全不是如此。舉例來說，如果我們檢視巴黎大區的公立國中，會發現約聘教師（比正式教師缺乏經驗，薪資也較低）或剛開始教書的教師在最有錢的省分（巴黎、上塞納省〔Hauts-de-Seine〕）占不到十%，在最弱勢的省分（塞納—聖丹尼〔Seine-Saint-Denis〕、馬恩河谷省〔Val-de-Marne〕）則高達五十%。班恆達（Asma Benhenda）依據法國國民教育部（ministère de l'Éducation nationale）的薪資條所做的研究，讓我們得以確認這套制度是如何的不進反退。如果我們計算各小學、國中與高中教師的平均薪資，並將應受優先照顧的弱勢學區向教師發放的微薄津貼（prime）及其他薪酬項目（與年資、教育水準、正式或約聘有關）一併納入，便會發現若該教育機構裡出身社會優勢階層的學生百分比愈高，平均酬勞也會愈高。[5] 此外，我們在大多數OECD國家中也看見同樣的現實：出於優勢環境的學生比較有機會遇到正式和資深的教師，出身弱勢環境的學生則比較沒有機會，他們比較常遇到代理教師或約聘教師，而那些說是為了減少不平等而設的微薄津貼，通常並不足以彌補制度造成的不平等。[6]

由此我們可以看見，我們真正實踐的並非依據社會背景條件的正向差別待遇，僅僅達到避免負向歧視，因為在小學和中學裡，公共支出的實際分配結果往往讓較優勢的學童獲得比其他學童更多的資源，而高等教育也是如此。理論上我們可以調整津貼金額以確保平均薪資無論如何都不會因校內優勢學生比例較高而隨之提高（至少以整個教育體系而言），這其實並不困難。如果想要擺脫這種狀況只有一個方法，除了對出身背景如何影響資源分配的問題必須擁有客觀且可檢驗的資訊，還必須動員集體的力量來關注教育平等這個高度政治性的議題。

關於家父長制與生產主義

教育正義再怎麼重要，也不能解決所有的問題。如果對某些群體的偏見已經太根深柢固，這時應該做的是同時循其他途徑採取行動，包括利用保障名額讓人可以獲得某個職位或進入某個職業（而不只是進入某個就學管道）。回顧歷史，毫無疑問，女性就是那個受到最大規模也最系統性歧視的群體，不論在北方或南方、東方或西方，不論從什麼面向、什麼尺度來看都是如此。幾乎所有人類社會都是家父長社會，亦即這些社會都是建立在一套複雜交織的性別偏見以及對性別角色的指派之上。十八到十九世紀集權式國家的發展，從某些面向上來說也伴隨著某種家父長制的強化與系統化。有些帶有性別差異的規範被明文立法並普遍適用於整個國家疆域與所有社會階級，好比在拿破崙民法典架構下夫妻權利的不對稱或是選舉權的不平等。經過漫長的抗爭與前途未卜的戰鬥，女性終於獲得選舉權，在紐西蘭要等到一八九三年，土耳其是一九三〇年，巴西是一九三二年，瑞士是一九七一年，而沙烏地阿拉伯是二〇一五年。在法國，女性主義者經過數十年的動員，並於一七八九年、一八四八年與一八七一年數度懷抱希望卻遭到背叛，最終在一九一九年，眾議院才批准了女性投票權，結果參議院卻對此項法案行使否決權，以至於女性選舉權必須等到一九四四年才生效實施。[7]

在二十世紀下半葉，在法律上的形式平等終於確立的同時，認為家庭主婦是一種社會成就的意識形態，在光輝的三十年（Trente Glorieuses）達到巔峰。一九七〇年，法國所發放的薪資總額中由女性領取的不超過二十%，顯見當時賺錢被視為男性的事情。[8]然而從所有調查中都可看出，如果我們把家務工作也算在內，則女性的工作時數一直都是總工時（包含職場與家庭）的一點五倍。如果依據工時來分配兩性所得，整個社會與夫妻之間的所得分配與權力關係將會幡然不同。重點是，我們離這段家父長制的黃金時代也沒多遠。在二〇二〇年的法國，女性在薪資總額中的占比僅有三十八%，男性則有六十二%，代表後者在金錢上的力量是前者的一點五倍。各位將會再次注意到指標選擇的重要性。如果我們只注意到特定職位的男女薪資差距是十四%，就嚴重模糊了問題焦點，因為性別不平等最主要的面向之一，正好就是女性與男性無法擁有相同的職位。

這種現象在政府職位或主管職上尤其鮮明。確實，法國前一%薪酬最高的群體中的女性比例，從一九九五年的十%上升到二〇二〇年的十九%。問題在於這樣的進展實在太慢了，按照這個速度，直到二一〇七年以前，都不可能達到平權（見圖三十三）。現有關於歐洲、美國和世界其他地區的資料也得出類似的結論，主要原因在於某些對女性之成見深具影響。一些研究已將這類成見在印度的影響力量化，方法是大規模測量同樣的政治演說由男性和女性的聲音唸出時引發的反應，即便訴說的都是同一個論證，好比關於市政預算或設立學校，由女人的聲音說出來時一律會被判定為較不可信。這些研究也指出，實際讓女性擔任行政區首長之後便能大大改善對女性的刻板印象，這或許可以成為最有說服力的證據之一，證明為了終結古老的成見，正向差別待遇的政策是必要的，也很可能是有效的。[9]

過去數十年間，婦女保障名額政策愈來愈常見，自然也掀起強烈的反對聲浪。第一部相關法律是在一九八二年靠著社會黨多數力量通過的。這部法律只踏出小小的一步，因為它只是規定任一性別都不得在候選人名單上超過七十五%，尤其是市鎮與大區選舉。這對女性權益來說已經是相當了不起的進步了，在那個時代，女性民選首長只占不到十%。但是憲法委員會認定此法違憲，原因是破壞平

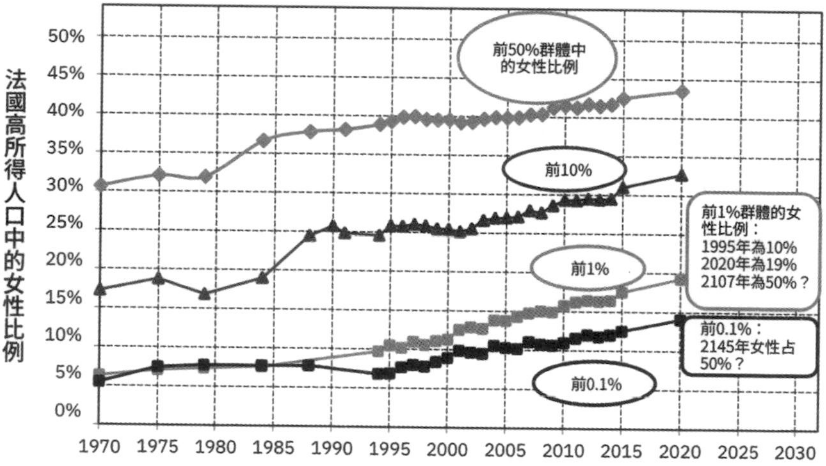

圖三十三　二十一世紀依然難以撼動的家父長制

勞動所得（薪資與非薪資性質的執業所得）分配中，最高百分位（前一%）裡的女性占比自一九九五年的十%上升到二〇二〇年的十九%，且若繼續依照一九九五年到二〇二〇年間的速度成長，可能會在二一〇七年達到五十%。最高千分位（前零點零一%）則有可能在二一四五年達到性別平等。

來源與數據：piketty.pse.ens.fr/egalite

等原則。要走出這個死胡同，必須等到一九九九年修憲之後。二〇〇〇年的法律終於對名單投票制（scrutin de liste）實施俗稱「chabadabada」*的全面平權，並對每個選區平均推出太少女性候選人的政黨課以罰款（但實際上這些制裁不足以帶來成效）。當時的政府也試圖規定入學審查委員會要達到性別平等，卻又再次遭法院判定違憲。二〇〇八年通過的第二次修憲，讓保障名額制得以在工作職位上落實，而不限於政府職位。二〇一一年到二〇一五年間表決通過的一系列法律建立了企業經營會議中的女性保障名額（占二十%席次），其後又擴大實施於公家機關的審查委員會與決策組織。二〇二一年，議會針對保障名額或獎勵性目標是否可能擴大適用至私人企業主管職的聘用展開了一些討論（這麼做可望顯著增加薪酬分配最高百分位或十分位中的女性占比）。假如現在衡量這些措施的所有效應還太早，以上這段過程至少證實我們的確有可能向實質平等更進一步，在必要的時候，只要拿出政治決心，修改憲法文字也是做得到的。

如果要讓最高階的職位更加平等，這類措施或許看起來不可或缺，但我們也必須強調，

* 譯註：「chabadabada」是一九九六年法國導演克勞德・雷路許（Claude Lelouch）的作品《男歡女愛》（*Un homme et une femme*）主題曲的歌詞，因琅琅上口而成了曲子的別名。原始歌名與電影同名，直譯為「一個男人和一個女人」，而名單投票制使用的選票上會列出政黨推薦的一組候選人名單，排列方式正好是一男一女交錯，與歌名意涵相符，因此這類名單也被稱為「chabadabada」名單。

這種聚焦於金字塔頂端的方法有其局限，因為這麼做很容易忽略薪酬較低的工作遇到的問題，但這反而是為數眾多的大部分女性落入的共同處境。換言之，為女性打破進入管理職小圈圈的高牆這件事不該被當作贖罪券，讓我們繼續心安理得地讓社會上其他人生活在一個充滿階級差異與性別歧視的社會系統之下，且毫不自我檢討。現在最重要的是改善數百萬女性收銀員、服務生、清潔婦與數十種其他女性占多數的職業的薪水、工時與勞動條件，而自古至今，公共討論與工會動員始終不像對男性工人那樣關注這些職業。[11] 此外，許多「光輝的三十年」制定的財稅與社會措施（例如配偶商數〔quotient conjugal〕或產假及育嬰假〔congé parental〕）至今依然持續鞏固著性別角色分配與職業分布上強烈的性別差異。[12] 實際上，要脫離家父長制的社會，唯有透過全面改變生產與社會再製之間、職業生活與家庭及個人生活之間扣連的方式。許多擁有天價高薪的男性安排自己的生活時很少考慮到子女、家庭、朋友與其他人，卻非常積極參與消費市場的競逐，為環境惡化推了一把。鼓勵女性做跟男性一樣的事，這並不是解決性別不平等問題的方法，我們該做的是使社會生活的不同時間形成另一種平衡。[*] 這比規定一些保障名額更加重要（也更振奮人心），雖然保障名額也有助於擺脫男性中心主義。

打破歧視卻不造成認同僵化

雖然長年以來備受爭議，但性別平權與女性保障名額制已經被非常多國家採用，現在也為社會大眾普遍接受。相反的，對於因社會背景、種族／族群或宗教理由遭受歧視的群體給予保障名額的做法，各方卻依然持強烈保留的態度。這種遲疑並不是毫無理由，也不完全是因為自我中心、不願意讓出自己的位置（雖然也不能忽略此一因素）。在考慮施行社會背景或種族保障名額之前，首要之務應該是打擊各種歧視。換言之，我們必須透過各種途徑（例如訴諸司法）找出並終結各種歧視性和種族主義的作為，對採取歧視性或種族主義行為的社會人士予以訴追（如雇主、警察、支持者、參與示威遊行者、網民等）。儘管如此，社會或種族保障名額制有兩項不可輕忽的危險性。其一，保障名額可能會導致這些人獲得相關職位的正當性遭受質疑（包含即使沒有保障名額也能得到該職位的人）。其二，保障名額可能會讓本質上多元、混合、變動的社會或種族／族群認同變得僵化，甚至加強認同對立。[13]無論如何，在某些情形下，還是有可能因為成見過於根深柢固（例如對女性就是如此），以致光

＊ 譯註：此處原文為「temps sociaux」，可以將之理解為生活在社會中花在不同活動上的時間，例如工作的時間、受教育的時間、家庭時間等等。

靠保障名額無法打破現狀。這個問題非常敏感複雜，不可能只有單一解答，我們只能對每個案例逐一詳細檢視才可能形成某種看法。

讓我們先從印度的例子著手。印度是將社會保障名額制做得最澈底的國家。起先，實施「保留」制度（réservations，這是印度對保障名額的稱法）是為了幫助「官列種姓」（scheduled castes，SC）和「官列部落」（scheduled tribes，ST），亦即過去受到傳統印度教社會歧視的賤民與原住民。這些在人口中約占二十％至二十五％的低級種姓，自一九五〇年起享有申請大學與公職的保障名額。自一九八〇年至

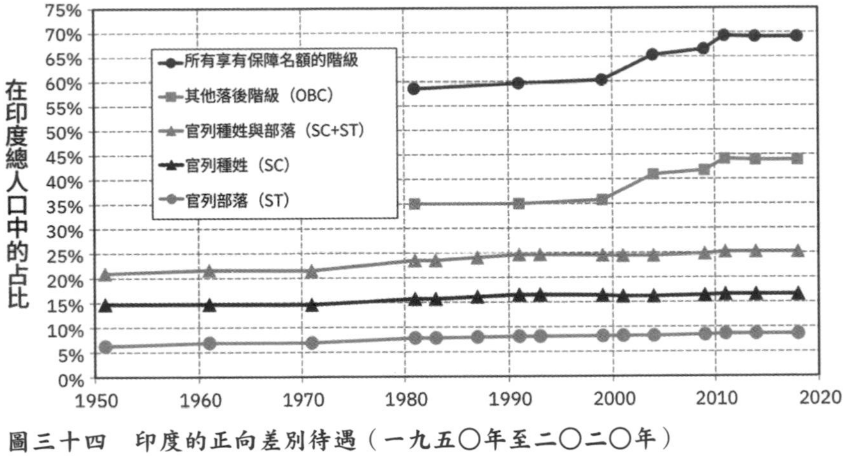

圖三十四　印度的正向差別待遇（一九五〇年至二〇二〇年）

為官列種姓（SC）和官列部落（ST）（過去受歧視的賤民與原住民）設立的大學與公職保障名額制自一九五〇年開始實施，爾後自一九八〇年至一九九〇年開始擴大適用於其他落後階級（OBC，即過去的首陀羅），在此之前則於一九七九年至一九八〇年成立了曼達爾委員會（commission Mandal）。整體而言，在二〇一〇年至二〇二〇年這個區間約有七十％的印度人口適用此制度。官列種姓與官列部落成員也享有民選職位的名額保障。

來源與數據：piketty.pse.ens.fr/egalite

一九九〇年開始，這套制度擴大適用於中等階級（其他落後階級，other backward classes，簡稱OBC），相當於約四十%至四十五%的人口，因此目前可享有聯邦層級保障名額的印度人口總計占六十%至七十%（見圖三十四）。[14]其他落後階級的擴大適用是基於一九五〇年的印度憲法，但在設立負責訂定適用之社會類別的委員會時，卻遇上許多巨大難題，以致整個過程耗費了數十年光陰。一九九三年，一項憲法增修條文也要求尚未實施的邦政府要在潘查亞特（panchayat，相當於法國的地方行政機關）中為女性保留三分之一的職位。目前尚在討論中的是，是否應該增修憲法條文，在聯邦選舉中為女性保留一定比例的選區，如同一九五〇年以來針對低級種姓的做法（依據他們在總人口中的占比）。

根據可取得的資料，我們為印度的成果做了一個仍有商榷空間的評價。當時印度低級種姓承受著極嚴重的偏見與歧視，而這個結果的根基是古老的不平等體制，並在英國殖民政權後變得更加嚴酷（英國政權大量仰賴區分種姓來穩固統治，也讓這些區分長期存在行政體系之中，而這是先前沒有的現象），因此若沒有建立保障名額制，低級種姓的成員很可能無法這麼快獲得民選職位、大學教育與在政府中工作的機會。從經濟的角度來看，低級種姓與其他人口之間的差距依舊非常大，不過自一九五〇年以來已經明顯縮小，我們可以說改善的程度比美國黑人與白人之間更好（見圖三十五）。[15]多項研究也顯示保障名額在印度建立選舉民主的過程中舉足輕重，因為所有黨派都不得不宣揚他們有出身低級種姓的當選人，保留制實際上發揮了整合與動員的力量。[16]

雖然印度保障名額制整體而言成效不錯，但這段經驗同時也凸顯了這類政策的局限，並告訴我們只有這類政策是不夠的，必須配合更具企圖心且以普世主義為宗旨的社會政策。單就制度設計來看，進入大學、被選為議會代表、在政府就職，所影響到的弱勢階級人口如鳳毛麟角。在印度社會裡，保障名額有時會成為菁英人士的藉口，不願繳納支應基礎建設、基礎醫療與教育經費的必要稅金，而這些正是改善印度社會不平等真正不可或缺的投資，也能讓所有弱勢階級（而不只是其中一小群人）追上其他人。再者，由於缺乏充足的福利國家經費，經過印度獨立後最初數十年的改善期，不平等的情形從一九八〇年

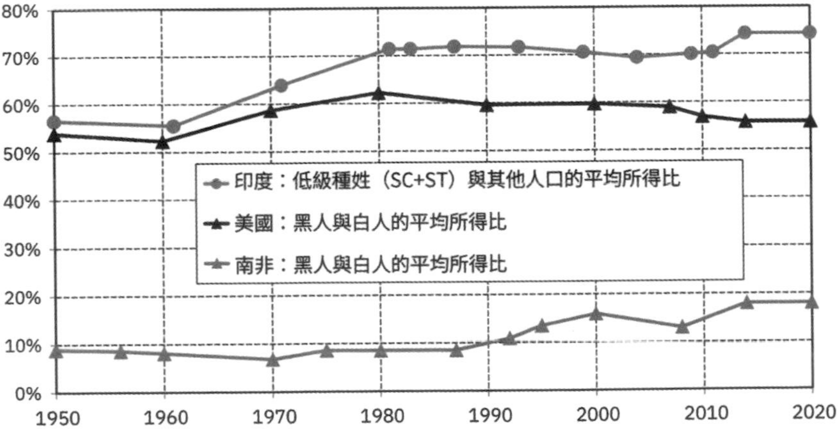

圖三十五　比較觀點下的歧視與不平等

印度低級種姓（SC和ST，即過去受歧視的賤民與原住民）與其他人口的平均所得比從一九五〇年的五十七%上升到二〇一八年的七十四%。同一時期，美國的黑人與白人平均所得比從五十四%上升到五十六%，在南非則由九%上升到十八%。

來源與數據：piketty.pse.ens.fr/egalite

開始再度迅速惡化。[17]除了全民教育與全民醫療以外，財產重分配（尤其是農地改革）也是另一項原本有機會與沉重的不平等歷史遺緒抗衡的整體性政策，這項政策在一些由共產黨首長主政的邦政府曾經實施過，例如喀拉拉邦（Kerala）和西孟加拉邦（Bengale-Occidental），且在社會面與經濟面上成效都非常好。[18]不過類似措施並未在聯邦層級試行過，人們對保障名額賦予極高的期望，卻沒有要求統治階級交出更多稅金與財產，但這些對真正的社會重分配而言恐怕才是不可或缺的。

在社會平權與財產重分配之間尋求折衷

讓我們來看看這段經驗能讓其他國家學到什麼。各位首先會注意到，印度的保障名額制本身是不斷改變的。一九九三年，最高法院為保障名額的適用新增了所得條件：如果某個種姓被納入其他落後階級，則該種姓年所得超過一定門檻的成員必須被排除，不能享受名額保障。[19]這條規定在二〇一八年擴大適用於低級種姓（SC和ST），其後於二〇二〇年建立了特殊保障名額，適用於所得低於上述門檻的高級種姓。[20]這套體系是有可能以極緩慢的速度演變成一套以客觀社會背景條件為基礎的正向差別待遇制度，這些條件可包括父母所得、文憑或財產，而不再依據是否屬於某個歷史上遭受歧視的種姓。或許這是我們所能期待最好的結果了。理想上，為了避免僵化社會類別與對立，保障名額制最好為自己制定改變的條件，好減輕受歧視的群體所承受的偏見。舉例來說，既然在西方民主政體，民選議會中幾乎完全看不到平民階級的存在，或許我們可以想像在（終於實施的）性別平權之外再引入某種社會平權措施來補強。換言之，各黨派在選舉時推出的候選人必須有一半來自弱勢階層。[21]不過，如果所採取的政策能全面減少財富落差，我們就可以期待這些法規漸漸變得愈來愈不重要，門檻也可以愈設愈低，也不至於損及議會的代表性。[22]

必須特別指出的是，目前為止沒有任何一個西方國家實施過和印度相近的社會或種族保障名額制，我們也還可以想出許多措施來解決這類問題。美國在南北戰爭末期曾承諾補償前奴隸，但從來沒有信守諾言。在一九六五年合法種族歧視告終時，詹森政府採取了幾項措施，例如要求參與政府採購案的投標廠商必須承諾保障多元性。但是和有些人想像的不同，事實上從來沒有任何聯邦法律針對大學招生、政府聘僱、民選職位或其他相同性質的機會，要求建立任何一種形式上的保障名額制度。或許需要發動非常大規模的政治動員，聯政政府的執政黨才會將這樣的措施施行於全美各地，但不確定的是最高法院是否會認同政府的作為（畢竟最高法院曾在一八九六年一份駭人的判決中認定南方各州的種族歧視措施是合法的*）。無論如何，欠缺真正的修復補償政策與正向差別待遇措施，是美國種族不平等為何依然非常嚴重的部分原因。[23]有幾個州曾在一九七〇年代及一九八〇年代嘗試引進保障名額制，卻被法院或公投認定違憲，例如一九九六年加州便公投禁止一切以種族為由的措施（或基於性別，這和法國與許多國家的狀況正好相反）。於是有些州在設計高中或大學入學機制時，便非常低調的納入居住區域或父母所得等考量做為反制。[24]

一般而言，依據所得、財產或地域等一般社會條件所為的正向差別待遇有許多好處。除了比較容易在政治上取得多數支持，另一項優點便是可以避免讓種族／族群認同更加固著。我們也注意到這類正向差別待遇措施目前還處於極不成熟的階段，不論在法國、美國或大多數國家都是如此。以實踐面來說，能夠避免負向歧視已經可算是一大進步了，畢竟走到哪裡，社會弱勢階級享有的教育資源幾乎都比優勢階級分配到的要少。此外，整體上基礎建設與公共服務的經費也是如此。一開始，整個體系下的不同行政區擁有的預算資源極度不均，這個不均也同等反映在人均所得或持有土地的數量差異，接著大家歡天喜地的慶祝幾項薄弱的補償機制成功建立，但這些機制事實上只處理了整個體系性不均中的一小部分，且我們不願意正面挑戰這個體系性的問題（不論是針對市鎮預算或是約聘教師）。正向差別待遇的概念太常被當成一種工具，用來逃避為那些不可或缺的社會政策籌措財源的任務。基於社會條件的

* 譯註：即普萊西訴弗格森案（Plessy v. Ferguson）。

正向差別待遇本身或許沒有錯，但成立的唯一前提是，正向差別待遇必須建立在一套具前瞻性的財富重分配政策之上，並搭配像福利國家、就業保障或全民遺產這樣的普遍性措施。

衡量種族主義：種族／族群分類的問題

就算再有用，只靠基於社會條件的正向差別待遇這項手段並無法消滅種族或族群歧視。若想終結這類行為，一定要建立一些指標與程序來幫助我們衡量並公開地直接矯正。在某些觀察家眼中，唯一可行的方法是將美國進行普查時一向使用的種族／族群分類方法引進歐洲與所有國家，但這個方法尚有一些疑慮。這些類別最早是為了支持種族歧視（而不是為了打擊它）才被提出並使用的。數十年來，這些分類確實被用來評估種族主義，有時也用來打擊它，但是美國在種族平等上獲致的成果，實質上並不足以讓其他國家感到欽羨。儘管如此，拒絕使用這些分類與習慣性的批評美國模式，也無法幫助我們決定政策走向。事實上，在種族歧視方面，沒有一個國家有資格教育其他國家，在教育正義方面也是如此。在好幾世紀的時間裡，若不是因為軍事統治與殖民蓄奴制，出身不同族群或種族的人彼此幾乎不會有任何交流。雖然時間還不長，但這些人能在同一個政治共同體中共存對人類文明來說已是一大進步。可是幾乎在每個地方，上述做法依然不斷引發偏見並帶來政治剝削，若要消除這些情形，唯有讓我們的社會更加民主與平等。每個國家都可以從別國的經驗中學到一點什麼，也可以產生更好的想法，只要能多花一些時間思考解決之道，而不是把這個問題當作滿足民族主義自信心的藉口，或是藉此比較不同國家模式的優劣，卻沒有真正關心制度實際運作的狀況，與它們是否能解決的問題。

英國是歐洲國家中唯一一個為了打擊歧視而引進美式種族／族群分類的國家。[25]從一九九一年的全民普查開始，調查員請每一位受訪者以勾選的方式表達他認為自己是「白人」、「黑人／加勒比海人」、「印度人／巴基斯坦人」……等等。在許多調查或與警方稽查有關的文件中都有類似的選項。雖然這種做法的確讓社會大眾更加意識到某些虐待與不當行為的存在，但至今仍然沒有一項研究能肯定，與其他歐洲國家相比，這麼做真的讓英國種族歧視的程度有所改善。[26]也有人認為不存在可以依循的單一模型，一切都要視該環境下的移民與後殖民條件而定。在德國與法國，出身於非歐洲國家的人口大多來自土耳其與馬格里布。然而，地中海沿岸居民在身體外觀上的差異相對不明顯，因為彼此間的差異是緩慢逐步累積而成，這是不同民族的人自古至今不斷融混、通婚的結果，舉例來說，美國融混通婚的程度就沒有這麼高。[27]這群人很難在以「黑人／白人」這種方式設計的種族表中找到他們認同的選項，[28]而一些調查結果顯示他們對於一定要在這些種族／族群類別中選擇身分感到不太舒服。[29]

在上述情形下，我們可以合理認為將這些類別加入普查問卷中帶來的效應主要是負面的。然而事實上，我們依然可以更深入地評估種族主義的狀況與察覺歧視性行為並予以矯正（或至少比目前為止所做得更多），同時避免導致一些人必須被種族／族群區分的認同表所框囿。具體而言，法國、德國和其他遇到此一問題的國家，應該建立一個真正的公共歧視觀察團，負責客觀呈現現實、每年報告歧視的狀況並引導政策走向。在法國，有些學者依據數千種工作機會的徵才資訊，將假的履歷寄給雇主，再根據面試通知來觀察回覆比率。一旦姓氏聽起來像阿拉伯人或穆斯林，回覆率就會降到四分之一。聽起來像猶太人的姓氏也會受到歧視，雖然比較輕微。[30]問題是這項研究沒有繼續更新，導致沒有人知道二〇一五年以後狀況是否有所改善，或是更加惡化。當務之急是由官方觀察團來實施大規模的檢定，從不同時期、區域與經濟部門之間取得可靠的比較結果，並將這種檢定與比較套用在警察基於種族外觀特徵進行盤查的做法，*與其他形式的歧視。[31]像這樣的機關也必須每年追蹤企業內部的歧視情形（包括薪資、升遷、教育培訓等）。為此，在普查問卷中加入一項關於父母出生地的問題十分重要（目前在法國與許多國家中都沒有這麼做）。將這項資訊與企業提報的薪資數據結合，在匿名的原則與公權力的監督下，應可建立起依據區域、經濟部門與企業規模區分的詳細分解資料。[32]觀察團在使用這些指標評估時可以和工會合作，共同找出歧視性行為並鼓勵在地方施行檢定。在這套程序下，如果在規模夠大的企業裡發現特定出身的員工明顯少得不成比例，可能會導致公司被司法訴追或裁罰。理論上，如果認為極有必要，也可以考慮在普查問卷中加入一項關於祖先的問題。[33]不過各國經驗顯示，真正要緊的不是產生更多統計資料，而是運用各項可行的指標來實踐一套名符其實、堅定有力、公開透明且可檢證的反歧視政策，並帶動所有相關行動者參與其中（包括工會與雇主、政治運動與公民團體）。然而縱使不同國家採取的模式不同，目前為止卻從未有國家真正做到這一點。

宗教中立性與法國政教分離的種種偽善

作為這一章的結尾，我們要指出創造新形態的宗教中立也是一種打擊種族／族群歧視的方式。在這件事上同樣沒有任何一個國家可以宣稱自己已經達到令人滿意的平衡。法國的政教分離模式很喜歡以完全中立的形象示人，可是現實要複雜得多。[34]宗教場所表面上不會受到政府補助，但在一九〇五年法律頒布前建造的卻不受影響，而且這個排除條款實際上幾

* 譯註：contrôle au faciès，相當於英文的「racial profiling」（一稱為種族定性）。

乎只有教堂適用，最終還是造成穆斯林信眾的處境比基督徒弱勢。一九五九年德布雷法（loi Debré）*通過時已經存在的天主教小學、初中與高中持續得到大筆稅金補助，比例之高是其他國家幾乎無一能及的。這些教育機構也保有自由選擇學生的權利，不必依循任何關於社會多元性的共同規定，因此大大助長了校園單一種族化（ghettoïsation scolaire）的現象。[35]此外，租稅補助也是宗教信仰（教士及建物）的關鍵財源，在法國和為數眾多的國家，宗教性質的捐贈都可以用來抵稅，形成一種事實上由國家提供經費的極度不公平現象，因為如果信徒擁有的資源愈多，形同得到的政府補助也愈多（實際上這又一次導致某些宗教比其他宗教享有更多好處）。[36]

義大利的制度也很類似，每個納稅人都可以將他的稅金撥出一定比例給指定的宗教；德國的機制則是另外收取一筆用於宗教活動的稅金。這兩個例子中都出現一種傾斜現象，亦即對於擁有全國性統一組織的宗教較為有利，而這實際上便導致穆斯林宗教被排除在外。因此，相較之下，將宗教團體與其他團體一視同仁的法國模式可能更為理想，這種做法基本上是將宗教視為各種信念或奮鬥的目標之一，也有利於組織更新並增加多元性。但先決條件是制度必須變得更平等，例如可將所有相關政府補助換成一種「結社生活券」（bon pour la vie associative），每個人擁有額度相同的券，不論他抱持何種價值觀與信念，都可以拿來送給自己選定的人民團體（宗教性、文化性、人道救援……）。像這樣的制度既可以讓我們朝實質平等前進，也可以脫離當前這種不信任與汙名化的氣氛。

* 譯註：這部法律針對的是國家與私人教育機構之間的關係，在當時的總理米歇・德布雷（Michel Debré）推動下完成立法，故又稱為德布雷法。

第九章 脫離新殖民主義

爭取平等的戰爭尚未告終。要繼續打這場戰爭，我們就必須繼續推動福利國家、累進稅、實質平等的發展，繼續打擊一切歧視，澈底落實這套思維。這場戰爭也發生在世界經濟體系結構轉型的過程中。殖民主義的終結成為開啟平等化發展的契機，但世界經濟體的運作方式依然充滿階級差異也極度不平等。目前經濟活動的組織方式以不受管控的資本流動為原則，缺乏社會目標與環保目標，往往落入某種讓最有錢的人從中得利的新殖民主義。這種發展模型從政治與環境的角度來看都讓人無法忍受。超越這種模型的方法就是讓國家型福利國家（État social-national）轉型為向南方國家開放的聯邦型福利國家（État social-fédéral），並大刀闊斧的修改目前主宰全球化運作的種種法規與條約。

光輝的三十年與南方國家：國家型福利國家的極限

如果檢視過去兩個世紀以來國家之間財富差距的變化，我們會觀察到兩個截然不同的階段：首先是一段長期的不均擴大期，介於一八二〇年到一九五〇年間，符合了一八二〇年到一九一〇年間西方強權取得世界經濟體系控制權和一九一〇年到一九五〇年間殖民帝國擴張的高峰這兩件事；接著是一段國家間的落差穩定維持在最高點的時期，介於一九五〇年到一九八〇年間（北方國家經歷「光輝的三十年」，南方國家經歷國家獨立），其後在一九八〇年到二〇二〇年

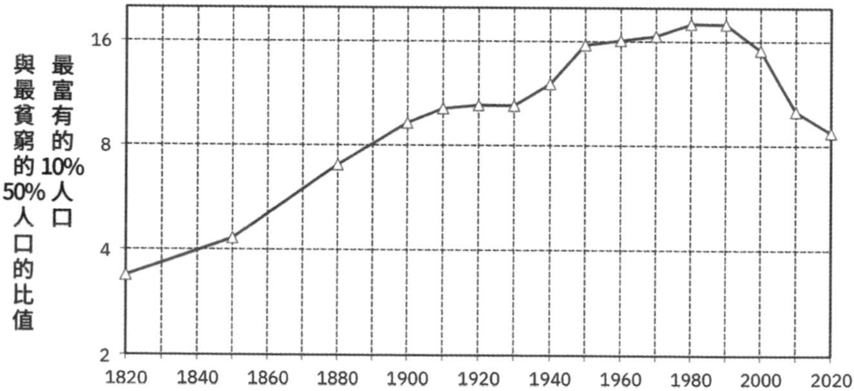

圖三十六　國家間的所得差距（一八二〇年至二〇二〇年）：脫離殖民主義的漫長過程

國家間的所得差距，若以全球人口中居住在最富有國家的十%群體的平均所得與居住在最貧窮國家的五十%群體的平均所得之比值來衡量，則此一差距在一八二〇年代以及一九六〇至一九八〇年間大幅成長，接著進入負成長的時期。要特別注意的是，為了計算此一比值，人口跨越多個十分位的國家會被拆分在不同十分位中，當成好幾個國家來看待。

來源與數據：piketty.pse.ens.fr/egalite

開始縮小差距。一八二〇年時，全球前十%居住在最富裕國家的人口擁有的平均所得，尚未超過後五十%居住在最貧窮國家人口平均所得的三倍。這不是澈底的平等，不過那是個國家間的貧富差距相對小的年代（當時世界全體人口的平均所得非常低）。一九六〇年時，全球的所得差距已經成長為五倍，變成一比十六倍。雖然一九八〇年以來出現明顯的下降，但是二〇二〇年的所得差距依然是一比八倍以上（見圖三十六）。

此處有幾點需要再加以強調。首先，全球的不均程度顯然依舊極為嚴峻，而且深深受到西方世界與其他地區在一八二〇年到一九六〇年這段期間的殖民以及脫離殖民後的遺緒所影響。即使過去數十年間真的有出現拉近差距的趨勢（主要由中國帶動，但也包括南亞與撒哈拉沙漠以南國家），這段歷程顯然離終點還很遠。[1]舊的強權也好、新的也罷，都試圖讓比較落後的國家對它們形成長期依賴，不讓這些較落後的國家擁有自主發展的資源，導致在這樣經久不移的階級結構下，由於缺乏適當的動員與力量大到足以抗衡的政治運動，什麼可怕的事都可能發生。此外，我們也必須避免將「光輝的三十年」這段時期（一九五〇年至一九八〇年）過於理想化，以為它閃耀著北方國家的一切美好與成就，因為這段期間對南方國家而言，正標誌著獨立戰爭與一場場試圖打造主權雛型的艱辛抗爭，而且他們同時背負著嚴重的貧窮與逼近極限的人口壓力。除此之外，福利國家在光輝三十年期間，往往是家父長式的福利國家，而且主要是一種國家型的福利國家，這是因為福利國家的發源地正是是北方的民族國家，而其中的社會保障與教育及基礎建設投資制度，打從設計之始都是為了讓全國人民受惠，自然對於讓西方富裕起來的國際殖民體制（這段歷史其實才剛過去，人們卻希望能立刻忘記）考慮不周，更別提思考讓地球上其他地區也能受惠。[2]南方國家的人民或許會被找來補足北方國家的勞力需求，但人們只想著工作完成之後便把他們送回原地，也不曾設想一種共同發展的模式，以及這種模式需要的新的流通與管制形態。

獨立之際，南方國家的領導人如塞內加爾的桑戈（Senghor）已經意識到，新成立的國家將很難有什麼力量可以在全球勞動分工的談判桌上替自己爭一片天。為了在跨國企業與西方國家面前能有些份量，也為了避免複製歐洲人彼此之間民族主義式的對抗關係，桑戈想要發展一個龐大的西非聯邦。這個計畫在一九五九年到一九六一年間化為現實，馬利聯邦（Fédération du Mali）成功將塞內加爾與現在的馬利、貝南與布吉納法索等國短暫結合在一起，象牙海岸與尼日則是在最後一刻退出，但這終究是曇花一現。[3]其他聯邦計畫只有零星幾個能夠成形，例如一九五八年到一九六二年之間成立的阿拉伯聯合共和國（République arabe unie，包含埃及、敘利亞和葉門）或西印度群島聯邦（West Indies Federation，包含牙買加、千里達、巴貝多等）。[4]在建立聯合國各組織的時候，不少代表團也試圖讓南方國家擁有更多影響力，並讓貿易流量與投資流量的公共管制更受重視。一九四七年到一九四八年間，印度與巴西支持的國際貿易組織案（International Trade Organization，ITO）甚至倡議建立一套能夠集體管制國有化與財產移轉的多邊法律架構。由於擔心像這樣的干預主義可能會讓富裕國家失去掌控權並造成利益損失，這項提案最終被否決了，[5] 取而代之的則是某些組織（先是關稅及貿易總協定（GATT），後為世界貿易組織（WTO））的形成，讓他們能繼續大權在握，並且在處理敏感問題時能加上自己想要的條件，直至今日仍是如此。[6]

新殖民主義、貿易自由化與避稅天堂

一九八〇年代的保守派革命，除了在規範面上攻擊英美國家的累進稅制並極其執著資本自由流動（這也是西歐國家和美國創造的新口號）以外，也造成富裕國家與國際組織開始修改對於南方貧窮國家的論述。從一九八〇年到一九九〇年開始，所謂「華盛頓共識」（Washington Consensus）的影子便經常出現在給予窮國的政策建議中，例如：縮小政府權能、撙節預算、貿易自由化以及全面鬆綁管制。由於彼此權力關係不對稱，說這些政策是強迫實施而非建議採用也不為過，甚至說這是一種新殖民主義也很合理（即使勸說窮國政府接受的機制與殖民時代不同）。[7] 自從發生二〇〇八年金融危機以後，我們可以委婉的說華盛頓共識已經不再流行了，國際貨幣基金組織、世界銀行與西方國家政府則意識到自由化已經超過限度，以及不平等惡化與環境危機造成的問題。然而，由於沒有真正被另一種共識實質取代，自由派的信念依然擁有高度影響力，對南方國家尤其如此。

有了時間的距離，站在今日來看，這種急行軍式的去管制與貿易自由化政策顯然導致南方國家脆弱的國家建構過程被長期壓抑。具體來說，如果檢視這些國家稅收與GDP的比例，會發現世界上最窮困的國家在一九七〇年到一九八〇年與一九九〇年到二〇〇〇年這兩段期間變得更加窮困，之後在二〇一〇年到二〇二〇年間略有改善，但依然沒有

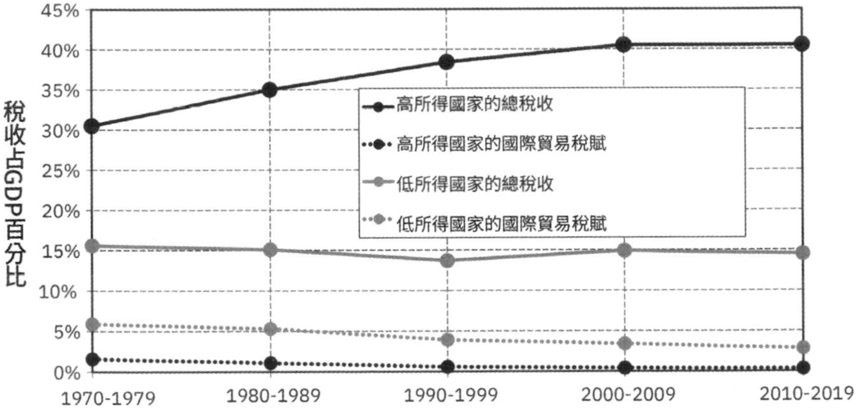

圖三十七　國家的建構與貿易自由化（一九七〇年至二〇二〇年）

低所得國家（最貧窮國家中占三分之一：如非洲、南亞等）的稅收在一九七〇年至一九七九年之間為GDP的十五點六％，到了一九九〇年至一九九九年間降為十三點七％，二〇一〇年至二〇一九年間則為十四點五％，主要是因為關稅與其他國際貿易稅銳減，稅收卻又沒有由他處補足：一九七〇年至一九七九年間的稅收創造相當於GDP的五點九％，一九九〇年至一九九九年間為三點九％，二〇一〇年至二〇一九年間為二點八％。高所得國家（在最富裕國家中占三分之一，例如歐洲、北美等）的關稅在上述期間的初期已經很輕，稅收則持續成長，之後進入穩定期。

來源與數據：piketty.pse.ens.fr/egalite

回到起始點（雖然起始點已經很低）。稅收銳減的原因幾乎全是關稅的流失。在此要釐清，減少國際貿易課稅本身未必是件壞事，舉例來說，可以在減少關稅的同時改成直接向跨國企業的利潤和最高額的所得與財產課稅。但問題在於實際情況並非如此：削減關稅的要求愈逼愈緊，被要求的國家甚至沒有時間研擬其他替代稅收，也沒有因此獲得任何來自國際的支持（事實上國際一點支持也沒有，因為累進稅原則本身也在這段時期遭到華盛頓共識的貶抑）。[8]最後，稅收能力的落差從一九七〇年開始明顯擴大：窮國的稅收停滯在不到GDP的十五％，富國的稅收則提升到三十％至四十％（見圖三十七）。這種稅收水準低得驚人，背後卻藏著巨大差異。眾多非洲國家的稅收介於GDP的六％至八％之間，如奈及利亞、查德或中非共和國。但先前在分析那些如今名列已發展的國家時，我們已經看到這些國家在構築的過程中，若僅有像這樣的稅收便只能勉強用來維持治安和進行一些民生基礎建設。光憑這些稅收不可能考慮對教育和醫療提供有意義的投資，更不用說支應社會安全制度。如果有一個國家試圖以如此微薄的稅收來執行上述所有功能，很可能會導致沒有一個功能能確實做到（不幸地是，現實往往如此，畢竟很難下定決心放棄哪一個重要功能）。[9]既然富裕國家的發展是奠基於租稅國家的大幅成長（稅收在一九一四年到一九八〇年間從不到十％膨脹到超過四十％），我們自然會想，為什麼這些國家會強迫窮國實施上述政策呢？原因或許在於對歷史的失憶，或是因為不相信這些前殖民地有能力獨力治理國家並管理大筆稅收。不幸的是，他們提出的解決之道只讓南方國家更窮困，本質上並不能真正促進良性的動態。[10]講得小心眼一點，這或許也反映出富國更關心的是透過貿易自由化為國內的企業打開市場，而幫助窮國對跨國企業的利潤課稅或管制從南方國家外流的資金，對他們來說沒什麼好處，更別提這些外流出的資金通常都會進入北方國家的銀行和首都。

整體而言，我們必須注意過去數十年間南方國家由於資本自由流動的增強、避稅天堂與國際金融資訊不透明所遭受的損害有多嚴重。當然，這類損害可說在所有國家都很嚴重，包括北方國家，因為這些國家的租稅累進性之所以會被質疑、國家之所以會形成新的納貢制權力，與未受監管的資本流動有極大關連。然而，北方國家將這套新法律體制強加給其他國家，使得南方國家受到特別大衝擊，因為他們的國家力量與行政能力相當弱。從可取得的推估值看來，歐洲和拉丁美洲國家擁有的投資組合總額中，有十%到二十%（已經十分可觀）的金融資產躲在避稅天堂，而此一占比在非洲、南亞與石油國家（含俄國、各石油王國）更高達三十%至五十%。各種資料都顯示，愈龐大的投資組合中利用避稅天堂的比例愈高。[11]這是一種處處可見、實際上嚴重規避國家法律制度且使境外法域得利的行為，但是最高階的全球性主管機關、國際法與各地菁英人士都樂見其成。在這種情形下，最貧窮的國家幾乎不可能投入國家建構並長期維持，因為國家建構的前提是人民對課稅擁有某種最低限度的共識，因此也必須先建構一套具公信力的租稅與社會正義規範。假如最有錢的人可以公然逃避共同的義務，要推動國家建構就非常困難了。

國際援助與氣候政策的幌子

我們也要特別注意像國際援助這樣的概念，其實周圍也環繞著令人咋舌的偽善。首先，政府開發援助經費比我們可能以為的要少得多：總計占全球ＧＤＰ不到零點一%（緊急人道援助最多僅占全球ＧＤＰ的零點零三%）。[12] 相較之下，光是富裕國家的碳排放對貧窮國家造成的氣候災害就相當於全球ＧＤＰ的數個百分點。[13] 除此之外，第二個問題也並不是件無足掛齒的小事：在大多數大家以為「被援助」的非洲、南亞或其他地區的國家裡，以跨國企業利潤和資本外流的形態輸出的金流，事實上是輸入該國的政府援助金的好幾倍（即便我們只看正式的國民會計帳上有登記的流出額，結果也是如此，這讓人很難不認為國民會計帳低估了真實的金流）。[14] 這反映了全球尺度下中央—邊陲關係中至為關鍵的一點，也是觀察家們一再感到不可思議的一點：富裕國家宣稱援助的國家，實際上是帶給他們財富的國家。而且我們不只在南—北國家的關係中看到這種普遍的現實，在區域關係中也是，好比歐洲。如果檢視歐洲各國所收到的公共基金（例如區域發展基金）與貢獻給歐盟預算的金額之間的差距，會發現在二〇一〇年到二〇一八年間，像波蘭、匈牙利、捷克或斯洛伐克所收到的公共移轉金淨額約在該國GDP的二%到四%之間。問題是在同一時期以利潤、股利與其他財產孳息的形式流出的私人資金卻接近兩倍之多，相當於該國GDP的四%到八%（見圖三十八）。在歐陸東部，有些明眼人指出來自西歐（尤其是德國與法國）的投資者將這些新的成員國當成廉價人力庫，從中獲取龐大的利潤，同時讓這些地方長期處於經濟依賴狀態。站在德國和法國的立場，他們希望私人資金可以悄無聲息的流出，因為他們喜歡把這些資產視為投入資金後理所當然的回報，並認為人們只關注流入該國的政府援助即可。他們想

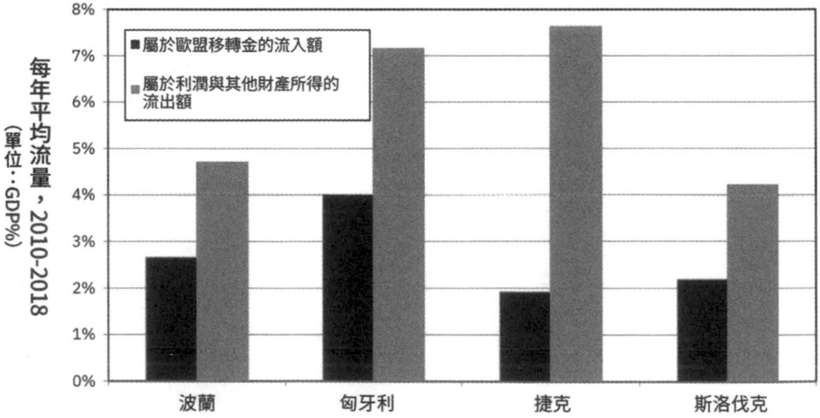

圖三十八　東歐國家的資金流出額與流入額（二〇一〇年至二〇一八年）

在二〇一〇年至二〇一八年間，波蘭每年由歐盟獲得的移轉金淨額（收到的經費總額與貢獻給歐盟預算之總額之間的差額），平均為二點七%的GDP；在同一時期，屬於利潤與其他財產所得的流出額（扣除同類資金的流入額）則為四點七%的GDP。以匈牙利來說，這兩組數字分別為四%及七點二%。

來源與數據：piketty.pse.ens.fr/egalite

把經濟力量與「市場均衡」加以「自然化」，希望只聚焦於「事後」（ex post，亦即已達成良好的市場均衡之後）撥付的移轉金，亦即把這些移轉金視為市場贏家的慷慨之舉。這種傾向某種程度上對擁有主導權的經濟行動者來說很方便，但是他們卻忽略了，在財產關係中作用的權力關係一點都不是自然的產物。薪資與利潤的水準會受到許多機制與社會制度左右，例如整個歐洲是否存在社會面與財稅面的調和機制，以及工會權、資本流動規範等等，而這些都應該納入討論。[15]

同樣的邏輯也影響著全球性的運作。人們把焦點放在其實九牛一毛的政府援助基金，忽略私人金流的規模，使我們搞錯了國際經濟體系的想像。再者，援助金雖然中間會經過各國發展署或非政府組織，但若永遠得靠富裕國家的善意，言下之意便是也會受到他們的控制。儘管這些援助金單從數額來看十分微薄，但相較於最貧窮的國家本身能控制的寥寥稅收，這些援助金有時還是相當有份量。一些研究指出，各國發展署和非政府組織帶進這些國家的資源，多半經由商業通路輸入，事實上規避了正式的政府管道，反而讓國家建構的過程又變得更加脆弱，尤其是薩赫爾（Sahel）地區，因為結束殖民統治之後，他們從來沒有足夠時間能真正建立一個讓當地各界人士與各種社會團體認同的領土主權政府。如果在正常的稅收之外能多一筆援助，應該能帶來正面助益；但若這些援助背後帶著讓國家陷入赤貧的目的，反而會侵蝕受援助國家本身的正當性，最終一點忙也幫不上。[16]

窮國的權利：擺脫中央邊陲邏輯

要走出這些死胡同必須秉持一項原則，亦即所有國家都應該擁有平等的發展權，再從更廣泛的角度來說，全球生產的財富之分配完全取決我們所建立的法規與制度，我們必須認知到它是一個高度政治性的問題。具體而言，窮國應該有權要求一部分對全球跨國企業及億萬富豪課徵的稅收，一方面是因為每個人都應該同樣享有最低限度的醫療權、教育權與發展權，另一方面因為最富有的經濟行動者所享有的優渥闊綽，完全是依靠全球經濟體系與國際勞動分工而來。要做到這件事，舉例來說，我們可以先想像一種對超過一千萬歐元的財產課以二%稅率的全球稅，如此能創造的稅額已經十分可觀，約為每年一兆歐元，相當於全球GDP的一%，且可以將這筆稅額按人口比例分配給各個國家。[17] 如果把門檻放在兩百萬歐元，則可以課得占全球GDP二%的稅收，若對億萬富豪採用高度累進性的稅率基準，甚至可以達到五%。[18] 如果堅持選擇最保守的選項，讓各國在必要的時候靠自己對最高額財產的課稅基準來補強，這也已經綽綽有餘，足以完全取代現有的一切政府援助，也足以帶來更多資源，讓最窮困的國家可以大力投注於醫療、教育和基礎建設。要讓這整套措施更完整，可以再讓窮國有權取得對跨國企業課徵的部分稅金，這可以連結到目前正在進行的相關討論。[19]

富裕國家當然可以繼續提供經費給他們的發展署和人道組織，不論是透過政府或私人的援助基金皆可。但這應該是額外的，不可以動搖貧窮國家發展與建設國家的權利。為了避免金錢遭到濫用，必須像北方國家一樣，擴大追蹤南方國家政府、公部門甚至私部門裡領導人或主管階層不當積攢的龐大財富，且這種對金錢遭濫用的擔憂不該再被當成工具，用來無止盡地質疑南方國家的國家正當性。[20]為了讓貧窮國家本就如履薄冰的國家建構過程，能夠在較好的基礎上重新起步，關鍵在於讓這些國家脫離北方金主的監管，能擁有會自然產生而且能長期依靠的稅收。

目前關於國際援助的觀念造成的最大問題在於，它預設已經存在基本上公正的市場平衡，在這個市場上，每個國家都正當合理地持有它所生產或過去積累下來的財富，全靠一己之力，令人無比敬佩。然而現實上並不全然如此。西方國家自工業革命後的財富成長，若沒有全球勞動分工與瘋狂開發地球上的自然與人力資源，恐怕就不會發生了。整體而言，如果沒有貧窮國家、沒有世界各地的資源，就不會有這些富裕國家，這一點不管對舊西方強權或新亞洲強權（日、中）而言都成立。繼奴隸、棉花、木材和後來十八與十九世紀的煤炭，從二十世紀到二十一世紀初的現在，經濟發展還是繼續以大規模利用全球資源為基礎，借助於邊陲國家的廉價勞力與數百萬年來累積在地底下的天然氣與石油礦藏，而燃燒這些石油與天然氣的速度愈來愈快，已經達到快讓地球難以居住的臨界點，而最終受害的，主要卻是最貧窮的國家。[21]

認為每個國家（更糟的是認為每個國家的每個人）都是獨立創造出自己的產值與財富，這種想法從歷史的觀點來看很難成立。所有財富最初都是屬於集體的，如果不符合公共利益，便不會有私有財產制（或說不應該創立），它屬於一整套彼此調和的制度與權利，整體目的是為了節制個人的資本積累、促進權力流動並讓財富的分配更理想。我們可以理解因為不知道在這樣的政治發展中踩下煞車的時間點而感到的恐懼，尤其在跨國關係中，彼此成見往往相當深，參與其中的社會團體彼此也不太熟悉，可能會很難正確理解各自的處境為何，導致尋求共同正義規範的工作變得更複雜且不確定。[22]不過這種擔憂對我們沒有幫助，因為實際上我們沒有別的選擇，只能走在這一條政治與制度發展之路上，這趟路途儘管脆弱又十足必要。我們能找到的妥協之道與處置之道永遠都會是暫時且不完美的，好比修復補償或此處談到的全球稅；但那些將市場奉為神祇，以及不論規模或來源，對過去取得的財產權皆予以絕對保障的替代方案，無非是一些缺乏一致性的制度建構方法，目的只是要延續不正義和沒有合理基礎的權力地位，最後導致下一場危機來臨。

從國家型福利國家到聯邦型福利國家

除了貧窮國家應該有權發展國家建構，並獲得取自跨國企業與億萬富豪的部分稅收，整個國際組織形態都是我們應該重新思考的對象。數十年來，全球經濟體系建立在一組雙重前提上：其一，國家間的關係應該以商品與資本的絕對自由流動為原則，幾乎毫不設限；其二，一國之內的政治決定只與該國本身有關，尤其是關於租稅、社福或法律制度方面的決定，應該僅影響狹義國家主權行使的對象（也就是公民）——這就是國家型福利國家的原則。問題是這兩項前提彼此矛盾：讓資本自由流動不受監管，沒有制定任何稅賦或共同監管機制，這種做法讓國家決策根本性地利於最有移動能力與最優勢的族群，實際上形成一種有利於最有錢的人的新納貢制權力形態。從更廣的角度來看，伴隨著不受監管的自由貿易，各國內部貧富差距開始擴大，氣候暖化程度急劇惡化，而這兩個現象現在被普遍認為是全球化面臨的兩項主要挑戰。[23]

理論上，解決之道相當簡單。我們必須撤換那些僅著重貿易與金融性質、至今為止規範了全球化組織方式的條約，將之取代為真正關於永續公平之共同發展的條約。這些新型條約將會制定明確且具有強制力的社會與環境目標，以及一些可檢證的量化目標，例如關於對跨國企業課徵的稅率、財富的分配、碳排放量或生物多樣性的多寡。它們會讓目標實現成為商業貿易追求的前提，而不僅是將它們妝點在前言之中。[24] 條約形態的改變顯然不是一夕之間能夠做到的。我們必須拿出耐心，串連有意往這個方向前進的國家，而且沒有人能保證轉型的過程永遠會平和順利，即使已經有不少聲音呼籲大眾注意目前全球化無路可逃的困境。理想上，跨國民主也應該在共同發展條約中占有一席之地。傳統條約的整體邏輯充滿上對下的思維：國家元首與其行政團隊彼此協商自由貿易法規，可能會交由議會批准，然後一切就像開啟自動導航，沒有經過真正的民主監督，必要時再將解決紛爭的工作轉包給一些私人仲裁庭，而這正是跨國企業樂見其成的處理模式。在共同發展條約的簽訂中，則會有非常多關於社會、租稅與環境監管的高度政治性裁量，這些監管方式無法事先就完全確定，而我們可以選擇在一定條件下委由代表各簽約國的跨國議會（Assemblée

表三　新的全球化組織形態：跨國民主

「跨國議會」 負責議定**全球公共財**（氣候、研究、教育培訓、勞力等）和**全球租稅正義**（對最高財富與所得以及最大型企業徵收的共同稅、碳稅）等事務				
A 國國民議會	**B 國國民議會**	**C 國國民議會**	**D 國國民議會**	…
在我們提議的組織形態下，管理全球化（商品、資本、人員流動）的條約會要求簽約國成立一個「跨國議會」，負責議定全球公共財（氣候、研究、教育培訓、勞動權等）和全球租稅正義（對最高財富與所得以及最大型企業徵收的共同稅、碳稅）等事務。 注意：A、B 等國可以是像法國、德國、義大利、西班牙……那樣的國家，此時所謂跨國議會就是歐洲大會；也可以是像歐盟、非洲聯盟等等的區域聯盟，此時所謂跨國議會就是歐—非聯盟議會。視情形不同，跨國議會可以由各國國會派出的議員和／或特別為此選出的跨國議員組成。 來源與數據：piketty.pse.ens.fr/egalite				

transnationale）來決定（見表三）。一般而言，這些跨國議會可以有兩種形式：可以由成員國國會中選出的代表組成，或由特別為此目的選出的跨國議員組成。第二種方案從民主的角度而言似乎比較有企圖心，因為一開始就跨出了民族國家的政治制度。不過從實務面來看，這可能是個陷阱。自一九七九年開始，歐洲議會便直接以普選的方式選出議員，但實際權力依然是由歐洲高峰會或部長理事會來行使，他們以閉門會議的方式開會，而且每個國家只有一個代表，每位代表對財稅與預算問題都有一張否決票，以致原本設想的跨國議會民主依然是原地踏步。[25]如果奇蹟發生，全體無異議通過一項決議，好比二〇二〇年在全球流行病危機下通過的經濟推升計畫，其中包含以援助受創最深國家為目的的共同借款，那麼接下來這項決議必須得到每個成員國國會的批准，因為在目前的法律框架下，國會是唯一有權將國內納稅人牽扯進來的機關，讓這整個過程變得十分複雜且漫長。若要解決這個困境，一個方法或許是由有意這麼做的國家成立一個由各國議員組成的「歐洲大會」（Assemblée européenne），席次可按例如人口與政治團體的比例計算，而這個大會有權以多數決的方式，在成員國制定的條件下通過一些與預算、財稅與社會政策相關的決策。[26]

邁向社會民主聯邦主義

聯邦型福利國家的問題絕對並不只與歐洲有關。建構新形態的社會聯邦主義（social-fédéralisme），亦即以明確且可檢證的社會政策目標為導向的民主聯邦主義，對整個世界來說都是重要議題。舉例來說，西非國家目前正在討論如何重新制定共同貨幣，並澈底擺脫殖民母國的監管。這正是一個好時機，可以用西非貨幣來推廣一項以投資年輕人及基礎建設為核心的發展計畫，而不只是用來促進最有錢的人的資本移動。為了達到這個目的，我們要創造新形態的財稅與預算聯邦主義，先以西非為範圍，藉由仔細地從過去的失敗中吸取一切教訓，尤其是檢討圍繞著財稅移轉金而生、經常破壞獨立後的聯邦計畫的那些衝突，如此一來，日後或許有機會將這個體系擴展到整個非洲聯盟。[27]

租稅正義與要求最富有的人做出貢獻，成為讓人們認同這類計畫的關鍵。我們的理想是發展一份真正的公共金融清冊，以保留金融憑證持有者在國內與國際上的金融軌跡。[28] 自二〇〇八年發生金融危機之後，便開始有人討論如何打擊金融不透明與促成跨國銀行資訊自動交換，但直到目前為止還未見到太多可能性。[29] 不論是這個議題或是其他議題，未來會如何發展也僅取決於各國從今往後可能做出的單邊決定，毋須等待區域性或全球性的一致共識。具體來說，每個國家都可以要求不動產或營業資產，以及在其境內設立的生產單位之所有權人（亦可包含境內的使用權人），向政府提供相關財產與藉此獲得之利潤的證明等等，如此一來，政府就可以依據民主方式形成的稅率基準表向這些人課稅。[30]唯有結合單邊行動與以國家串連為目標的社會聯邦主義提案，我們才有前進的可能，僅僅在比較各類做法後試圖從中選出一種，可以說一點用都沒有。

從跨國的視角，好比歐—非區域的視角來看，成立共同議會的想法或許顯得有些天真，也超出了能力範圍。但實際上，經濟發展、移民人數與環境惡化等面向的共同議題愈來愈重要，使得這種論壇愈來愈不可或缺。從「黑人的命也是命」運動、#MeToo或「罷課救地球」等集體動員的發展中，可明顯看出很多年輕世代完全是從全球性與跨國性的觀點來看待事情。舉例來說，若是要評估像道達爾石油集團（Total）這樣的跨國企業在烏干達或剛果的經濟活動，或是與勞動條件、生物多樣性衝擊有關的議題，要求一個跨國議事空間來公開討論合適制度並不算奢侈。同理，在這樣的空間中，討論人的移動與高等教育的財源也很合理。舉例來說，二〇一九年法國政府決定，歐盟學生可繼續享有和法國學生相同的學費標準（兩百至三百歐元），但非歐盟學生便必須支付三千至四千歐元的學費。然而，來自馬利或蘇丹的學生支付的學費比盧森堡籍或挪威籍學生還貴十至二十倍，這件事其實一點也不合邏輯。我們可以想像經過某種公開的跨國議會審議之後，通過了一項更公平的解決方案，例如讓馬利和盧森堡的父母或納稅人依據各自的所得繳納學費。重點在於，我們應該在公共服務體系的概念中思考移動自由這類基本權利，也應該集體提供經費給公共服務體系。

作為結論，我們要提醒各位，不願意從社會民主聯邦主義的角度想像一些事，可能會使一些打算蠻橫掩飾民族國家局限的反動派提案壯大起來。在《極權主義的起源》（*Les Origines du totalitarime*）一書中，漢娜．鄂蘭於一九五一年便已指出，戰間期的歐洲社會民主派的主要弱點，恰恰在於他們沒有完全理解，要回應世界經濟體的種種挑戰必須建立一套世界性政策（politique-monde）。[31]從某個角度來看，他們其實是唯一不理解的人，因為不管是殖民帝國還是布爾什維克黨與納粹黨打造的政治體制，都是建立在一些後國家式政府機構上，而這些政府形態，都與全球經濟體以及工業和金融資本主義國際化發展相輔相成。缺席最為可怕，因為如果沒有人提出任何後國家式的民主方案，專制思想就會填補空位，提出一些看似具有說服力的方案來解決人們的不正義感，而造成這種不正義感的正是那些掌控著全球運作卻不受控制的經濟力量與國家力量。

若要說不久之前的例子，最戲劇性的無疑是伊斯蘭國（縮寫為Daech）二〇一四年的崛起（與他們在薩赫爾地區及其他地方的多次再起）。根據可取得的資料，中東是全世界最不平等的地區，主因在於（我們其實不應該開採的）石油資源集中在一些人口非常少的地方，而這些地方的寡頭從國際市場積攢下一座座一望無盡的金山銀山，還得到西方國家的積極協助。西方國家樂於將武器賣給這些寡頭，或是從當地的銀行或運動俱樂部撈回一些資金。與此同時，數百公里之外，一個像埃及這樣人口上億的國家只有不足掛齒的資源可以培育他們的年輕人與投資基礎建設。[32]理論上，我們可以想像一個區域性的民主聯邦組織，能夠使財富與投資得到更好的分配也更加多元，如同人們過去曾想像過的，也如同未來某種嶄新形態的阿拉伯國家聯盟（Ligue arabe）或阿拉伯聯盟（Union arabe）所能實現的那樣。可是如果我們關閉討論的大門，堅持要讓目前的經濟與領土「維持現狀」，等於幫忙清出了一塊地給某些打算修改殖民時代疆界的反動派計畫，例如伊斯蘭國的計畫。伊斯蘭國認為藉由打造至高無上的國家力量、唯我獨尊的身分認同與極權主義式的宗教意識形態，就能撫平其支持者所感受到的羞辱感，就像戰間期的納粹政府一樣（幸好他們的武力較弱，至今得到的政治與軍事成果也較少）。不論過去還是現在，必須透過公平的發展計畫以及追求普世利益且具公信力的社會正義目標，才能遏止那些基於身分認同的極權主義惡行。

第十章 走向民主、環保、多元共融的社會主義

追求平等的戰鬥會在二十一世紀持續下去，尤其是站在對過去抗爭的記憶之上。如果在過去兩個世紀中，這個世界能出現朝更良好的社會、經濟與政治平等發展的歷史趨勢，主要是靠著一連串反抗、革命與大規模政治動員獲致的成果，那未來也將是如此。我希望在這最後一章中，談談幾個在未來數十年中可能會促進改變的因素，頭一項就是未來的環境災難與全球性的國家與意識形態勢力競爭。我將特別著重於「中國社會主義」的壯大所帶來的挑戰。這是一種各方面都與本書主張的去中心化民主社會主義背道而馳的專制國家模式，在我看來也更加缺乏解放精神，不過西方強權卻應該認真看待。即使西方強權堅持維護一種陳腐的超級資本主義，也很難確定他們能撐到最後。真正的替代方案是民主、參與式、聯邦式、具環保意識、多元共融的社會主義，追根究柢，這無非是在邏輯上延續了十八世紀末以來人們長期投入的平等化運動。為了讓每個人都能以去中心化的方式為這場運動貢獻力量，我們必須

發展以普世主義為宗旨的新型主權理論。

改變的力量：氣候暖化與意識形態抗爭

本書中提及的所有轉型，不論是關於福利國家、累進稅制、參與式社會主義、選舉與教育平等或者脫離新殖民主義，如果不是因為強大的集體動員與一些權力關係的作用，是不可能發生的。這一點也不奇怪，因為在歷史上，讓舊組織能夠被新制度取代的，永遠是抗爭與集體行動的力量。我們當然可以想像靠著成功動員大多數選民、憑著大膽的轉型政策綱領成功取得政權的和平演進。然而，我們從過去經驗看到的卻是大規模的歷史變動往往發生在危機、緊張拉鋸與相互衝突的時刻。在可能加快變遷速度的因素中，環境災難當然名列其中。理論上我們可以期待，在愈來愈多科學研究的支持下，這類災害即將發生的可能性足以喚起適當的集體力量。不幸的是，大概只有發生超越目前人類經驗且更切身也更具體的損害，才足以打破保守主義，並讓目前的經濟體系受到根本性的質疑。

在目前這個階段，沒有人能預測這類動員實際上何時會發生。我們知道地球暖化愈來愈嚴重，在二十一世紀結束前至少會比前工業革命時期上升攝氏三度，而且只有採取比目前為止設想過的方案還更積極許多的行動，才可能避免危機發生。如果全球升溫三度，唯一可以確定的是沒有任何模型能夠預測所有可能發生的連鎖反應或是城鎮被海水淹沒的速度，以及某些國家會多快面臨沙漠般氣候。由於還有其他環境問題正在惡化中，好比生物多樣性正加速崩壞、海洋酸化或土壤沃度喪失，第一批大災難信號也可能來自其他領域。[1]在最悲慘的假設情境下，信號來得太晚，來不及阻止國家之間的資源衝突，必須再等待好幾十年才有辦法進行想像中的重建。[2]我們也可以想像未來幾波震撼人心的信號不斷發生，例如野火與自然災害，足以讓大家開始產生我們現在所期盼的意識，並進一步支持新的經濟體系與公權力干預，就像一九三〇年代的大蕭條一樣。一旦夠多人明白目前在他們每日生活中正發生的某些變化將帶來何種天翻地覆的影響，大家對（例如）自由貿易的態度或許就會幡然改變。我們也可以預見，人們對於與災難形成息息相關的國家或社會群體可能會產生敵意，好比美國的頂級富豪，當然歐洲與其他地區的富豪也不在話下。[3]

從這個角度來看，我們有必要提醒大家，北方國家雖然人口有限（美、加、歐、俄、日合計約占全球十五%的人口），卻製造了將近八成工業時代開始以來所累積的碳排放量。其原因在於一九五〇年到二〇〇〇年之間，西方國家的人均年碳排放量已經十分驚人：在美國是每人二十五到三十噸，在歐洲約為每人十五噸。儘管前述排放量目前已經開始減少：美國在二〇二〇年代初期降至二十噸，歐洲則降至十噸，然而現實是中國的人均排放量從二〇〇〇年以前的長期低於五噸，到二〇〇〇年到二〇二〇年間，每人每年的排放量已成長為五至十噸。從目前觀察到的歷程，這個國家恐怕會因為人均碳排放量的水準與西方國家一樣高，而達到他們至今從未企及的西方生活水準。[4]確實，導致這些情況發生的部分原因在於，人們對暖化的意識有所提升，以及新科技的推出。然而，對於認為「綠色啟蒙運動」（Lumières vertes）很快就會降臨地球，地球就會有一條明確的出路可走的想法，我們必須提出質疑。事實上長期以來，幾乎從工業革命一開始，人們就懷疑化石燃料燃燒的速度愈來愈快恐怕會導致不良後果。雖然人們的反應十分緩慢，到目前為止也成果有限，但主要也是因為不論是國際或國內，牽涉其中的社會經濟利益相當可觀。[5]要減緩氣候暖化並讓受創最深的國家（尤其南方國家）獲得財源來實施氣候適應措施，需要改變整個經濟體系與財富分配狀態，而這件事可以透過發展新的全球性政治與社會串連來達成。認為在這個過程中只會有贏家，便是一種危險且麻痺自我的幻覺，必須盡快擺脫。

中國社會主義：完美數位獨裁政權的弱點

除了環境問題以外，國家與意識形態力量的對抗是可能加速政治變化的主要因素之一。最關鍵的問題之一就是中國政體的變化，包含它的強項與弱項。除非發生意料之外的崩垮，中華人民共和國據說會在接下來數十年間成為全球最大的經濟強權，即使沒有人能預測速度多快、會維持多久。[6] 如果我們比較中國和西方國家現行的經濟結構，最驚人的差異無疑在於財產制，尤其是公有財產的份量。在一九七八年的中國，公有資本（含所有層次的政府與自治團體）的占比接近七十%，當時正開始推動改革開放；接著在一九八〇年代、一九九〇年代一直到二〇〇〇年代中期，此一占比明顯下降，自二〇〇〇年代中期以後便穩定維持在全國資本的三十%左右（見圖三十九）。

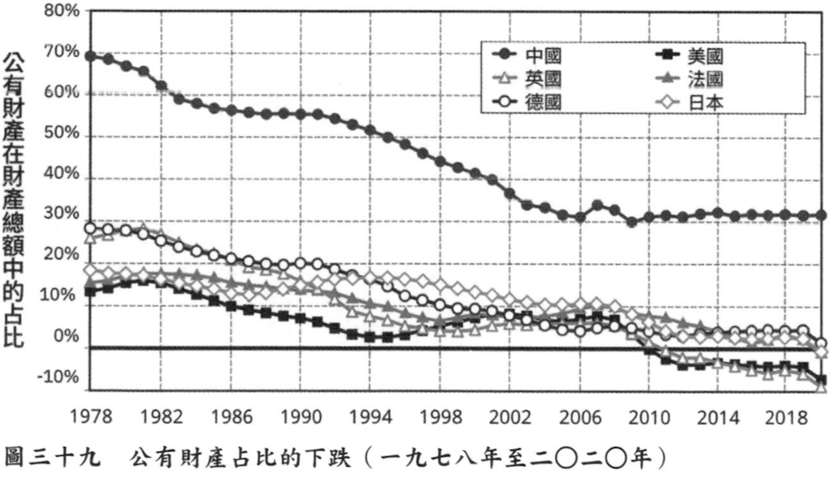

圖三十九　公有財產占比的下跌（一九七八年至二〇二〇年）

在一九七八年的中國，公有財產（扣除負債的公有資產，包含所有公共自治團體與所有資產類型，例如企業、建物、土地、持份與金融資產等）在財產總額（即公有與私有財產的總和）中的占比約為七十%，自二〇〇〇年中期之後穩定維持在三十%左右。在一九七〇年代末的資本主義國家，此一占比約在十五%至三十%之間；二〇二〇年時幾近於零或為負值。

來源與數據：piketty.pse.ens.fr/egalite

令人驚訝的是，中國財產私有化的發展在二〇〇五年到二〇〇六年左右停止了，從那時起，公有財產與私有財產的平衡幾乎不曾再改變。由於中國經濟快速成長，資本自然會以不同形態持續積累，大家開始整治新的土地、興建工廠與高樓，一切都以超高速運轉。政府持有的資本也很單純的跟私人資本一樣，以差不多的速度成長著。如此看來，中國似乎穩定維繫著一套可以稱為混合經濟的財產結構：這個國家不再是真正意義的共產國家，但它也不是徹底的資本主義國家，因為其公有財產略略超過財產總額的三十%，當然這個占比連半數都不到，但已是非常有份量。持有全國將近三分之一的財產讓中國的公權力有相當多機會可以干預投資地點與工作機會的開設，並左右地區發展政策。

然而我們要請各位注意，平均三十%左右的公有資本占比掩蓋了資產類型間的顯著差異。一方面，住宅不動產幾乎完全被私有化了。在二〇二〇年代初，政府與企業持有的房屋存量不到五%，房屋成了有財力的中國家庭絕佳的私人投資標的，再加上金融儲蓄的機會有限、公共退休金制度經費不足的情況，不動產價格因此飛漲。與房產占比相反的是，現在政府持有的企業資本總額（所有上市與非上市公司合計，不分規模與部門）達五十五%到六十%左右。這個占比自二〇〇五年至二〇〇六年以來幾乎沒有改變，見證了國家緊密控制生產體系，甚至是加強控制大型企業。我們也觀察到外國投資人持有企業資本的占比顯著下降，被中國家戶持有的占比所填補（見圖四十）。

除了混合經濟的結構與國家對企業的強力控制，「中國特色的社會主義」（北京政權喜歡如此指稱自己）的另一項重大特徵，顯然就是中國共產黨的主導地位。中國共產黨在二〇二〇年擁有超過九千萬名黨員，相當於全國成年人口的十%左右。從當局每天透過《環球時報》傳達的官方觀點顯示，政府認為中國式民主優於西方的選舉制度，因為他們的民主將國家前途交付給一批充滿動力與決心的先鋒部隊，他們既是萬中選一也能代表社會，而且整體看來比西方既平庸、三心二意又容易受影響的選民更加全心全意地為公共利益服務。[7] 然而實際上，這個政府愈來愈像是完美的數位獨裁政權，完美到沒有一個政府想

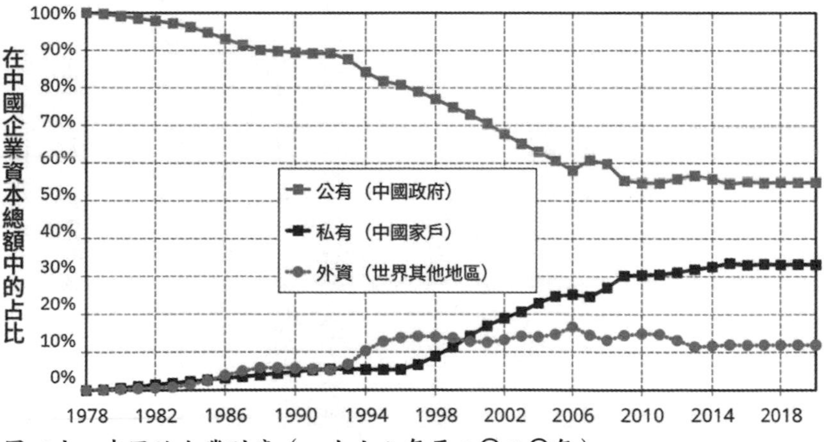

圖四十　中國的企業財產（一九七八年至二〇二〇年）

二〇二〇年，中國政府（含所有層級的政府與地方自治團體）持有全國企業（含上市與非上市公司，不分規模及部門）資本總額的五十五%左右，中國家戶則持有三十三%，外資持有十二%。外資持有占比自二〇〇六年起下降，家戶持有占比則上升，中國政府的占比則穩定維持在五十五%左右。

來源與數據：piketty.pse.ens.fr/egalite

仿效它。中國共產黨內部的議事模式讓人更難相信官方說法，因為外界完全無從得知實際狀況；相對的，人人都愈來愈明顯感受到在各社群平台上對人民的普遍監控、對異議者和少數族群的鎮壓、對香港選舉程序的粗暴干預，以及對臺灣民主選舉所施加的威脅。像這樣的政權能受到其他國家輿論（而非只有領導者）的青睞，可能性似乎不高。除此之外，中國還有貧富差距的急遽擴大、財富分配上著名的極度不透明，以及由此而生愈來愈濃厚的社會不正義感，而這種感受無法永遠藉由監禁和邊緣化某些人來平息。[8]人口即將走向衰減的預測與人口老化加速，對這個政權來說同樣形成重大挑戰，而且可能會導致中國身為全球第一大經濟強權的地位在二十一世紀下半葉被印度取代。[9]

儘管有這些弱點，中國社會主義還是有不少王牌可打。如果西方強權死守著過時的超級資本主義意識形態不放，我們就非常難確定它們能否成功控制中國政權日益壯大的影響力。在經濟面與金融面上，中國政府擁有可觀的資產，遠高於它的負債，因此不論是國內或國際上，它都有能力推動大膽的政策，尤其是有關基礎建設投資和能源轉型領域的政策。反之，我們很驚訝的發現，在二〇二〇年代初，西方主要國家持有的財產部位幾乎全都為零或是負值（見圖三十九）。由於政府會計無法平衡（可能需要最有錢的納稅人做出更多貢獻），這些國家開始累積公共債務，同時也變賣愈來愈多的公共資產，以至於公共負債最後略略超過了公共資產。我們得把話說清楚：有錢的國家還是有錢，因為他們的私有財產來到了歷史高點，沒錢的只有他們的政府。如果再這樣繼續發展下去，這些政府的資產可能會愈負愈多，在這種情形下，公債持有人擁有的將不只是所有公有資產（房舍、學校、醫院、基礎建設等），還包括從未來納稅人繳的稅金中收取一份的權利。[10]相反的，就像同一批國家戰後曾經做過的一樣，我們絕對做得到加速消除公共債務，好比從最龐大的私人資產上課徵一些稅金，公權力就可以恢復一些運作空間。[11]要做到這件事，需要人們意識到有許多可能的選擇與各種相關的政治與社會動員，但不幸的是，有鑑於保守主義氣氛瀰漫，這麼做有可能再度引發一些危機。

中國政權還有其他優勢。當氣候災害到來時，他們大概會毫不猶疑的把一切打為西方國家的責任。從更廣泛的角度來說，中國總是逮到機會就提醒大家他們的工業化沒有依靠奴隸制與殖民主義，而中國自身也是殖民主義的受害者。這使他們面對全世界都認為永遠如此傲慢的西方國家時多了幾分底氣。西方國家總是急於在正義與民主方面對全世界指指點點，與此同時，卻似乎無法面對侵蝕其根基的不均與歧視問題，還會適時和所有對他們有利的專制統治者與寡頭達成和解。針對上述所有議題，回應專制集權的中國社會主義的好方法便是推廣一種參與式民主社會主義，它是一種具環境意識的後殖民社會主義，更關注南方國家的狀況與西方國家的種種不平等與偽善。這種轉型也讓我們可以應對失速的新自由主義造成的問題，亦即二〇〇八年金融危機與二〇二〇年流行病危機所造成的加速衰退，而長遠來看這種衰退的背後原因，可以歸咎於雷根主義曾承諾去管制化後會促使的經濟活絡與成長最終落了空，導致一度聽信政府描繪美麗遠景的中層和平民階級開始嚴重懷疑全球化。[12]當然一時之間，我們可能會害怕新自由主義被不同形式的新國族主義取代，像是化身為川普主義、英國脫歐或日益高漲的土耳其、巴西或印度國族主義，這些政治運動各有差異之處，但共同點是指責外部力量與內部各少數族群對國家遭遇的不幸負有極大責任。[13]川普的失敗證明了這類政治風潮最主要的危險就是，可能導致社會一下子陷入激烈的認同衝突，並激起新一波租稅與社會傾銷浪潮，使最富有的人與製造最多汙染的人從中得利。[14]事實證明，這些政治風潮都不太可能解決我們眼前的挑戰，從本質上來看，更可能會強化中國的專制集權社會主義，因為中國除了從民族主義得到養分，更有一個能提供資源去實現野心與目標的公權力作為靠山——至少目前是如此。

從資本主義之間的戰爭到社會主義之間的戰鬥

基於上述各種理由，關於未來的意識形態衝突，極有可能更接近一種社會主義之間的戰鬥，而不是大家常提及的資本主義之間的戰爭。從更高層級來說，我們應該更著重於不同時空下觀察到、百花齊放的經濟模型，包含自稱是資本主義或社會主義的那些制度。

在本書中，我已倡導了一種聯邦式、去中心化與參與式、具環境意識與多元共融的民主社會主義是可能存在的，它奠基於福利國家及累進稅制的擴大、企業內部的權力分享、後殖民時期的修復與打擊歧視、教育平等與碳卡制度、經濟的漸進式去商品化、就業保障與全民遺產制度、貨幣不平等的大幅縮減，以及一套終於能不受金權控制的選舉與媒體制度。這不過是提供一些想法，我主要是希望能證明可能採取的制度十分多元，以及為了替代現行制度所引發的集體動員是如何深刻形塑了過去的歷史發展路徑。針對替代體制與各種社會主義形態的討論，雖然一度在蘇維埃共產主義垮臺之後的一九九〇年代消聲匿跡，但自二〇〇八年爆發金融危機之後又活躍了起來，這也是因為人們發覺目前的體制已經走入不平等與氣候問題的死胡同。這些討論與抗爭距離停歇的那一刻還很遠。

我也想再重複一次，這種民主社會主義雖然看起來與現實世界相距甚遠，實際上卻承接著一些過去、甚至是數十年前已經發生的明顯轉變。除了形式上有些相似之處，在社會、法律、租稅、教育、選舉與國際制度上，一九一〇年時的殖民專制資本主義與一九八〇年時的社會民主主義混合經濟體兩者幾乎沒有什麼共同點。本書所描述的參與式民主社會主義如果能在二〇五〇年前實現，應該會是數十年來平等運動的直接延續，而且它和替代體制的差異，應該不會比殖民專制資本主義與社會民主主義混合經濟體之間的差異更大。像這樣長期思考各經濟體系是促進不同經濟體制模型之間對話的關鍵。如果西方國家（或起碼部分西方國家），能擺脫某些習以為常的資本主義與民族主義姿態，接受一種以民主社會主義為出發點並擺脫新殖民主義的論述，尤其是採用一些有力的租稅正義措施，以及可以讓跨國企業與億萬富豪繳納的稅金進行全球性分配的制度，如此一來，不只能重新獲得南方國家的信賴，在透明度與民主的問題上，也能將中國的專制社會主義逼到牆角。關於生態、家父長制或仇外心理等核心問題，事實上目前沒有任何一個體制的處境足以作為他國榜樣，因此唯有透過制度間的對話與健康的競爭心態，才能讓我們期盼的些許進步到來。

金錢能拯救我們嗎？

最後，不論選擇哪一個經濟體制，我們都必須強調貨幣與金融制度是未來數十年間的關鍵。在二〇〇八年金融危機與二〇二〇年至二〇二一年的全球流行病危機發生後，中央銀行與發行新貨幣的地位難以撼動。具體而言，全世界主要央行的資產負債規模，亦即所有央行核發的貸款加上持有的債權憑證，在不超過十年的時間裡，就回到戰後所觀察到的歷史高峰（見圖四十一），且沒有人能預測這是不是高點。[15] 今日沒有任何一種貨幣的價值是根據黃金或其他作為基準的物質決定的，貨幣主要是顯示在幾台電腦上的電子訊號，中央銀行要創造多少就有多少。甚至有央行考慮要推出一種短效期的央行數位貨幣。在這種制度下，每個居民都會擁有該國央行的數位帳戶，如此一來央行就可以直接將貸款記在個人帳戶上，不像我們目前習慣的做法，只能由私人銀行和企業來放貸。[16]

二〇〇八年以後貨幣發行方面的驚人進展，再次清楚示範了經濟制度絕不是八風吹不動的。它們永遠都會因應危機與權力關係的消長，在不穩固也不確定的妥協之下重新修訂。然而這些新的貨幣便利性讓人們混淆，在此有必要加以說明，

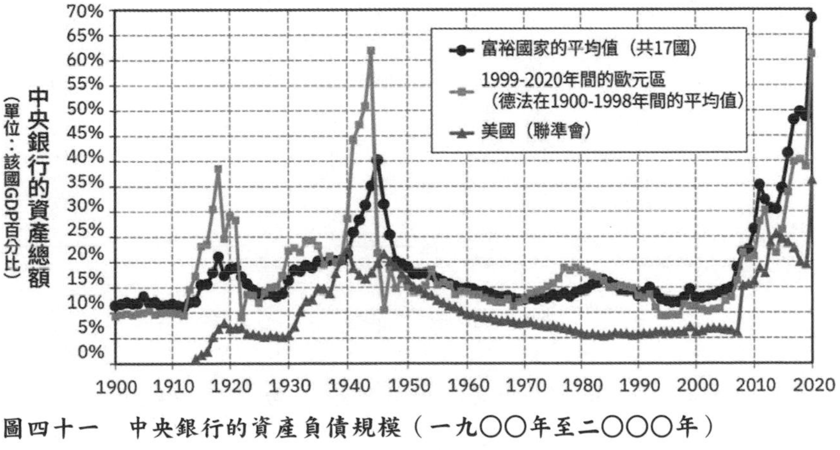

圖四十一　中央銀行的資產負債規模（一九〇〇年至二〇〇〇年）

二〇〇四年十二月三十一日，歐洲央行（BCE）持有的總資產相當於歐元區 GDP 的十一%，到了二〇二〇年十二月三十一日成長為六十一%。一九〇〇年到一九九八年的曲線代表的是，從德、法央行的資產負債表所取得的平均值（高點為一九一八年的三十九%和一九四四年的六十二%）。聯準會（一九一三年成立）的總資產於二〇〇七年底為美國 GDP 的六%，二〇二〇年成長為三十六%。

注意：富裕國家的平均值是以下十七個國家的算術平均值：德國、奧地利、比利時、加拿大、丹麥、西班牙、美國、法國、芬蘭、荷蘭、義大利、日本、挪威、葡萄牙、瑞典、瑞士、英國。

來源與數據：piketty.pse.ens.fr/egalite

簡言之：貨幣政策是一種不可或缺的經濟、社會與氣候政策工具，但前提是我們不能將它神聖化，必須讓它回歸正確的位置，回到主要以福利國家、累進稅、議會審議與民主監督為基礎的一貫性制度框架之下。

讓我們先複習一下，貨幣政策唯一真正的阻礙是通貨膨脹。假如消費性物價沒有明顯提高，就沒有任何強大的理由可以反對發行新貨幣，只要這樣便能讓一些有益的政策得到財源，例如解決失業問題、就業保障制度、更新房屋隔熱層，或對醫療、教育或再生能源挹注公共投資。相對的，如果通貨膨脹又開始成為常態，這代表發行新貨幣已經到達極限，此時就必須借助其他工具來調動資源（例如稅捐）。[17]我們也要強調，當經濟體因為金融或全球流行病危機，抑或是因為自然或氣候災害而快速萎縮，此時中央銀行便是唯一有能力快速反應，防止破產骨牌效應或爆發貧窮潮的公共機構。這種最後一個貸款人的角色，在一九二九年金融危機的時候曾因不符金融正統學說而遭到拒斥，導致全世界差點陷入萬劫不復的深淵，幸好現在已是普遍共識。問題在於二〇〇八年及二〇二〇年時實施的貨幣政策依然出自於相對保守的思想框架。一言以蔽之，我們太常使用貨幣武器來拯救銀行與銀行家，一旦說到拯救地球、改善不平等或為政府清除歷來種種危機，或是用來對私部門伸出援手與解決實施振興經濟計畫之後所累積的可觀債務，大家便舉足不前。

至於公共債務，二〇二〇年代初的現在所處的平衡狀態其實相當不穩定。各國央行贖回的政府債券愈來愈多，利率則幾近於零。假如現在利率開始上升，或者應該說等到利率開始升高的時候，增加的利息對公民兼納稅人來說將難以承受，屆時就必須實施其他解決方案，例如戰後對私人財富課徵的特別稅。不過目前的貨幣政策還引發其他問題。對小型存戶來說，零利率或負利率未必是好消息；相反的，那些有能力以低利借款並精心覓得好投資對象的人就有可能因此獲得絕佳報酬。總結而論，發行新貨幣與購買金融憑證有助於刺激股市與不動產交易，並幫助最有錢的人變得更加有錢。此外，零利率大體上成了富裕國家的新特權，因為只要能把資本投資於西方主要國家穩定的貨幣與債券上（如果他們沒有因新的銀行法規而受到部分限制），每個國家的投資人都很願意接受低報酬率；但相反的，如果是要借款給南方國家，投資人就會要求高利率。與其望著零利率的奇蹟感動不已，富裕國家若是能在發生危機時將目光轉向國際金融合作，讓所有國家都能以低利率獲得財務支持，會是更好的想法。

一般來說，出現像這樣廣受好評的新貨幣工具是促進改變的有力因素，因為這麼一來便很難向大眾解釋為何回歸經濟與金融的正統學說是唯一的選擇。不過有一個前提，就是這個工具必須受到民主監督。現在已漸漸形成一種共識，亦即中央銀行應該關心如何「綠化」自己的資產負債表，甚至應該領頭推動永續平衡的發展。這種嶄新的共識當然再好不過，只是這個新使命必須經過廣泛的民主審議，包括在議事機關與公共場域，並以深入且正反並陳的專家意見為討論依據，好讓大家能判斷各種可能的貨幣政策對多項社會與環境指標會產生哪些影響。然而目前的央行模式還差得遠，得到政府提名並迅速得到議會確認之後，央行行長們所做的就是聚在一起開開閉門會議，並由他們幾人決定利用龐大政府資源的最佳方法。[18]在許多未來必須進行的高度政治性決策中，也包括讓某些債權長期延後行使，[19]想必我們還需要經過許多戰役，各國央行才會成為真正為平等服務的民主工具。

邁向普世主義的主權觀

該是為我們的研究下結論的時候了。邁向平等之路是一場不確定的戰鬥，也不是一條能事先劃定路線的道路。自十八世紀末以來，人們是靠著推翻既有體制後建立的規範，才為平等開闢出一條路來，未來自然也將如此。以為只要原則上能獲得相關國家或參與其中的社會群體縹緲模糊的一致同意，決定性的改變就會發生，這恐怕只是一種妄想。每個政治共同體都應該可以訂定跟世界其他地區進行貿易的條件，毋需等到所有商業夥伴的一致同意。如同歷史上的常態，每個國家或政府都應該（只要它認為有益）與前任政權所做的承諾切割，尤其是切割會危害社會和諧與地球存續的那種承諾。然而重要的是，這種主權觀的內涵應該根據普世主義與國際主義的目標來決定，亦即明確訂立可以用同一種方式施行於所有國家的社會正義、租稅正義與環境正義的標準。

宣稱像這樣的平等之路走起來既輕鬆又毫無阻礙十分荒謬，因為一切都還有待發明（或幾近如此）。實際上，這種普世主義主權觀並非很容易與民族主義式的主權觀區分開來，其中民族主義式主權觀的基礎，便是維護特定文明認同與內部引以為傲的同質性利益。要將兩種路線清楚區分開來，必須遵守幾項嚴格的準則，例如在實行可能的單邊措施之前，務必向其他國家提出一套合作發展模型，此一模型是以普世價值與客觀且可檢證的社會與環境指標為基礎，尤其要能讓大家公開看到不同所得與財產階層的人，如何對公共事務與氣候問題的支出付費。此外也必須明確建立跨國議會，理想上這個議會將會負責全球公共財，以及租稅與環境正義之共同政策等事務。如果這些社會性與聯邦主義式的提案沒有被立刻採納，國家單方面的行動必須永遠被鼓勵且維持可逆性質。[20] 最後，若是要維持普世主權觀路線的可信度，就必須不斷尋求可靠且助於加速轉型為社會民主聯邦主義的國際串連，也必須永遠將社會民主聯邦主義視為終極目標。

同樣重要的是，這樣的普世主義主權觀需要積極進取的公民。社會科學做出了貢獻，但顯然光靠社會科學依然不足以成事。唯有靠著集體組織與運動的力量，積極動員社會大眾，才能決定共同的目標並改變權力關係。透過每個你／妳向自己的朋友、人際圈、民選首長、喜愛的媒體、工會代表發出的訴求，透過每個人的行動和每個人對集體審議及社會運動的參與，每個人都可以付出心力讓更多人理解社會經濟現象，也更能掌握正在發生的變動。正因為經濟問題如此重要，才不能隨意丟給別人來決定，公民能重新掌握這些知識乃是平等之戰中至關重要的一步。如果這本書能幫助讀者武裝起來、朝向平等之路邁進，那麼我的目標就圓滿達成了。

前，p. 811-821。

16 除了貨幣政策上的簡便化，這套制度的好處在於創造了一種真正的公共銀行服務，既免費又可以為全民所用，和私人業者想像的電子貨幣制度正好相反（不管是分散式且會汙染地球的形態，如比特幣〔Bitcoin〕；或集中管理且不平等的形態，如臉書或私人銀行提出的計畫）。

17 在這一點上，主張用發行貨幣的方式來支持就業保障制度與綠色新政經費的學者，如凱爾頓和切爾涅娃都說明得非常清楚。參見凱爾頓，《赤字迷思：現代貨幣理論和為人民而生的經濟》（*The Deficit Myth: Modern Monetary Theory and the Birth of the People's Economy*），公共事務出版社（Public Affairs），二〇二〇年〔譯註：中文版為蔡宗翰譯，如果出版，二〇二〇年〕。亦請參考蘭德爾．雷（L. Randall Wray）等人，《公共服務就業：一條通往完全就業之路》（*Public Service Employment: a Path to Full Employment*），李維經濟研究所（Levy Institute），二〇一八年。

18 參見蒙內，《福利銀行：中央銀行與貨幣發行的民主化》（*La Banque Providence. Démocratiser les banques centrales et la création monétaire*），瑟伊出版社，二〇二一年。作者在書中提倡於歐洲議會中設立一個歐洲信貸委員會（Conseil européen du crédit）。亦可參考杜佛蘭（N. Dufrêne）、格蘭尚（ A. Grandjean），《環保貨幣》（*La Monnaie écologique*），奧蒂．雅克布出版社，二〇二〇年。

19 例如歐洲央行資產負債表上的公共債務可以再以零利息的方式延展四十或五十年，或者依據氣候目標達成的狀況決定。不論是對公共債務或假設借給私人帳戶的金額，也都可以以零利息的永久債務形態註記在歐洲央行的資產負債表上，這與取消無異。不論哪一種情形，這些決定最好是在利率為零的時候做成，因為當利率開始上升且趨勢不穩定時，各國之間勢必會再起衝突。

20 舉例來說，如果一個採國際主義主權觀的國家制裁一個進行租稅或氣候傾銷的國家，當被制裁的國家決定要對跨國企業或碳排放課以符合期待的稅率時，這些制裁就應該取消。從這個角度來看，必須摒除缺乏普遍性基礎的單一部門措施，因為這類措施很容易造成制裁升級，卻沒有促進具有建設性或可客觀描述的行動。

的民主治理類型為何，我們只能簡單的說，公有財產淨值在全國資本中的占比若是些微正值，還是比占比為零或負值好得多。

12 在此提醒各位，新自由主義這個詞意指一九八〇年代以來全球流行的新形態的經濟自由主義，與之相對的是十九世紀到一九一四年為止位居主流的傳統經濟自由主義。這個概念或許很好用，但前提是不能忽略新自由主義誕生於北方國家，而這些國家的特徵是擁有強大的福利國家，與一九一四年以前的社會大不相同；此外，新自由主義也出現在後獨立時期的南方國家，其社會深受新殖民主義影響，且形態與一九六〇年以前或一九一四年以前的殖民主義非常不同。新自由主義這個詞彙是在一九三八年一場於巴黎舉辦的研討會上提出的，會中聚集了一群自由派的知識分子（包括記者李普曼〔Lippmann〕與經濟學家海耶克、米塞斯〔Mises〕和洛卜克〔Röpke〕），目的是確認自由主義已於一九一四年前崩潰並思考未來如何重建。參見歐迪耶（S. Audier），《李普曼研討會：「新自由主義」的起源》（*Le Colloque Lippmann. Aux origines du « néolibéralisme »*），水岸出版社，二〇一二年；同作者，《新自由主義：知識考古學》（*Néo-libéralisme(s). Une archéologie intellectuelle*），格拉賽出版社，二〇一二年。

13 關於政治與意識形態領域中，自由主義—民族主義—社會主義三足鼎立的結構不穩定性，參見卡爾森堤（B. Karsenti）、雷謬（C. Lemieuxi），《社會主義與社會學》（*Socialisme et Sociologie*），法國高等社會科學院出版社，二〇一七年。簡要來說，自由主義以市場與經濟活動的社會去鑲嵌化（désencastrement）為核心，民族主義的立場則是將民族與族群／民族的團結形塑為一種實質的存在，而社會主義提倡透過教育、知識與權力分享達成普世主義下的解放。

14 關於二〇一六年英國脫歐的宣傳活動如何得到對沖基金（hedge funds）與金融遊說團體的金援，可參考以下著作。這些遊說團體要求推行新一波去管制化，他們對歐盟於一九八〇至一九九〇年代提出的鬆綁政策不再滿意。見彭凱、貝傑宏（H. Bergeron），《金融的專制：走向新自由主義的末日》（*La Finance autoritaire. Vers la fin du néolibéralisme*），行動理由出版（Raisons d'agir），二〇二一年。

15 不過瑞士與日本央行的資產負債規模即使在二〇二〇年爆發新冠全球大流行之前就已經超過GDP的一百％。參見《資本與意識形態》，出處同個成年人的年均國民所得來看，中國卻一直只有西方國家的三分之一：在中國約為一萬五千歐元左右，西歐國家則接近四萬歐元，美國為五萬歐元。以目前彼此趨近的速度來看（每年五%），上述差距可望在二〇四〇年到二〇五〇年前完全消除。屆時中國的人口與GDP將會比美國與歐洲加起來的總額高出一半。

7 《環球時報》總編輯胡錫進〔譯按：現已卸任〕在發生天安門事件時還是個年輕的學生，他很喜歡一再提起當初是南斯拉夫的族群分裂戰爭讓他明白黨和黨內部的討論扮演著安撫人心的作用，他也認為這證明絕不可以交由選舉激情來決定像邊界制度或財產制這麼敏感精細的事務。參見胡錫進的訪談，《世界報》(*Le Monde*)，二〇一七年十月十五日。

8 關於貧富差距的變化與中國資料的欠缺透明度，參見皮凱提、祖克曼、楊利（L. Yang），〈中國的資本積累、私有財產與不均擴大，一九七八年至二〇〇五年〉(Capital Accumulation, Private Property and Rising Inequality in China, 1978-2015)，WID.world，二〇一七年，刊載於《美國經濟評論》，二〇一九年。

9 二〇二八年開始，印度人口應該會超越中國。如果印度能成功克服不平等歷史所遺留極其沉重的包袱，並給予教育、醫療及基礎建設更多投資，同時能擺脫目前當政的印度教民族主義派在身分認同上的專制壓迫（這一切不會從天上掉下來），那麼它就會擁有經選舉產生的聯邦式的議會制度以及一個自由的媒體制度，為印度創造比中國更健全的政治基礎（也更容易輸出海外，吸引其他國家）。

10 關於這類仍在進行中的變化，我們可以舉巴黎機場集團（ADP）的私有化案做為近期的例子。法國政府在二〇一九年通過這項計畫，預估可因此筆交易進帳八十億歐元，但在此之前，政府因為取消富人稅和資本所得累進稅已經失去每年五十億元的收入。不如直接將相關財產轉移給因減稅受惠的那些人更簡單。

11 參見第五章。國民會計帳上記載的公有財產價值一般介於國民所得的一百%到一百五十%，因此債務一旦超過此一水準，公有財產淨額就會變成負值。也請各位注意，西方國家自己在一九五〇年到一九八〇年這段期間也是混合經濟體，由於公共債務減少到不太重要，因此公有財產淨值在全國資本中的占比相當可觀（多為二十%到三十%）。在此我無法從何者較理想的角度來回答這個複雜的問題，那主要牽涉公部門中發展

一九年。亦可參考《資本與意識形態》，出處同前，p. 761-764。

第十章　走向民主、環保、多元共榮的社會主義

1　參見《全球升溫攝氏一點五度》（*Global Warming of 1.5°C*），聯合國政府間氣候變化專門委員會特別報告（IPCC Special Report），二〇一八年；《生物多樣性與生態系統服務全球評估報告》（*Global Assessment Report on Biodiversity and Ecosystem Services*），生物多樣性和生態系統服務政府間科學與政策平台（IPBES），二〇一九年；斯蒂芬（W. Steffen）等人，〈地球限度：變動地球上的人類發展指引〉（Planetary Boundaries: Guiding Human Development on a Changing Planet），刊載於《科學》（*Science*）雜誌，二〇一五年；希克爾，《少即是多：棄成長如何拯救世界》，出處同前，二〇二〇年。

2　在《女王紅》（*Rouge impératrice*，二〇一九年）這部小說中，米亞諾（Léonora Miano）想像在二一二四年終於出現一個強大而統一的非洲聯盟，而經歷二十一世紀的氣候災難與核災之後，這個聯盟成功超越西方國家的全球化商業邏輯，最終也克服了成見與怨恨，向歐洲的難民伸出援手。

3　參見第一章圖三。發生這種災難之後，其中一項可能會發生的事，就是科技億萬富豪的怪點子開始讓人笑不出來。這群人總會立刻支持最瘋狂、最不可能的地球工程假想，只要可以讓他們不必接受簡單但令人討厭的解決方案（像是繳稅、簡樸生活），繼續過著坐私人飛機、進行太空旅遊的生活。

4　參見江瑟，《長期觀點下的全球碳排不均》（*Global Carbon Inequality in the Long Run*），WID. world，二〇二一年。亦請參見江瑟、皮凱提，〈碳與不平等：從京都到巴黎〉，出處同前。此處呈現的數字反映的是直接加上間接排放量（已參考進口量予以修正）。

5　彭納依（C. Bonneuil）、佛烈佐，《人類世事件：地球、歷史與我們》（*L'Événement anthropocène. La Terre, l'histoire et nous*），瑟伊出版社觀點書系（Points），二〇一六年；佛烈佐、洛歇（F. Locher），《天空的反抗：氣候變遷的歷史》（*Les Révoltes du ciel. Une histoire du changement climatique*），瑟伊出版社,，二〇二〇年。

6　若以購買力平價計算，中國的GDP自二〇一三年起已經超越美國。從每

27 參見努布波（K. Nubukpo），《非洲拉警報：改變成長模型的時候到了》（*L'Urgence africaine. Changeons le modèle de croissance*），奧蒂．雅克布出版社（Odile Jacob），二〇一九年。請各位注意，西非經濟貨幣聯盟（Union économique et monétaire ouest-africaine，UEMOA）在二〇〇八年實施了一項指令，創造企業稅的共同稅基，並強制所有國家實施二十五％到三十％的稅率，而這是歐盟至今無法做出的決定。目前有一項提案規劃將非洲法郎（franc CFA，最初是由一八五三年成立的塞內加爾銀行發行，該銀行的基金來自依一九四八年法律撥給奴隸主的賠償金）改為一種稱為Eco的主權貨幣，這項提案便有強烈的政治與歷史意義。

28 參見《資本與意識形態》，出處同前，p. 785-789。問題是登記金融憑證的工作（對經濟活動的組織來說非常重要）被各國丟給透明度極低的私人金融保管機構處理，如美國的證券存託公司（Depository Trust Company）和歐洲的明訊（Clearstream）與歐洲清算（Euroclear）。這個問題可以透過成立公共金融清冊或全球金融登記資料庫（Global Financial Register，GFR）並由它們扮演中央保管機構的角色來解決。

29 OECD所討論的共同申報準則計畫（簡稱CRS計畫）有不少缺點，因為並非所有資產都被納入其中。以全歐洲為範圍的企業實質受益人登記也有同樣情況（指企業真正的持有人，基本上不含空殼公司），二〇二一年發表的盧森堡稅務外洩事件（LuxLeaks）調查也指出此一現象。整體而言，關鍵在於財稅主管機關應該發表一些指標，以便我們確認這類資訊交換多大程度上讓至今一直未被課到稅的富豪人士納稅的狀況變得更合理。參見江瑟，〈衡量租稅正義之進展〉（Measuring Progress Towards Tax Justice），WID.world，二〇一九年。

30 如果某家企業不提供要求的資訊，最簡單的制裁就是依據等同於單一所有權人適用的富人稅稅率基準予以課稅。政府也可以徵收「退場稅」（exit tax），例如桑德斯和華倫（Elizabeth Warren）二〇二〇年時曾提議對那些為了逃離聯邦富人稅計畫而放棄國籍、將資產轉移到海外的美國納稅人課以四十％的稅率。

31 參見《資本與意識形態》，出處同前，p. 559-565。

32 參見阿瓦列多、阿蘇亞德（L. Assouad）、皮凱提，《衡量中東地區的貧富不均：世界最不平等的區域？》（*Measuring Inequality in the Middle East: The World's Most Unequal Region?*），刊載於《所得與財富評論》，二〇

的法西斯式民族主義，試圖藉此建構共同的歷史意識。參見多塞爾（A. Tosel），《研究葛蘭西》（*Étudier Gramsci*），基美出版（Éditions Kimé），二〇一六年。

23 一九八〇年開始各國國內不均再度擴大的狀況不只發生在美國與歐洲，也發生在世界其他國家，例如印度、中國和俄羅斯。唯一沒有或僅略為擴大的地區是那些在戰後並未真正經過貧富均等時期的地區（尤其是中東、拉丁美洲與撒哈拉沙漠以南的國家）。整體而言，在一九八〇年到二〇一八年之間，世界上前一%最富有的人分走的全球經濟成長果實是後五十%最貧窮人口的兩倍以上。參見《二〇一八年全球不平等報告》，WID.world。

24 要做到這件事，我們所使用的指標也必須大幅改變：傳統條約會援引GDP或赤字以及以GDP百分比表達的債務（例如歐盟諸條約）；共同發展條約則應該引入關於不平等、利潤—薪資分配或碳排放等指標。某一部分來說氣候協議就是如此，只差在不具有強制力。關於在國際法中加入社會正義目標的必要。參見蘇彼歐（A. Supiot），《費城精神：面對全市場的社會正義》（*L'Esprit de Philadelphie. La justice sociale face au marché total*），瑟伊出版社，二〇一〇年；戴爾馬斯—馬蒂（M. Delmas-Marty），《揚帆四海：全球化之海的袖珍航行指引》（*Aux quatre vents du monde. Petit guide de navigation dans l'océan de la mondialisation*），瑟伊出版社，二〇一六年；莫因（S. Moyn），《不夠：不平等世界裡的人權》（*Not Enough: Human Rights in an Unequal World*），哈佛大學出版部，二〇一八年。

25 在一九五二年到一九七九年間，歐洲共同體曾擁有一個由各國議員組成的議會，這個議會在一九六二年被重新命名為歐洲議會，但主要扮演的是諮詢性的角色（與現在的歐洲議會大致相同）。

26 一個同樣性質的法德議會曾在二〇一九年根據一份雙邊條約成立，不過純粹是諮詢性的。關於旨在於所有有意願的國家設立這類議會並賦予實權（如可投票決定社會與生態振興預算，其經費由累進稅支應）的《歐洲民主化條約》（*Traité de démocratisation de l'Europe*）草案，參見tdem.eu與布朱（M. Bouju）、德拉特（A. L. Delatte）、亨內特等人，《改變歐洲，這是可能的！》（*Changer l'Europe, c'est possible !*），瑟伊出版社，二〇一九年。

17 這種稅的課徵對象不到全球人口的零點一%(約五十億成年人口中的三百萬人),這個群體持有約十五%的財產總額,相當於全球GDP的七十五%(七十五兆歐元)。相較之下,《富比士》雜誌統計出來的三千名億萬富豪(不到零點零零一%人口)持有約二%的財產總額,相當於全球GDP的十%(十兆歐元)。一言以蔽之,如果富人稅的門檻是一千萬歐元而非十億歐元,則潛在的稅收會高上許多。

18 參見第六章圖二。

19 目前OECD討論中的BEPS計畫(稅基侵蝕與利潤移轉行動計畫),希望跨國企業能就其全球利潤提出一份申報書,這將會是一項重大進步。問題是依據其規劃,要將這項稅基分配給各國時使用的是一組綜合標準(不同地區的銷售與薪資總額),而它實際上會導致目前來自租稅天堂的利潤中超過九十五%會被分配給富裕國家,而貧窮國家只能分到一些碎屑。若要走出這條死胡同,至少部分稅收一定要依照每個國家的人口比例來分配(一人一歐元)。此外,OECD設想的跨國企業最低稅率是十五%至二十%,所產生的稅收至多一千億歐元(全球GDP的零點一%)。如果採用二十五%至三十%的稅率,稅收就會更高,但無論如何,其影響都比不上對最龐大的財富課以累進稅率來得大。

20 關於向跨國企業課稅的討論發生在OECD而非聯合國之中,這件事凸顯富裕國家想保有對此事發展的操縱權。所有聯合國承認有正當性的政府勢必與此事息息相關,因此我們可以想像如果是得到聯合國多數共識通過的附加條件會是什麼樣的內容。

21 一些研究也指出各種能源形態本身如何影響社會抗爭的形式與財富的分配:煤炭與煤炭業勞力密集的性質使動員變得比較容易,相反的,液態的石油則妨礙社會運動的產生。參見米契爾(T. Mitchell),《煤炭民主:石油年代的政治力量》(*Carbon Democracy: Political Power in the Age of Oil*),維索出版,二〇一一年。亦請參見夏彭尼耶(P. Charbonnier),《豐沛與自由:政治思想的環境史》(*Abondance et liberté. Une histoire environnementale des idées politiques*),發現出版社,二〇二〇年。

22 在戰間期,義大利議員葛蘭西(Antonio Francesco Gramsci)曾特別指出南方且邊陲的處境讓形成一個緊密的人民集團變得困難重重,包括義大利國內也是如此。他解釋,例如義大利南部(Mezzogiorno)的貧困對北部人來說一直很難理解,所以有些行動者才會想要喚起一種帶有神話色彩

《再訪灰色經濟：檢視過去，展望未來》(*The Informal Economy Revisited: Examining the Past, Envisioning the Future*)，勞特里奇出版社，二〇二〇年。

10 南方國家在國家建構上遇到的另一項困難便是，國內教育水準最高的人會把他們的薪酬拿來和北方國家同樣教育水準的人（或前殖民時期公務員）相比，尤其移民對他們來說是比其他人更有可能成功的選擇。這讓國家建構的過程更加複雜，也讓發展合作關係與一套跨國正義規範顯得更加必要。

11 參見《資本與意識形態》，出處同前，p. 700-701；阿斯特席德（A. Alstadsæter）、約翰森、祖克曼合著，〈誰擁有避稅天堂的財富？〉（Who Owns the Wealth in Tax Havens?），刊載於《公共經濟學期刊》（*Journal of Public Economics*），二〇一八年。

12 參見米歇雷蒂（P. Micheletti），《零點零三%：邁向國際人道行動的轉型》（*0,03 %. Pour une transformation du mouvement humanitaire international*），話語出版（Éditions Parole），二〇二〇年。OECD為政府開發援助設定的官方目標是富裕國家國民所得毛額的零點七%，不過法國在內的許多國家都只有零點三%到零點四%左右，導致全球總額低於兩千億歐元（以二〇二〇年全球GDP為一百兆計算，相當於不到零點二%）。附帶說明，政府開發援助包含一些像西方顧問的薪資等費用，有些人對將其列入援助經費感到遲疑。

13 參見第一章。關於聯合國要求的適應基金（fonds d'adaptation）的最低數額（每年介於全球GDP的零點五%到一%之間），參見江瑟、皮凱提，〈碳與不平等：從京都到巴黎〉，同前出處。

14 在一九七〇年到二〇一二年間，非洲國家官方記錄的資本所得流出額，平均為流入的國際援助的三倍之多。參見《資本與意識形態》，出處同前，p. 118。

15 關於有必要重新分析社會階級、勞動條件以及這兩者所形成的全歐層級的制度，參見余格黑（C. Hugrée）、培尼薩（E. Penissat）、斯皮爾，《歐洲的社會階級：舊世界裡的新不平等》(*Social Class in Europe: New Inequalities in the Old World*)，維索出版，二〇二〇年。

16 參見曼恩（G. Mann），《從帝國到NGO：西非撒赫爾地區的非政府之路》(*From Empires to NGOs in the West African Sahel: The Road to Nongovernmentality*)，劍橋大學出版部，二〇一五年。

4 安地列斯群島的計畫主要是由千里達人詹姆斯（C. L. R. James）提出，他在一九三八年的著作（《黑色雅各賓黨》〔*The Black Jacobins*〕）影響了聖多明哥的奴隸反抗行動，他和托洛斯基（Trotsky）針對解放運動中少數族群自我組織的問題進行的辯論也令他史上留名。參見歐波諾（D. Obono）、席爾伯斯坦（P. Silberstein），《猶太問題，黑人問題：托洛斯基文選與註釋》（*Question juive, question noire. Textes choisis et commentés de Léon Trotsky*），Syllepse出版，二〇一一年。

5 參見托伊（R. Toye），〈發展多邊主義：哈瓦那憲章與國際貿易組織的奮鬥，一九四七年至一九四八年〉（Developing Multilateralism: The Havana Charter and the Fight for the International Trade Organization, 1947-1948），刊載於《國際歷史評論》（*International History Review*），二〇〇三年。亦可參考斯洛博迪安（Q. Slobodian），《全球化主義者：帝國的末日與新自由主義的誕生》（*Globalists: The End of Empire and the Birth of Neoliberalism*），哈佛大學出版部，二〇一八年。值得注意的是，英國工黨反對成立國際貿易組織的各項提案（他們認為有違大英國協利益，托利黨人也極力抹黑），法國社會黨則是在一九五六年遠征蘇伊士運河時的執政黨（當時他們和中間偏右派聯手對抗共產黨）。

6 二〇二〇年到二〇二一年爆發新冠疫情時，印度、南非和一些貧窮國家向世界貿易組織要求取消疫苗專利，在這件事上，西方國家可以對任何威脅到他們的條款予以否決的可能性再次得到引證。

7 在沒有過度美化冷戰時期的前提下，許多新近研究指出，伴隨著東西方國家的競爭，相較於後來的狀況，當時南方國家的聲音變得較受重視，國際組織中的多邊運作也變得比較成熟（至少沒有那麼少見）。參見科特（S. Kott），《組織世界：另一種冷戰史》（*Organiser le monde. Une autre histoire de la guerre froide*），瑟伊出版社，二〇二一年。

8 西方國家的關稅收入（歷史上曾非常高）是以緩慢得多的方式從十九到二十世紀漸漸減少的，沒有外部壓力，替代稅收的準備也非常周全。參見卡熱、嘉丹（L. Gadenne），〈稅收與貿易自由化的財稅成本，一七九二年至二〇〇六年〉（Tax Revenues and the Fiscal Cost of Trade Liberalization, 1792-2006），刊載於《經濟史探索》，二〇一八年。

9 貧窮國家缺乏不動產與營業資產的登記與最低限度的課稅，也是造成非正式經濟部門過於肥大的原因。參見陳（M. Chen）、卡雷（F. Carré），平等方面都受到嚴重的負面影響。參見艾芬戴爾（C. Van Effenterre），《論性別的規範與不平等》（*Essais sur les normes et les inégalités de genre*），法國高等社會科學院，二〇一七年。

36 在法國，捐款一百歐元對納稅人來說實際上成本只有三十四元，這是因為另外六十六元會由全民買單。這類補助適用於所有對公益團體的捐款，不過前提是納稅人需要繳納所得稅（沒有那麼富裕的半數人口因而被排除在外），其上限為所得的二十％。

第九章　脫離新殖民主義

1 自二〇一〇年以來，中國已不再是後五十％最貧窮的國家之一，而圖三十六顯示的比值下降主要反映的是印度、印尼、越南與部分非洲國家的成長。請各位注意，每工時的所得不均比總所得的不均更嚴重：窮國平均來說每人工作時數更長，對這些國家原本就較微薄的教育與經濟資本卻只能帶來極小比例的助益。參見江瑟、皮凱提，〈全球所得不均，一八二〇年至二〇二〇年〉（Global Income Inequality 1820-2020），WID.world，二〇二一年。

2 關於「凱因斯主義—西伐利亞式 」政府（這是佛雷澤的稱法）或「民族—福利國家式」政府（巴禮巴的稱法），參見佛雷澤，《正義的尺度：重新想像全球化社會下的政治空間》（*Scales of Justice: Reimagining Political Space in a Globalized World*），政體出版，二〇一九年；巴禮巴（E. Balibar）、華勒斯坦，《種族、民族、階級：曖昧的認同》（*nation, classe. Les identités ambiguës*），發現出版社，二〇一八年（初版一九八八年）；巴禮巴，《無法終結的歷史：一世紀的盡頭是另一世紀》（*Histoire interminable. D'un siècle l'autre*），發現出版社，二〇二〇年；波彤斯基、佛雷澤、高克孚（P. Corcuff），《宰制與解放：走向社會批判的復興》（*Domination et émancipation. Pour un renouveau de la critique sociale*），里昂大學出版社（Presses universitaires de Lyon），二〇一四年。

3 法國成為這項計畫的不穩定因子，因為法國在一九四五年到一九六〇年間不斷營造法非之間存在一個由巴黎主導的聯邦式聯盟的假象，使西非建立聯邦的種種計畫受到影響。參見庫伯，《游移在帝國與民族之間的公民地位》，出處同前。以最廣的邊界來計算，一九六〇年馬利聯邦的人口不到兩千萬人，六個成員國分別擁有兩百至四百萬人。

30 參見法勒佛（M. A. Valfort），《面試中的宗教歧視：一個千真萬確的事實》（Discriminations religieuses à l'embauche : une réalité），蒙田研究所（Institut Montaigne），二〇一五年。

31 以法國為例，「反歧視與促進平等高級公署」（Haute Autorité de lutte contre les discriminations et pour l'égalité，簡稱 Halde）在二〇一一年改由「權利保護官」（Défenseur des droits）取代，但這些保護官始終沒有足以規劃每年大規模追蹤的必要資源。歐盟層級的同類機關也遇到相同的問題（指歐盟基本權利署〔Agency for Fundamental Rights，FRA〕）。

32 長期以來，在許多政府調查中都有一條關於父母出生國的問題（如「就業調查」、「教育培訓與專業技能資格調查」或「經歷與出身調查」〔Trajectoires et origines〕）。不過這些調查的時間區間與規模不足以產生詳細的分解資料。二〇一〇年，一份官方報告曾建議使用員工提供的資訊來建立分解資料，但沒有下文（見《不平等與歧視：以批判且負責任的態度使用統計工具。多元性衡量與歧視評估委員會〔COMEDD〕報告》〔*Inégalités et discrimination. Pour un usage critique et responsable de l'outil statistique. Rapport du Comité pour la mesure de la diversité et l'évaluation des discriminations (COMEDD)*〕，該委員會由艾航〔F. Héran〕主持）。透過普查來執行或許在程序上較為簡便。

33 問題的表達方式可如下：「就您所知，您的尊親屬是否有人來自下列世界不同地區？」（問題後方列出一系列是／非選項：南歐、北非、撒哈拉沙漠以南的非洲國家、南亞……等。）

34 請各位注意，年輕世代對反穆斯林的歧視行為比年長者敏感得多，或許正向的改變會因此展開。參見《關於政教分離與宗教在學校與社會中的地位，以高中生為對象之調查》（*Enquête auprès des lycéens sur la laïcité et la place des religions à l'école et dans la société*），反種族主義及反猶主義國際聯盟（Licra），二〇二一年。

35 參見格涅，《加強巴黎初中的校內社會多元性》（*Renforcer la mixité sociale dans les collèges parisiens*），巴黎經濟學院，二〇一六年。法國也是唯一曾經決定小學一週休假一天，以提供場地做為教義問答之用的國家（一八八二年到一九七二年間為禮拜四，之後為禮拜三）。這一天原本即將回復為正常的教學時間，但二〇一七年政府決定延續這項法國獨有、讓一週時間被切割、每日教學時間過長的制度，而不顧課業學習與性別

Experiments on Racial Discrimination in the British Labour Market），刊載於《英國社會學期刊》，二〇一九年。亦可參考奎連（L. Quillian）等人，〈是否有些國家比其他國家更歧視？由九十七項關於聘僱行為之種族歧視的實地實驗獲得之證據〉（Do Some Countries Discriminate More than Others? Evidence from 97 Field Experiments of Racial Discrimination in Hiring），刊載於《社會學科學》（*Sociological Science*），二〇一九年。該文認為法國與瑞典的歧視比英國與德國嚴重，不過國家間的差距還未達到統計顯著性的門檻。

27 在法國，上一代來自北非的人的通婚比例為三十％至三十五％，和出身葡萄牙的人的通婚比例相同。在出身西班牙或義大利的人之中則達到六十％。參見包雪曼（C. Beauchemin）、羅摩（B. Lhommeau）、西蒙，〈移民歷史與移民的社會經濟特徵〉（Histoires migratoires et profils socioéconomiques），收錄於《經歷與出身—法國人口多元性調查報告》（*Trajectoires et origines. Enquête sur la diversité de la population française*），法國國家人口研究所，二〇一五年。在二〇一五年的美國，認為自己是黑人的人與其他族群通婚的比例是十五％（一九六七年為二％）。拉丁裔與亞洲裔 的少數族群與其他族群通婚的比例為二十五％至三十％。白人的比例約為十％。參見李維斯彤（G. Livingston）、布朗（A. Brown），〈美國異族通婚：洛文訴維吉尼亞州案過後五十年〉（Intermarriage in the U.S. 50 Years after Loving v. Virginia），皮尤民調研究中心（Pew Research Center），二〇一七年。

28 在英國的普查中，生於土耳其、埃及或馬格里布的人有四分之一到二分之一將自己分類為「白人」（他們覺得這個類別比「黑人／加勒比海人」或「印度人／巴基斯坦人」更接近他們的自我認同），其他人則選擇「亞洲人」，也有人選擇「阿拉伯人」。（二〇一一年新增的選項，但沒有吸引到整個目標族群）。

29 參見西蒙、克雷蒙（M. Clément），《「多元性評估」調查報告》（*Rapport de l'enquête Mesure de la diversité*），法國國家人口研究所，二〇〇六年。關於面對種族／族群問卷的不快感，出身北非的人的感受比出身撒哈拉沙漠以南國家或安地列斯群島的人更強烈。亦請參見恩迪雅耶，《黑人的處境：論法國的少數族群》（*La Condition noire. Essai sur une minorité française*），卡爾曼—列維出版社（Calmann-Lévy），二〇〇八年。

林：社會經濟衰退的諸種面向〉(Post-Sachar Indian Muslims: Facets of Socio-Economic Decline)，巴黎政治學院，二〇二一年。

18 參見《資本與意識形態》，出處同前，p. 421-423。

19 二〇二一年規定的門檻是八十萬盧比，實際上會排除大約十%的人口。

20 有些大學，例如德里的尼赫魯大學(JNU)，數十年來使用的制度結合了成績、性別、種姓身分、父母所得與出身區域，在符合聯邦義務的同時又將其基本思想發揮得更澈底。

21 參見卡熱，《給我們自由與平等的一票》，法雅出版社，二〇二〇年。卡熱主張要求各政黨必須推出五十%的受雇者與工人候選人(這些社會類別約占一半的就業人口)，對於規避之行為則應實施有嚇阻效果的罰則(例如這些社會類別在該黨當選人中只占不到四十%時)。我們也可以依據過去十年間的平均年所得或財產額來定義平民階層。

22 各位會注意到在德國的共同經營制度中，存在一種反向的社會平權措施：幹部階層有權在員工代表中擁有保障名額。工會界一直十分不滿這項規定，他們認為(且不無道理)這是雇主意欲分化並加強股東權力的一種策略。參見西爾維亞，《一起顧店：戰後德國的產業關係》，出處同前。

23 關於美國種族不平等的規模與歷久不衰，參見菲佛、吉爾沃德，〈從視覺化資料看代間財產流動性與種族不平等〉(Visualizing Intergenerational Wealth Mobility and Racial Inequality)，刊載於《Socius》，二〇一九年。

24 不過使用父母所得為判準被好幾個州的法院判定違憲，導致相關機制最多只能考量學生出身的社區，但只靠這項判準無法讓學校招收的學生符合所期望的社會背景，因為因這項措施得益的往往是弱勢社區中最優勢的學生。參見埃里森(G. Ellison)、帕塔克(P. Pathak)，〈取代針對種族之積極平權措施的種族中立措施之效能：芝加哥明星學校的實際案例〉(The Efficiency of Race-Neutral Alternatives to Race-Based Affirmative Action: Evidence from Chicago's Exam Schools)，美國全國經濟研究所，二〇一六年。

25 參見羅查(Z. Rocha)、亞斯皮諾(P. Aspinall)，《帕爾格雷夫國際種族族群綜合分類法手冊》(*The Palgrave International Handbook of Mixed Racial and Ethnic Classification*)，帕爾格雷夫出版，二〇二〇年。

26 參見奚斯(A. F. Heath)、迪．斯塔齊歐(V. Di Stasio)，〈英國的種族歧視，一九六九至二〇一七：對英國勞動市場種族歧視之實地實驗的後設分析〉(Racial Discrimination in Britain, 1969-2017: A Meta-Analysis of Field

巴黎政治學院，二〇二〇年。也有一些新的不平等浮現：離婚率上升加上相當不平等的財產分配制度不動如山（有時甚至更加傾斜），導致男女在財產持有上反倒出現更大的落差。參見貝西艾、高拉克，《資本的性別：家庭如何複製不平等》（*Le Genre du capital. Comment la famille reproduit les inégalités*），發現出版社，二〇二〇年；貝西艾，〈反向會計：法律專業人員、家庭與法國的性別財產落差〉（Reversed Accounting. Legal Professionals, Families and the Gender Wealth Gap in France），刊載於《社會經濟評論》（*Socio-Economic Review*），二〇一九年；佛瑞摩（N. Frémeaux）、勒杜克（M. Leturq），〈不平等與財富個人化〉（Inequality and the Individualization of Wealth），刊載於《國際公共政策期刊》，二〇二〇年。

13 第一種風險也會發生在女性保障名額上，第二種則比較少見。

14 在學生人數方面，SC生與ST生大致與法國制度下的中學獎學金生一樣多，SC生、ST生、OBC生合計則與法國高等教育獎學金生相當。

15 與美國比較（黑人占人口十%至十五%）比跟南非做比較更有意義（南非黑人占比超過八十%）。

16 參見簡森紐斯（F. Jensenius），《透過共融達成社會正義：印度選舉保障名額制的影響》（*Social Justice Through Inclusion: The Consequences of Electoral Quotas in India*），牛津大學出版部，二〇一七年。亦請參考賈弗赫洛（C. Jaffrelot），《印度：藉由種姓而民主：一部社會政治蛻變史，一八八五年至二〇〇五年》（*Inde : la démocratie par la caste. Histoire d'une mutation sociopolitique 1885-2005*），法雅出版社，二〇〇五年。請各位注意，穆斯林（占人口十五%）被排除於SC-ST保障名額之外，但可以享有OBC保障名額，使印度教平民階級與穆斯林之間形成一種連帶感，卻也因此促成印度人民黨（BJP）這種反穆斯林、反低級種姓的民族主義保守派之興起。參見《資本與意識形態》，出處同前，p. 1067-1094。

17 參見江瑟、皮凱提，〈一九二二年至二〇一五年的印度所得不平等：從英屬印度到億萬富翁的印度？〉（Indian Income Inequality, 1922-2015: from British Raj to Billionaire Raj?），刊載於《所得與財富評論》（*Review of Income and Wealth*），二〇一九年。亦可參考德雷茲（J. Drèze）、沈恩（A. Sen），《不確定的榮耀：印度與其多重矛盾》（*An Uncertain Glory: India and its Contradictions*），普林斯頓大學出版部，二〇一三年；亦可參考賈弗赫洛、卡雷亞拉桑（A. Kalaiyarasan），〈後薩契爾時代的印度穆斯有充分資訊的前提下對這些問題進行審議。

5 以國中來說，教師的平均酬勞（含所有津貼）在優勢階層學生比例最低的十％學校裡不到每月兩千四歐元，接著穩定上升，在優勢學生比例最高的十％學校裡可達每月兩千八歐元。以高中來說，同樣算法的平均酬勞在最弱勢的十％學校裡不到每月兩千七歐元，在最優勢的十％學校裡則為每月接近三千二歐元。參見班恆達，《法國弱勢學校裡的教師特質以及投資在每個學生上的費用》（*Teaching Staff Characteristics and Spendings per Student in French Disadvantaged Schools*），巴黎經濟學院，二〇一九年；同作者，《都是好老師：社會的選擇》（*Tous des bons profs. Un choix de société*），法雅出版社，二〇二〇年。

6 參見《教師效能政策：國際學生能力評量計畫的啟示》（*Effective Teacher Policies. Insights from PISA*），OECD，二〇一八年。

7 參見帕瓦德、侯什福特、贊卡里尼—富爾內，《不要解放我們，我們自己來！一七八九年至今的一段女性主義史》，發現出版社，二〇二〇年。

8 參見《資本與意識形態》，出處同前，p. 804-805。

9 參見畢曼（L.Beaman）、查托帕迪埃（R. Chattopadhyay）、杜芙洛（E. Duflo）、潘德（R. Pande）、托帕羅瓦（P. Topalova），〈權勢女性：能見度是否可以減少偏見？〉（Powerful Women: Does Exposure Reduce Bias?），刊載於《經濟學季刊》，二〇〇九年。

10 各位會注意到法國第一次經歷大規模的正向差別待遇是因為一九二四年四月二十六日頒布的法律，該法要求所有員工超過十人的企業必須至少有十％為戰爭中傷殘退役的軍人，每少聘一名傷兵每日便需繳納相當於一日日薪的罰款。這部法律後來演變為目前所施行的保障身心障礙勞工的規範（罰則嚇阻力較小，目標也訂得沒有那麼高）。

11 參見亞魯札、巴塔查理亞、佛雷澤，《為九十九％人口存在的女性主義》，出處同前。亦請參考：彭凱，《吞下去！大賣場的潛入調查》(*Encaisser ! Enquête en immersion dans la grande distribution*)，發現出版社，二〇一五年；德威特（F.-X. Devetter）、華倫坦（J. Valentin），《兩百萬勞工與灰塵：清潔業的未來與公平社會》（*Deux millions de travailleurs et des poussières. L'avenir des emplois du nettoyage dans une société juste*），清晨出版，二〇二一年。

12 參見佩希維耶（H. Périvier），《女性主義經濟學》（*L'Économie féministe*），

第八章　反歧視，真平等

1　然而我們知道有錢校友給大學的捐款大量且異常集中於其子女要申請入學的那幾年，這暗示了購買入學資格的情形比校方宣稱的更普遍。參見米爾（J. Meer）、羅森（H. Rosen），〈利他主義與校友捐款的子女週期〉（Altruism and the Child Cycle of Alumni Donations），刊載於《美國經濟學報：經濟政策》（*American Economic Journal: Economic Policy*），二〇〇九年。

2　根據我們取得的最新資料，來自弱勢社會群體的孩子（占同年齡層三十六％）在bac+3／bac+5（通過高中會考後再受三年或五年教育）的學生中占二十％，但在巴黎政治學院（Sciences Po Paris）的學生中只占八％，在巴黎高等師範學院（ENS Ulm）占七％，在巴黎高等商業研究學院（HEC）占三％，在巴黎綜合理工學院（Polytechnique）為零％。相反的，來自非常優勢的社會群體的孩子（占同年齡層二十三％）在bac+3／bac+5的學生中占四十七％，但在巴黎政治學院的學生中占了七十三％，在巴黎高師裡占七十五％，在巴黎高等商業研究學院占八十九％，在巴黎綜合理工學院則占九十二％。參見伯諾（C. Bonneau）、夏胡賽（P. Charousset）、格涅、泰博（G. Thebault），〈二〇〇〇年代中以來高等學院的民主化程度為何？〉（Quelle démocratisation des grandes écoles depuis le milieu des années 2000 ?），公共政策研究所（IPP），二〇二一年。這項研究還觀察到，不論政府與各教育機構對外如何反覆宣稱，自二〇〇〇年代以來在社會多元性（mixité sociale）方面看不出有任何進步。

3　見第四章圖十四。亦請參考《資本與意識形態》，出處同前，p. 1159-1165。由於過去數十年間每位學生平均享有的經費大減，所以重點並不是要減少菁英院校的經費，反而是要讓其他校系也能享有同等水準的資源。

4　假設其中十％或二十％的名額是保留給一個在同年齡層中占五十％至六十％的群體，那麼實際上的效果可能十分有限，甚至是負面的，因為我們有可能只是導致汙名化的結果，卻沒有真的增加入學名額。相關討論有時會變成一團混亂，因為中等教育的獎學金生（大致占父母所得最低的高中生的十五％至二十％）概念上比高等教育的獎學金生窄得多，後者分為八個等級，總計占所有學生的四十％（在同年齡層中占五十％至六十％，因為與整個同世代人口相比，大專學生的父母所得比較高）。這些差異凸顯我們需要精確、中立且獨立的資訊來源，才能在符合民主且

年。關於具靈活性與彈性且能快速回應的組織架構的主題如何在一九七〇及一九八〇年代被用來讓舊有的公私官僚體制顯得過時陳腐，並重新形塑資本主義意識形態的內涵，參見波彤斯基（L. Boltanski）、夏佩羅（E. Chiapello），《新資本主義精神》（*Le nouvel esprit du capitalisme*），伽利瑪，二〇一一年（一九九九年初版）。金融化的普及也導致企業之間和國家之間交叉持有的情況愈來愈多：銀行、企業與家戶持有的私有金融資產與負債於一九七〇年時相當於兩倍的GDP，到了二〇二〇年已超過十倍（還不包括衍生性金融憑證），與此同時，實質財產（亦即不動產與企業的淨值）則從GDP的三倍成長為五倍。

24 參見羅森波因，《全球主義的崛起》（*The Emergence of Globalism*），出處同前，作者指出一九四〇年代後也有人提出其他理論，如伍頓（BarbaraWootton）和貝佛里奇（William Beveridge）主張未來可建立一個以社會保障、聯邦累進稅與民主社會主義為基礎的歐洲聯盟。

25 參見阿布德勞（R. Abdelal），《資本規則：打造全球金融》（*Capital Rules: The Construction of Global Finance*），哈佛大學出版部，二〇〇七年。此一調查主要依據當時幾位主事者的第一手證詞（尤其是德洛爾〔Jacques Delors〕與拉米〔Pascal Lamy〕）。參見勒默安（B. Lemoine），《債務規模：國家之災難與市場之繁榮調查報告》（*L'Ordre de la dette. Enquête sur les infortunes de l'État et la prospérité du marché*），發現出版社，二〇一六年。

26 歐盟法院（CJUE）過去在保障資本絕對自由流動（包括透過創設實際上可規避一切法令規範的離岸公司）方面做得相當澈底，不過要是《馬斯垂克條約》當初將各國制定法規與課稅的權利正確納入考量，就不可能出現這樣的演變。參見皮斯托（K. Pistor），《財富背後的法律密碼：法律如何創造財富和不平等》（*The Code of Capital: How the Law Creates Wealth and Inequality*），普林斯頓大學出版部，二〇一九年〔譯註：中文版為趙盛慈譯，大塊文化，二〇一九年〕。

27 舉例來說，拜登政府規劃的二十一%最低稅率（目前愛爾蘭的稅率則是十二%）也許會有所助益，但前提是，這項政策只是起頭，是建立世界金融清冊與重新提升租稅累進性（讓最高額資本所得與勞務所得的稅率有機會達到八十%至九十%）為目標的全球性計畫。但如果這只是最終的稅率，意義就大不相同了（況且從目前OECD進行中的討論，可能還會再降到十五%）。

肯土地政策研究所（Lincoln Institute of Land Policy），二〇一二年；寇利亞（B. Coriat），《共有之物的回歸》（*Le Retour des communs*），解放的連結出版社，二〇一五年；博孔—吉波（T. Boccon-Gibod）、克雷特瓦（P. Crétois），《福利國家、公有財產與共有財》（*État social, propriété publique et biens communs*），水岸出版社（Le Bord de l'eau），二〇一五年。

20 佛里奧表示薪資與投資基金帳戶的管理單位可由民選或抽籤組成，卻沒有明確表態，也沒有進一步說明其與中央政府機關之間的關係為何（關於中央政府機關本身也未說清楚）。參見佛里奧、貝納德（J. Bernard），《對共產主義的渴望》（*Un désir de communisme*），文本出版（Textuel），二〇二〇年，p. 32。亦可參考洛爾敦（F. Lordon），《共產主義的修辭》（*Figures du communisme*），工坊出版（La Fabrique），二〇二一年，作者支持佛里奧提出的制度，不過建議將終身薪資改名為「全民經濟保障」（garantie économique générale），但是對整個體系的管理（選舉、黨派、工會、媒體等）卻沒有發表更多意見。

21 這解釋了佛里奧為何不關心稅制與租稅累進性的問題。即使如此，他在有些地方還是會採取比較漸進式的提案，例如一套由新的社會扣繳金支應的糧食社會保險制度，提供每人每月一筆可向經認證的生產者購物的費用，而這個想法完全可以和本書主張的去集中化架構相容。

22 例如可參考見維克斯，〈集體努力，私人積累：創建盧森堡投資基金，一九五六至二〇一九〉（Collective Effort, Private Accumulation: Constructing the Luxembourg Investment Fund, 1956-2019），收錄於彭凱、布爾哲宏（T. Bourgeron），《今日的資本積累：當代利潤策略與剝奪政策》（*Accumulating Capital Today: Contemporary Strategies of Profit and Dispossessive Policies*），勞特里奇出版社，二〇二一年。亦請參考赫林—吉雷，《永遠富有：對財富管理人其及客戶之調查》（*Rester riche. Enquête sur les gestionnaires de fortune et leurs clients*），水岸出版社，二〇一九年。亦可參考蓋（S. Guex），〈瑞士租稅天堂的崛起〉（L'émergence du paradis fiscal suisse），收錄於法布雷（D. Fraboulet）、維爾黑德（P. Verheyde），《邁向經濟學的社會政治史》（*Pour une histoire sociale et politique de l'économie*），索邦大學出版部，二〇二〇年。

23 參見法蘭索瓦（P. François）、勒梅西耶（C. Lemercier），《資本主義的歷史社會學》（*Sociologie historique du capitalisme*），發現出版社，二〇二一

殊保障或優先承買權，有的還會給予減價或補助。但不論房屋性質如何，一定要實施符合社會多元精神的規範，這些規範必須嚴格、可檢證且附有罰則，以免形成單一族群集中居住的狀況。

13 我們也可想像表二所描述的累進財產稅的一部分是以將股份轉入薪資基金之中來繳納。

14 參見麥德納（R. Meidner），《員工投資基金：形成集體資本的一種取徑》（*Employee Investment Funds: An Approach to Collective Capital Formation*），艾倫與安文出版社（Allen & Unwin），一九七八年；奧爾森（G. Olsen），《瑞典經濟民主的奮鬥》（*The Struggle for Economic Democracy in Sweden*），艾許蓋特出版（Ashgate），一九九二年；蓋南（J. Guinan），〈資本社會化：回望麥德納計畫〉（Socialising Capital: Looking Back on the Meidner Plan），刊載於《國際公共政策期刊》（*International Journal of Public Policy*），二〇一九年。

15 參見蓋南、奧尼爾（M. O'Neill），《打造社群財產之案例》（*The Case for Community Wealth Building*），政體出版（Polity Press），二〇二〇年。

16 曾有作者溫和倡議一個想像的社會，建立在價值會持續衰減的財產制（propriété fondante）以及所有權力的平等化之上，與此處所談的「參與式社會主義」的某些面向十分接近。參見多基斯（E. Dockès），《米薩西之旅：論如何重新打造一切》（*Voyage en misarchie. Essai pour tout reconstruire*），繞道出版（Éditions du Détour），二〇一七年。

17 可讓財產重分配合法實施並保障租稅累進性的憲法條文可以這麼寫：「由法律訂定行使財產權之條件，確保財產之普及並促使其發揮為公益服務之作用，必要時可透過累進財產稅、基本資本與員工投票權之制度來達成。如果以納稅人持有之所有性質財產的比例來表示所繳納的直接稅與間接稅總額，則適用於較富有納稅人的比例不可低於最貧窮的納稅人。」

18 主要可參考佛里奧，《受薪階級的力量》（*Puissances du salariat*），爭論出版社，二〇一二年。佛里奧沒有使用「薪資社會主義」這個說法，但我覺得相當適合用來表達他的（合理）堅持，亦即薪資地位與社會保險制度所建立起的「既成事實」具有潛在的解放能力。

19 歷史上曾發展過多種以自然資源（包含物質與知識資源）的共同利用為目的之組織形態，參見柯爾（D. Cole）、歐斯壯（E. Olstrom）合編，《土地與其他資源之所有權》（*Property in Land and Other Resources*），林

的聯盟需要提出具企圖心的新政策綱領，不能再滿足於被動防守。

7 在幾個重大歷史時期，有些累進性相當強的課稅基準已經在財產上實施過（在戰後的德國或日本，為數眾多的國家則在農地改革時也曾實施），但不曾成為常態性的制度。大多數每年課徵的常態性財產稅不是採嚴格的比例稅（例如美國的財產稅〔property tax〕或法國的土地稅〔taxe foncière〕，它們幾乎自十八世紀末以來都未曾改變，課徵對象都包括不動產與營業資產，但沒有任何累進性，也不將任何金融資產與負債納入考量，最後，它們的稅收約為二％的國民所得，相當豐厚，分配卻非常不公平），就是累進度相當低（例如歐洲的德語系國家或北歐國家在二十世紀多數時間裡實施的年度富人稅，法國則是自一九八一年開始斷斷續續課徵，其稅率不超過二％至三％，有許多豁免條件，財稅稽查則幾乎不存在，因此稅收相當少）。參見《資本與意識形態》，出處同前，p. 650-671。

8 具體而言，如果一個人在三、四十歲變成億萬富豪，大家恐怕很難理解為何要等到他八、九十歲將財產傳給別人時才開始要他依照他的能力納稅。此外，優先利用年度富人稅（比遺產稅更受大眾支持，因為它更能鎖定高額財富）讓人更容易相信改革能讓中層階級受惠。

9 如果該基金會只是為某個私人服務，其基金自然應該適用正常的稅率。如果它是一個追求公共利益的非營利組織，則應該制定一個特殊基準。現有的資料顯示，最大型的基金（例如美國最有錢的大學的校務基金）在一九八〇年至二〇一八年間以每年七％至八％的速度成長（已排除通貨膨脹之影響），接近我們觀察到的最大型私人財富的成長速度，但全球經濟體或較小規模基金的成長率則難以相比（例如其他大學或小型協會的基金）。參見《二十一世紀資本論》，出處同前，p. 714-719與《資本與意識形態》，出處同前，p. 798-799。

10 其中個人碳卡應該能促使人們遵守集體制訂的全球碳排放量，同時將焦點集中在排放量最高的群體與最富有的納稅人身上。關鍵在於必須讓碳卡與累進所得稅的課稅基準在制度上相互連動，如此一來才能消除因應更嚴格的排放限制而實行的措施對平民與中層階級購買力的負面影響。參見前註書，p. 1156-1159。

11 參見第五章圖十八。這些參數當然都可以調整。

12 這一點部分已是現實，因為許多地方的法律制度都會給予長期承租人特

經驗出發》(*Public Debt and Its Unequalizing Effects: Explorations from the British Experience in the Nineteenth Century*),巴黎經濟學院,二〇一四年。

第七章　民主、社會主義與累進稅

1 參見第二章圖五。

2 參見《資本與意識形態》,出處同前,p. 609-624,圖11.5-11.10。

3 關於哪些組織形態才能在福利國家的不同部門之間找到去集中化與管制之間的最佳平衡點,相關討論多不勝數,在此只能略為觸及。以醫療領域而言,人們常常認為法國式的自由放任式公共醫療體系比起英國的國有事業模式是更理想的折衷之道。或許一部分是如此,但前提是能對醫療行為和醫師收入的數額做到真正的管制。以高等教育而言,教育機構自治與權力下放或許是一件好事,但前提是一套相應的公共經費制度能及時到位。在文化領域,間歇性表演藝術工作者(intermittent du spectcle)的身分包含一些很有意思的要素,但先決條件同樣是必須得到適當的經費支持,而且這件事應該被視為文化政策的一環。在水資源、能源或交通領域,許多歐洲與世界各地城市所發展出來的新市政管理形態都有很多值得我們學習之處……等等。

4 既然數額不多且傾向採取最低金額,我認為稱為「基本收入」(revenu de base)比「全民所得」(revenu universel)更合適。關於將基本收入自動轉入薪資單的系統,參見慕特(P.-A. Muet),《公平稅收,這是可以做到的!》(*Un impôt juste, c'est possible !*),瑟伊出版社,二〇一八年。這套系統還可幫助保障薪資地位並防止勞動零碎化。

5 參見切爾涅娃,《勞動的保障:綠色新政的社會武器》(*La Garantie d'emploi. L'arme sociale du Green New Deal*),發現出版社,二〇二一年。亦請參見艾金森於《扭轉貧富不均》(*Inégalités*,瑟伊出版社,二〇一六年)一書提出的勞動保障制度〔譯註:中譯本為吳書榆譯,天下文化,二〇一五年〕。

6 關於退休金,各位會注意到平均餘命的延長與依賴率的挑戰讓那種認為年金制度只需要繼續複製就業市場上的不平等直到生命結束的想法顯得更加過時。一套統一且跟上時代的退休金制度反而應該盡全力保障工資最低的人口,讓他們的薪資替代率能比中、高薪的人更好,同時透過對全體所得實施累進稅以取得需要的財源。由此我們也可以體認到平等派甚至明確表示其目標就是讓不只貧窮、反抗心還很強的民族獲得馬爾薩斯式的人口調節。在愛爾蘭大饑荒中生出的是接下來數十年間人們對英國資產階級深切的反感，接著出現一場號召力強大的占領小農地與拒絕支付地租的運動，最終導致土地的重分配與其後的國家獨立。

31 列寧在其一九一六年的經典著作《帝國主義是資本主義的最高階段》（*L'Impérialisme, stade suprême du capitalisme*）中自然也運用了關於當時可取得的金融投資統計數據來證明敵對殖民列強之間的資源競賽規模有多龐大。

32 這部作品帶著病態的反猶主義，另一項嚴重的執念則是關於被法國占領者帶到萊茵河畔的那些「成群的黑鬼」。希特勒懷疑法國人已做好準備要讓「殘餘的法蘭克血脈」消失，打算建立「一個從剛果蔓延到萊茵河的巨大混血國家」。在他原本對大混血的恐懼之外又多了一層對「大換血」的恐懼。參見《資本與意識形態》，出處同前，p. 550-559。

33 請見休茲（M. L. Hughes）的精彩著作《扛起失敗重擔：西德與社會正義的重建》（*Shouldering the Burdens of Defeat: West Germany and the Reconstruction of Social Justice*），北卡羅萊納州大學出版社，一九九九年。亦請參考巴赫（S. Bach），〈左派黨的資本稅：稅收與分配效應〉（DIE LINKE Capital Levy: Revenue and Distributional Effects），德國經濟研究所（DIW），二〇二〇年，若將本文與德國聯邦議會近期針對取消新冠債務一事曾辯論過的一項類似提案相比較，可刺激許多思考。

34 更精確的說，這筆外部債務在一九五三年被凍結，後來在一九九一年德國統一時被完全取消。見嘉洛斐—維拉（G. Galofré-Vila）、麥斯納（C. Meissner）、麥基（M. McKee）、史塔克勒（D. Stuckler），〈一九五三年倫敦債務協定的經濟影響〉（Economic consequences of the 1953 London Debt Agreement），刊載於《歐洲經濟史評論》（*European Review of Economic History*），二〇一八年。

35 參見《資本與意識形態》，出處同前，p.517-522。

36 一八一五年，英國的債務超過國民所得的兩百％。這筆錢用了一個世紀的預算盈餘來償還（等於一八一五年到一九一四年間國民所得的二％至三％，由納稅大眾繳納，得利的則是資產家，而那個時代的教育投資不到國民所得的一％），但還是沒有完全還清。參見前揭註，亦請參考阿慕賀（V. Amoureux），《公共債務及其不平等效應：從十九世紀的英國

21 是一個由三方共同組成的機構（政府—工會—雇主），目的是為了稽核薪資並調和社會關係。參見高爾丁（C. Goldin）、馬戈（R. Margo），〈大壓縮：本世紀中美國的薪資結構〉（The Great Compression: The Wage Structure in the United States at Mid-Century），刊載於《經濟學季刊》，一九九二年。

22 參見《資本與意識形態》，出處同前，p. 621-622。

23 我們在歐洲國家也觀察到相同的結果：租稅累進性在一九五〇年到一九九〇年這段期間達到最高峰，經濟成長率也是，接著成長率開始減弱，累進性也是。然而歐洲的結果比較不易解釋，因為受戰爭影響，經濟成長率在一九一〇年到一九五〇年之間曾經非常低，所以之後會出現追趕效應。在美國則完全沒有出現同類的追趕效應（一九一〇年到一九五〇年間的經濟成長率，介於一八七〇年到一九一〇年間以及一九五〇年到一九九〇年間的成長率之間），因此對照起來會更加明顯。參見前註書，p. 633-636，圖11.12-11.15。

24 延續這個議題，教育投資自一九八〇年至一九九〇年之後出現停滯（見圖十九），站在歷史的視角加上考量學生人數的增加，這個變化顯得十分矛盾，但若從經濟成長率放緩的角度解釋，便顯得相當合理。

25 依據現有的資料可估算出一七〇〇年到一九一四年間英國和法國的私有財產總額水準大約如此，但財產的形態發生過一百八十度的轉變：在十八世紀初，三分之二的財產屬於農地，之後逐漸為房產、工業與跨國資產所取代。參見皮凱提，《二十一世紀資本論》，出處同前，p. 188-189，圖3.1-3.2。

26 參見第二章圖六。

27 關於更詳細的分解，請見《資本與意識形態》，p. 507-517。

28 參見前註書，p. 167-170，表4.1。

29 這種以金錢價值計算的結果十分一目瞭然，卻低估了殖民地開發的真實規模，而想要正確掌握其規模大小，最好是選擇非單一面向、由實物流量（棉花、木材、石油等）表示的衡量方法。參見第三章。

30 參見第四章。一八四五年到一八四八年的愛爾蘭大饑荒的嚴重性（饑荒前的八百萬人口中約有一百萬人死亡，一百五十萬人移民海外）經常被拿來和一九四三年到一九四四年的孟加拉大饑荒相比（原有五千萬人口中有四百萬人死亡）。不論是愛爾蘭或是孟加拉，英國菁英人士都知道發生了這些大事，卻拒絕採取任何必要措施來避免悲劇發生，在一些場合果）。關於法國累進稅的歷史，參見《二十世紀法國高所得族群》，出處同前。

14 累進遺產稅的建立（依據一九〇一年二月二十五日的法律）早於累進所得稅（依據一九一四年七月十五日頒布的法律，這部法案在一九〇一年經眾議院通過後便長期遭參議院冷凍，最終為了籌措戰爭經費才予以通過）。最高額遺產適用的稅率最初設定在二點五%，一九一〇年時被提高到六點五%，以支應工人及農人退休金的經費。在英國、德國與日本，我們觀察到加強累進性的運動同樣在一九一四年以前就已展開。

15 推動修憲的力量包括民主黨（他們在一八九五年曾遭最高法院判定違憲）與人民黨（People's Party，或稱民粹黨〔Polulist Party〕），當時後者主張的政策綱領是共享土地、提供小農信貸，以及對抗股東、資產家和大公司對美國政府的操控。

16 在此要提醒各位，七十%或八十%的最高稅率可能是邊際稅率（只適用於超過此門檻的部分所得或財產）也可能是有效稅率（適用於整體所得或財產）。人民陣線在一九三六年的財稅改革時使用的就是直接以有效稅率表示的稅率基準表。對民主來說，這種基準表的絕佳優點在於比較透明：人人都能比較清楚的看到誰付了多少，更重要的是能看出有效稅率通常要到非常頂層才會達到可觀的水準。參見前揭書，p. 272-278。

17 參見皮凱提、波斯特爾—維奈、羅森塔爾合著，〈收租者的終結：巴黎一八四二年至一九五七年〉（The End of Rentiers: Paris 1842-1957），WID.world，二〇一八年。

18 此處亦包含企業稅（由處於不同百分位的股東繳納）、土地稅（由不同百分位的資產所有權人繳納）、消費稅（由不同百分位的消費者繳納）……等等。

19 例如美國最大的四百個納稅人的有效稅率在二〇一八年到二〇一九年時降到比其他較不富有的納稅人更低。參見賽斯、祖克曼，《不公不義的勝利》（*The Triumph of Injustice*），諾頓出版社（Norton），二〇一九年〔譯註：中文版為陳儀譯，八旗文化，二〇二〇年〕。這些估計值僅考慮可直接觀察到的現象，大部分針對最佳節稅或避稅的精細策略都不在考量範圍內。

20 參見博齊奧（A. Bozio）、賈班第、古比耶—勒布雷、吉佑（M. Guillot）、皮凱提，〈前分配vs 重分配：法國與美國的證據〉（ Predistribution vs Redistribution: Evidence from France and he US），WID.world，二〇二〇年。

Mondes de l'État-providence），法國大學出版社，二〇一五年。關於十九世紀與二十世紀初各種存在的普遍商品化，以及商品化如何在一九一四年後歐洲社會崩垮的過程中發揮作用，亦可參考博蘭尼（K. Polanyi），《鉅變》（*La Grande Transformation*），一九四四年。

8 例如可參考米修（P.-C. Michaud）等合著，〈美國與西歐人口的健康差異〉（Differences in Health Between Americans and Western Europeans），刊載於《社會科學與醫學》（*Social Science & Medicine*），二〇一一年；羅瑟（M. Roser），〈健康開銷與預期壽命：美國為離群值〉（Link Between Health Spending and Life Expectancy: US is an Outlier），刊載於網站OurWorldInData.org，二〇一七年；凱思（A. Case）、迪頓（A. Deaton），《絕望死與資本主義的未來》（*Deaths of Despair and the Future of Capitalism*），普林斯頓大學出版部，二〇二〇年。

9 智利曾在一九七三年之後嘗試這麼做，川普大學（Trump University）也是一例，不過最後都澈底失敗，一部分是因為追求利潤很容易破壞教育活動仰賴的道德動機，而這一點在醫療以及許多其他領域（媒體、文化等）也是如此。

10 就像柴契爾在一九八八年主張的人頭稅（poll tax）。這種稅非常不受歡迎，導致保守黨決定在一九九〇年放棄這項法案並撤換總理。

11 請各位注意，我們可以依據所得或財產的水準決定一項稅賦的累進度或累退度。這兩種方法彼此相關且互補，因為所得與財產是衡量個人納稅能力的兩個彼此互補的指標。

12 參見霍布斯邦（E. Hobsbawm），《極端的年代：二十世紀史》（*L'Âge des extrêmes. Histoire du court xxe siècle*），複雜出版社／世界外交論衡月刊（Éditions Complexe/Le Monde diplomatique），法譯本初版，一九九九年〔譯註：中譯本為鄭明萱譯，麥田出版，一九九六年〕。

13 戰前，這些共和國菁英們習於濫用的論點，就是法國拜一七八九年大革命之賜已經成為平等國家，不需要實施累進稅（雖然現有關於該時代的資料已經證明財產集中度非常驚人）。如果再把同於一九二〇年由國民集團通過的另一項適用於單身人士的二十五％稅率納入計算（婚後兩年尚無子女的夫妻則適用十％稅率，某種程度上證明了統治者對租稅制度的想像），則最高稅率在一九二三年高達七十五％，一九二四年達到九十％（這是左派聯合〔Cartel des gauche〕最後為了讓票數好看多投了幾票的結克（S. Block）、薩克斯（B. Sachs），《勞工力量的全新起點：打造公正的經濟與民主》（*Clean Slate for Worker Power: Building a Just Economy and Democracy*），哈佛大學出版部，二〇二〇年。

第六章 「大重分配」時代：一九一四年至一九八〇年

1 主要可參考林德特（P. Lindert），《走向公共：十八世紀以降的社會支出與經濟成長》（*Growing Public: Social Spending and Economic Growth since the 18th Century*），劍橋大學出版，二〇〇四年。

2 參見皮凱提，《資本與意識形態》，出處同前，p. 604-609。一八七〇年，美國的公共教育支出（包含所有階段）相當於國民所得的零點七％，法國則是零點四％，英國為零點二％。一九一〇年，此項支出在美國達到國民所得的一點四％，法國則是一％，英國為零點七％。相較之下，十九世紀及二十世紀初的歐洲國家的軍事預算皆達到或超過國民所得的四％至五％。以全球來看，一九六〇年的軍事預算占全球國民所得的六％（時值殖民戰爭、冷戰），二〇二〇年時下降至三％（歐洲為二％、美國為四％、沙烏地阿拉伯為十％）。

3 在十九世紀的小學教育就學率上也觀察到同樣的時間落差：美國在一八五〇年左右已超過八十％，德、法、英則要等到一八九〇年至一九一〇年才能達到。

4 參見前揭書，p. 600-601。減少工時的歷史潮流在美國同樣非常強大，在歐洲卻弱得多，或許與美國福利國家的發展整體而言較為有限有關。

5 參見第三章圖八。

6 在一九五〇年到一九八〇年間，平民票持續集中在工黨、社會民主黨、社會黨、共產黨與民主黨身上，不論從何種面向（所得、文憑、財產等）進行社會階層化的結果都是如此。一九八〇年到一九九〇年開始，人民的串連變得愈來愈破碎分散，這或許和各種重分配政策綱領愈來愈保守有關。參見格辛、馬丁內斯—托萊達諾、皮凱提，《政治分裂與社會不平等：五十個民主政體之研究，一九四八年至二〇二〇年》，法國高等社會科學院／伽利瑪／瑟伊，二〇二一年。

7 關於去商品化（decommodification，法文為démarchindisation）的發展過程對不同類型的福利國家（État-providence）的建構帶來的重要影響，參見艾斯平—安德生（G. Esping-Andersen），《福利國家的三個世界》（*Les Trois*

可能會判定違憲。

31 參見麥高希，〈給勞動的十二點計畫與給勞動法的一份宣言〉（A Twelve Point Plan for Labour and a Manifesto for Labour Law），出處同前，二〇一七年；西爾維亞，《一起顧店：戰後德國的產業關係》，出處同前；耶格（S. Jäger）、佘佛（B. Schoefer）等，〈董事會會議室裡的勞動〉（Labor in the Boardroom），刊載於《經濟學季刊》（*Quarterly Journal of Economics*），二〇一二年；同作者，〈職場裡的聲音〉（Voice at Work），麻省理工學院（MIT），二〇二一年。

32 參見皮凱提，《資本與意識形態》，出處同前，p. 1118-1122。這套制度是將卡熱之前針對媒體事業提出的投票權上限規則擴大為可以普遍適用的版本，見卡熱，《拯救媒體業》（*Sauver les média*），瑟伊出版社，二〇一五年。

33 以嚴格遵守員工票數平等為基礎的合作社或許和某些種類的事業計畫可以相配合，但全面性適用恐怕不利於生產效率。

34 例如可參考《獎勵工作法》（*Reward Work Act*）與《問責制資本主義法》（*Accountable Capitalism Act*）這兩個在二〇一八年到二〇二〇年受到美國民主黨參議員支持的法案。第一項法案規定上市公司至少要有三分之一的員工董事；第二項法案規定所有大型企業都要有四十%的員工董事，並要求得到董事會七十五%的多數同意始可進行政治獻金（基於最高法院的判例，法律無權禁止政治獻金）。關於英國工黨的新綱領，參見尤因（K. Ewing）、韓狄（G. Hendy）、瓊斯（C. Jones），《落實勞動法宣言》（*Rolling out the Manifesto for Labour Law*），工作權益研究中心（Institute of Employment Rights），二〇一八年。

35 參見梅達、巴蒂拉娜（J. Battilana）、費雷拉斯（I. Ferreras），《勞動宣言：民主化、去商品化、去除汙染》（*Le Manifeste Travail. Démocratiser, démarchandiser, dépolluer*），瑟伊出版社，二〇二〇年。亦請參見費雷拉斯，《企業作為政治實體：透過經濟兩院制拯救民主》（*Firms as Political Entities: Saving Democracy through Economic Bicameralism*），劍橋大學出版部，二〇一七年。亦可參考麥高希，〈給勞動的十二點計畫與給勞動法的一份宣言〉，《產業法期刊》（*Industrial Law Journal*），二〇一七年，作者建議採取由員工及股東共同組成的大會進行董事選舉。

36 參考UNI全球工會聯盟（UNI Global Union）的綱領。亦請參考布洛

24 參見麥高希，〈共同經營之談判：德國企業與勞動法之歷史〉（The Codetermination Bargains: The History of German Corporate and Labour Law），《哥倫比亞歐洲法期刊》（*Columbia Journal of European Law*），二〇一七年。亦請參見西爾維亞（S. Silvia），《一起顧店：戰後德國的產業關係》（*Holding the Shop Together : German Industrial Relations in the Postwar Era*），康乃爾大學出版（Cornell University Press），二〇一三年。

25 在瑞典，員工僅有三分之一的席位，不過所有員工超過二十五人的企業都要適用此一規定。丹麥的門檻是三十五人，挪威的門檻是五十人。在奧地利，這項規定只適用於員工超過三百人以上的企業，實際上大大限縮了適用範圍（與德國幾乎相同）。

26 在一九七二年、一九八三年和一九八八年，好幾項規範最低門檻（給員工三分之一到二分之一之間的席次）的歐洲指令法案曾進入辯論階段，卻受到各保守黨派激烈的敵意所阻擋（加上法國社會黨和英國工黨熱忱不足，當時他們的精力主要放在國有化的議題上）。

27 舉例來說，下薩克森邦（Land de Basse-Saxe）持有福斯汽車十三%的資本，而除了員工們擁有的五十%票數以外，公司規章保障該邦政府可擁有二十%的票數。

28「土壤與土地、天然資源與生產工具，得依據法律規定轉移為公有財產或置於其他形式之集體管理之下。」（第十五條）。

29 例如一九一九年憲法的第一五五條規定應由法律規範不動產財產制度以及依照社會目標進行的土地重分配，例如保障「所有家庭皆可享有健全居住環境」以及「符合其需求的從事經濟活動的場所」。

30 一七八九年《人權宣言》向來都是做為合憲性判斷基礎的憲法文獻（bloc de constitutionnalité）的一部分，其第二條表示：「一切政治結社的目的都在於維護人類自然和不可動搖的權利。這些權利是自由、財產、安全與對壓迫的反抗。」由於憲法未對這種自然主義式的財產定義（例如一九一九年和一九四九年德國憲法採取的定義方式）提供任何進一步的說明，法官可以依自己想要的方向自由詮釋，尤其是從最保守也最有利於維持所有權人現有權利的角度出發。二〇一三年法國通過首次一項法案，小心翼翼地嘗試在大企業理事會中建立員工席次（十二席中給予員工一席，二〇一九年的立法再次肯定此一措施，同時將適用範圍稍稍擴大），不過如果一部法律在事先未經修憲的狀況下賦予員工半數席次，很修憲案仍然必須先經兩院各自以同樣的方式取得簡單多數決同意，然後再於兩院合議之下獲得三分之二的票數同意，否則就要經過公投獲得批准才行。

20 第五共和時期至今最重要的修憲工作是一九六二年針對總統全民普選的法案。這次修憲能完成，靠的也是戴高樂總統採取某種違背憲法的行動（而他精心提名的憲法委員會輕易的原諒了他），因為當時沒有（現在也沒有）任何法條規定這類修憲可以在沒有事先獲得兩院同意的情形下交付公投。

21 上院議員們冒險否決了這項廣受歡迎的提案，自由黨首相勞合・喬治（Lloyd George）於是決定豪賭一次（當時他擔心自己的政黨會為工黨所取代，此事後來也成為現實，同時他需要爭取出身平民階級的新選民們對他的信任），讓下議院通過一項憲法層級的法律，取消上議院的所有立法否決權，同時召集新的選舉，而他輕鬆勝選。此時上院議員們陷入索爾斯伯利慣例（doctrine Salisbury）的鉗制而動彈不得。那是在一八八〇年代以口頭隨意做出的承諾，根據此一承諾，上議院必須對下議院已經獲得大眾明確支持的法案予以批准。由於國王威脅，若上院議員們敢背叛他們對國家的承諾，便要讓數百名新成員加入上議院，他們遂不得不投票通過那兩部法律，簽下自己的死刑判決。參見皮凱提，《資本與意識形態》，出處同前，p. 217-221。

22 順帶一提，美國最高法院十分崇尚古風，大法官都是終身職，就像天主教會的教宗和摩門教會的使徒。不過在一九七〇年教宗頒布詔書之後，超過八十歲的樞機主教便無權參與教宗選舉，亦可算是證明了所有制度都可以修改，即使最崇高神聖的也是。

23 在十八世紀與十九世紀初，最早的股份公司通常是以合夥人彼此平等為原則，後來漸漸引入把投票權分為好幾個階級的制度，如此就能讓為公司貢獻較多資本的股東擁有較多票數，而不直接採用單純簡單的比例制，因為人們擔心那樣會導致權利過度集中於一小群人手中，破壞審議討論的品質與合夥人之間的關係。在英國，必須等到一九〇六年頒布《公司法》（*Company Law*），按股份數比例計算投票權的原則才依法成為股份公司預設的管理模式（公司還是可以藉由規章排除此一規定，制定多種股份類型與各種特殊規則）。參見麥高希，《參與公司治理》（*Participation in Corporate Governance*），倫敦政經學院（LSE），二〇一四年。

一八七一年到一九一八年之間是德意志帝國最重要的一員，一八四八年到一九一八年間，其國內實施的是一套自創的制度，將公民依據繳納之稅金劃分為三類。更精確的說，普魯士選民依照所繳稅金由低至高分為三種階級，在這樣的分類方式之下，每一個階級所繳納的稅金皆占總額的三分之一，而每個階級分別選出三分之一的「大選舉人」（grand électeur），再由他們選出眾議員。

15 參見庫納（T. Kuhner），《資本主義對民主政治：政治中的金錢和自由市場憲法》（*Capitalism vs Democracy. Money in Politics and the Free Market Constitution*），史丹福大學出版（Stanford University Press），二〇一四年；巴特斯（L. Bartels），《不平等的民主：新鍍金時代的政治經濟學》（*Unequal Democracy. The Political Economy of the New Gilded Age*），普林斯頓大學出版，二〇一六年。

16 參見卡熱，《民主的價碼：一人一票，票票「等值」？》（*Le Prix de la démocratie*），法雅出版社，二〇一八年〔譯註：中文版為賴盈滿譯，時報出版，二〇二一年〕；同作者，《給我們自由與平等的一票》（*Libres et égaux en voix*），法雅出版社，二〇二〇年。整體來看，讓政治獻金可享減稅（主要嘉惠的是一%最富有的納稅人，尤其是最富有的前零點零一%）造成的公共財政成本，和所有政府補助（主要是根據最近一次選舉的結果，因此所有選民的份量是相同的）造成的成本幾乎相同。卡熱建議將此一不平等的制度改為人人金額相同的「民主平等券」，並且將類似的制度實施在慈善與媒體業上。

17 參見卡熱、于埃（B. Huet），《資訊是一項公共財：媒體所有權的再省思》（*L'information est un bien public. Repenser la propriété des médias*），瑟伊出版社，二〇二一年。

18 二〇二〇年優步（UBER）和Lyft為了守住他們極度脆弱的商業模式而於加州發起的公投，讓我們清楚看見對直接民主抱持溫馨和諧的想像會遇上什麼問題，也證明有必要重新思考如何為受薪階級在保護與自主性之間找到平衡的法律地位。

19 參議院是由大選舉人組成的選舉人團所選出，這個超額代表鄉村地區的選舉人團向來屬於保守派。一九四五年，在社會黨和共產黨的壓力下，參議院失去對一般立法的否決權（這項否決權在第三共和時期曾令眾多重要財稅與社會改革延宕達數十年），但他們保住了對修憲案的否決權。

侯許（C. Haroche），《私有財產、社會共有與擁有自我》（*Propriété privée, Propriété sociale, Propriété de soi*），法雅出版社，二〇〇一年。亦可參考狄德利（C. Didry），《勞動制度：從歷史看法律與受薪階級》（*L'Institution du travail. Droit et salariat dans l'histoire*），爭論出版社（La Dispute），二〇一溜年；馬爾格拉茲（M. Margairaz）、皮吉涅（M. Pigenet），《勞動的價格：法國與殖民空間，十九至二十一世紀》（*Le Prix du travail. France et espaces coloniaux, xixe-xxie siècles*），索邦大學出版部（Éditions de la Sorbonne），二〇一九年。關於從勞動法和財產法的例子了解法律「社會化」（socialisation）的漫長過程，可參考狄驥（L. Duguit），《拿破崙法典以來私法的演變概況》（*Les Transformations générales du droit privé depuis le Code Napoléon*），亞爾康出版社，一九一二年，作者的立場接近社會連帶論（solidarisme）與當時涂爾幹學派主張的社會主義。

11 參見祖博夫，《監控資本主義時代》（*The Age of Surveillance Capitalism*），維索出版社，二〇一九年〔譯註：中文版為溫澤元、林怡婷、陳思穎譯，時報出版，二〇二〇年〕；杜杭（C. Durand），《科技封建主義：對數位經濟之批判》（*Techno-féodalisme. Critique de l'économie numérique*），區出版（Zones），二〇二〇年；阿布戴努爾（S. Abdelnour）、梅達，《新時代的APP勞工》（*Les Nouveaux Travailleurs des applis*），法國大學出版社（PUF），二〇二〇年。最好的解決之道是把社會上有一定比例人口使用的所有平台都定義為「系統性平台」（plateforme systèmique），將它們視為準公共服務，其演算法以及對基本權利的保障皆需受到嚴格管制。

12 納入計算的直接稅主要是土地稅（contribution foncière，稅基為土地與不動產）與專利稅（contribution des patentes，針對營業資產，例如作坊、設備等）。簡化一點來說，這群選民就是財產最龐大的所有權人，在其他納貢選舉制下也是如此。在法國，一八二〇年公布施行的「二重投票法」（double vote）使最富有的納貢制選民（大體而言也都有候選資格）可以投第二次票，以選出一部分眾議員。

13 參見班特森的精彩文章，〈質疑瑞典的『特殊道路』：比較觀點下的民主化與不平等，約一七五〇年至一九二〇年〉（The Swedish *Sonderweg* in Question: Democratization and Inequality in Comparative Perspective, c. 1750-1920），刊載於《過去與現在》，二〇一九年。

14 另一個有意思的例子則是普魯士王國，雖然沒有那麼極端。它在

Centuries），佛羅倫斯大學出版部（Firenze University Press），二〇一四年。

5 參見阿爾努（M. Arnoux），《農務勞動者的時代：歐洲的勞動、社會秩序與成長》（十一至十四世紀）》（*Le Temps des laboureurs. Travail, ordre social et croissance en Europe (xie-xive siècle)*），艾班米榭出版，二〇一二年。亦可參見勒高夫（J. Le Goff），〈印歐社會的三重功能、歷史學家與封建歐洲〉（Les trois fonctions indo-européennes, l'historien et l'europe féodale），刊載於《經濟、社會與文明年鑑》（*Annales E.S.C*），一九七九年。

6 一七九三年的憲法中制定了男性普選制，但來不及實施。

7 關於這些辯論，參見皮凱提，《資本與意識形態》，出處同前，p.130-138，以及布勞法伯（R. Blaufarb）的精彩著作《大分界：法國大革命與現代所有權的發明》（*The Great Demarcation: The French Revolution and the Invention of Modern Property*），牛津大學出版部，二〇一六年。艾迪於二〇一三年的作品中（出處同前），他甚至提出一個看法，認為普魯士在一八〇七年廢除農奴制（附有對農奴主的補償金）的做法，最終比法國大革命更有利於貧困的農民。

8 參見湯普森（E. P. Thompson）的經典著作《輝格黨與獵人：黑匪法的起源》（*Whigs and Hunters. The Origin of the Black Act*），一九七五年。該法針對的是獵鹿、砍樹、從魚池偷撈魚或拔走小樹的人。被認定有罪之人可能會當場被除以絞刑。這部法律最初僅預定實施三年，經過延長期限並強化後施行了超過一世紀。我們在歐洲其他地方也觀察到類似的強化財產權的作為，例如在一八二一年的普魯士，而這件事讓年輕的馬克思留下深刻印象，促使他相信財產是過去某個時點建構起來並加以制度化的一種社會關係，受到國家與有產階級的保護，而不是一種亙古不變的自然事實。法國大革命政府則頒布命令，規定私有土地與林地必須開放給一般人打獵，這項措施至今仍然有效。

9 證明十八世紀末、十九世紀初生活條件惡化的最佳證據顯然是入伍新兵的身高縮減，在都市與工業中心尤其明顯。參見尼可拉斯（S. Nicholas）、史代克（R. Steckel），〈英國勞工在工業化初期的身高與生活水準〉（*Heights and Living Standards of English Workers during the Early Years of Industrialization*），《經濟史學報》，一九九一年。

10 參見卡司特爾（R. Castel），《社會議題的蛻變》（*Les Métamorphoses de la question sociale*），Folio 叢書，一九九五年，p. 594-595；卡司特爾、亞

Press)，二〇二〇年。

第五章　革命、地位與階級

1 參見尼古拉（J. Nicolas），《法國人的反抗：人民運動與社會意識，一六六一年至一七八九年》（*La Rébellion française. Mouvements populaires et conscience sociale, 1661-1789*），伽利瑪，二〇〇二年。作者清點了一七三〇年到一七五九年間八十九場反領主暴動與一七六〇年到一七八九年之間的兩百四十六場。亦請參考樂馬襄（G. Lemarchand），《歐洲的農民與領主：十六至十九世紀的比較史》（*Paysans et seigneurs en Europe. Une histoire comparée, xvie-xixe siècles*），雷恩大學出版社（Presses universitaires de Rennes），二〇一一年。作者側重於農民反抗對整個歐洲造成的影響，尤其是一八四八年革命浪潮掀起之前數年間的狀況。

2 《第三等級是什麼？是一切。目前為止它在政治領域中是什麼？什麼都不是。它要求什麼？能被當成個東西》（*Qu'est-ce que le tiers état ? Tout. Qu'a-t-il été jusqu'à présent dans l'ordre politique ? Rien. Que demande-t-il ? À devenir quelque chose*）

3 參見第二章圖四。

4 東歐（尤其是波羅的海周邊國家）的農奴制之所以更加盛行，部分原因可能是十六、十七世紀對西歐穀物進出口量提高，以及農奴主有能力實施更嚴酷的勞動體制之故。參見拉斯特（T. Raster），《農奴與市場：第二次農奴制和東西歐商品貿易，一五七九年至一八五九年》（*Serfs and the Market: Second Serfdom and the East-West Goods Exchange, 1579-1859*），巴黎經濟學院出版，二〇一九年。一八〇七年普魯士廢除農奴制，奧匈帝國則是在一八四八年，俄羅斯在一八六一年。這些廢奴措施附有對農奴主的賠償金，由前農奴負責支付，一直延續到二十世紀初為止。參見艾迪（S. A. Eddie），《自由的代價：普魯士的農奴、屈從與改革，一六四八年至一八四八年》（*Freedom's Price. Serfdom, Subjection and Reform in Prussia 1648-1848*），牛津大學出版部，二〇一三年；戴尼遜（T. Dennison），〈俄國農奴制的體制架構：來自一八六一年的觀點〉（The Institutional Framework of Serfdom in Russia: the View from 1861），收錄於卡拉喬奧奇（S. Cavaciocchi），《十一到十九世紀歐洲經濟中的農奴制與奴隸制》（*Serfdom and Slavery in the European Economy, 11th-19th*

20 此一區隔是造成身分認同與許多對立長期以來難以鬆動的原因之一，雖然印尼超過千年以來一直是一個混雜著印度教、儒教、佛教與伊斯蘭教文化的群島，與殖民強權由軍事觀點所見的大相逕庭。參見隆巴爾，《爪哇十字路口：世界史論》（*Le Carrefour javanais. Essai d'histoire globale*），法國高等社會科學院，一九九〇年。關於緬甸佛教徒和穆斯林的對立，參見拉維亞爾—普雷洛瓦（J. LaviallePrélois），〈從殖民化到正當化：阿拉干的另一個「恐怖份子」〉（De la colonisation à la légitimation : l'autre "terroriste" en Arakan），收錄於《人類學家期刊》（*Journal des anthropologues*），二〇一八年。關於殖民統治在非洲（馬利、盧安達、蒲隆地、剛果）造成的「族群」認同強化，參見安姆塞爾（J.L. Amselle）、恩博柯洛（E. M'Bokolo），《族群的核心：非洲的族群、部落主義與國家》（*Au cœur de l'ethnie. Ethnies, tribalisme et État en Afrique*），發現出版社，一九九九年。

21 參見斯坦齊亞尼，《強制勞動的變形》（*Les Métamorphoses du travail contraint*），出處同前。

22 參見魏仁伯格（M. van Waijenburg），〈非洲殖民政府的財源：迫切的資金需求與強迫勞動〉（Financing the African Colonial State: The Revenue Imperative and Forced Labor），載於《經濟史學報》，二〇一八年。

23 雖然在一九四六年到一九六二年之間，被殖民的族群確實有權在國民議會中擁有眾議員席次，但若以數字計算，與他們在人口上的份量完全不成比例。參見皮凱提，《資本與意識形態》，出處同前，p. 354-360，以及庫伯的精彩著作《游移在帝國與民族之間的公民地位》（*Citizenship Between Empire and Nation*），出處同前。

24 參見柯尼歐、杜普拉茲、梅斯普雷—宋（S. Mesplé-Somps），〈殖民國家的財稅能力與二元主義：法蘭西帝國，一八三〇—一九六二〉（Fiscal Capacity and Dualism in Colonial States: The French Empire 1830-1962），法國高等社會科學院及巴黎經濟學院，二〇一八年；維依勒希，〈黑人的重擔：法屬西非殖民化的代價〉（The Black Man's Burden: the Costs of Colonization of French West Africa），收錄於《經濟史學報》，二〇一四年；沃克（M. Woker），《不平等帝國：法蘭西殖民帝國的稅收政治學，一九〇〇—一九五〇年代》（*Empire of Inequality: the Politics of Taxation in the French Colonial Empire, 1900-1950s*），哥倫比亞大學出版（Columbia University

spatiale des États-Unis après la guerre de Sécession），法國高等社會科學院出版部，二〇一四年。亦請參考麥格爾，《婆羅門資本主義：美國第一個鍍金時代財富與民粹的邊界》（*Brahmin Capitalism: Frontiers of Wealth and Populism in America's First Gilded Age*），哈佛大學出版部，二〇一七年。

15 例如可參考以下書中的提案：達瑞蒂（W. Darity）、穆倫（K. Mullen），《從此地到平等：二十一世紀的非裔美國人修復方案》（*From Here to Equality. Reparations for Black Americans in the Twenty-First Century*），北卡羅萊納州大學出版社（University of North Carolina Press），二〇二〇年。

16 在奴隸主、墾殖民、混血兒和有色自由人占為己有的八十％生產額之中，相當於五十五％左右的產品是被銷往海外，其獲利歸於奴隸主（占人口不到一％），好讓他們能在本土與其他殖民地積累與消費，其餘二十五％則在當地積累或消費。參見皮凱提，《資本與意識形態》，同前出處，二〇一九年，p. 264-266。

17 此處可再次看到財產分配與所得分配的差異（見第二章）。財產分配可能會出現較為極端的落差，因為前十％最富有的人往往擁有八十％至九十％的財產占比，一九一四年的法國便是如此；至於所得分配則較為複雜（部分原因是生存壓力的不同），要解決所得分配不均也需要強硬許多的統治機制。

18 有些研究指出一九六〇年時，留尼旺的所得不均接近法屬阿爾及利亞或南非。參見皮凱提，《資本與意識形態》，出處同前，p.316-317；戈文德，《後殖民時代的所得不均趨勢：從法國海外省份獲得之證據》（*Post-colonial Trends of Income Inequality: Evidence from the Overseas Departments of France*），WID.world，二〇二〇年；阿瓦列多、柯尼歐、皮凱提，〈殖民統治下的所得不平等：來自法屬阿爾及利亞、喀麥隆、突尼西亞、越南的證據以及與英屬殖民地的比較，一九二〇—一九六〇〉（Inequality Under Colonial Rule: Evidence from French Algeria, Cameroon, Tunisia, Vietnam and Comparison with British Colonies 1920-1960），WID.world，二〇二〇年。

19 一九二八年的命令旨在「確定未受印度支那法律承認之父母所生之混血兒之地位」，任何人只要雙親中至少有一位「推論具法國血統」，即可依此命令獲得法國人的身分，這促使法院考量告訴人或聲請人的生理與種族特徵。參見薩達，《殖民地的孩子》，出處同前，二〇〇七年。

英國社會》（*The Price of Emancipation: Slave-Ownership, Compensation and British Society at the End of Slavery*），劍橋大學出版部，二〇一〇年；霍爾、德雷波、麥克列蘭、多寧頓、朗，《英國奴隸所有權的遺緒：殖民奴隸制度與維多利亞時期英國的形成》（*Legacies of British Slave-Ownership: Colonial Slavery and the Formation of Victorian Britain*），出處同前。LBS資料庫（Legacies of British SlaveOwnership）網址為：https://www.ucl.ac.uk/lbs/

9 見二〇二一年由柯提亞斯（Myriam Cottias）及其團隊建立的網站「奴役行為與賠償」（Esclavages et indemnités），可於其中找到法國政府於一八二五年與海地簽訂協議，以及一八四八年廢除奴隸後給付奴隸主之賠償金的完整資料庫（http://esclavage-indemnites.fr）。

10 同為廢奴主義者的拉馬丁在眾議院的論壇疾呼：「我們應該給予墾殖民賠償金，因為他們被奪走的奴隸屬於合法財產，而我們不可能再討論其他想法。唯有革命會奪人所有而不予補償，而立法者不會如此行事：他們改變，他們改造，他們絕不毀壞；不論其出身，他們都將已取得的權利放在心上。」參見皮凱提，《資本與意識形態》，同前出處，p. 267-273。關於這些辯論，參見烏丹－巴斯提德（C. Oudin-Bastide）、史坦納（P. Steiner），《計算與道德：奴隸制的成本和解放的價值（十八—十九世紀）》，（*Calcul et Morale. Coûts de l'esclavage et valeur de l'émancipation, XVIIIe-XIXe siècle*），艾班米榭出版社，二〇一五年。

11 累進稅制的優點之一正是能將社會結構的連續性納入考量，就此處而言，也包括能夠對大奴隸主和小奴隸主給予不同處置。

12 該草案第五條規定：「由符合資格之人成立一委員會，負責認定所受之侵害並審查基於此一罪行應予修復補償之條件。此委員會之權能與任務將由最高行政法院（Conseil d'État）以命令定之。」

13 參見皮凱提，《資本與意識形態》，出處同前，二〇一九年，p. 28 3-286。完整的補償恐怕會需要撥付一筆相當於美國一整年國民所得的金額，相當於內戰造成的聯邦債務的三到四倍之多（這場內戰破壞力極強）。美國蓄奴現象範圍之廣，導致難以期盼能和奴隸主和平解決問題。至於運送奴隸回非洲的計畫最終隨著賴比瑞亞的建立而成了一場災難。

14 關於美國政治衝突結構在重建期間的轉變，參見巴雷爾精采絕倫的著作《黃金與自由：南北戰爭後的美國空間史》（*L'Or et la Liberté. Une histoire*

2 這些災難性的循環始於一八〇四年德薩森（JeanJacques Dessalines）掌權之後，他建立起一套高度專制、君主制、反白人、孤立主義式的政體，在此之前的一八〇三年，法國遠征軍宣布投降（此軍團原本計畫消滅所有起義人士），更之前的一八〇二年，盧維杜爾（Toussaint Louverture）遭到逮捕（他與當時的風向相反，支持讓白人留下，認為海地有可能法國建立和平合作關係並加入國際經濟體系）。這座島嶼後來的歷史便充滿著像這樣拒斥與順從的循環。

3 若要以過去的國民所得為準算出一個常數比例，最終我們必須依照該經濟體的名目經濟成長率對最初的金額做指數換算，其結果會介於只依物價水準做指數換算和依照名目利率做指數換算的結果之間。

4 舉例來說，一億五千萬金法郎相當於一八二五年法國國民所得的二%。將同樣的比例套在二〇二〇年的法國國民所得，算出的結果會是四百億歐元。

5 這筆賠償金僅限一九八八年時仍在世的人才可領取，和掠奪財產的賠償方法不同，後者一般是轉付給繼承人。這種處置上的差異顯然不是因為什麼特別「自然」的因素，而是一種政治選擇的結果。一般來說，我認為應該透過民主審議來決定過往事件的賠償及財產轉移應以何種水準為宜，例如可參考為繼承及財產所制訂的課稅基準（見第六章，表二）。

6 一九〇四年海地舉行獨立滿第一個百年的紀念活動時，第三共和政府拒絕派遣官方代表前往當地。法國政府對還款的速度感到不滿，而且對這樣不聽話的債務人豈能流露一絲憐憫，當時這個殖民帝國尤其常以債務作為脅迫之手段。二〇〇四年，第五共和政府也做出相同決定，但理由不同。法國總統拒絕參加紀念活動，因為擔心海地總統趁機要求法國返還海地已付清的這筆可恥債務，而這是法國政府絕不願意聽人提起的事。二〇一五年，法國總統在地震後訪問海地時重申此一立場。法國對海地的確負有一種「道德上的」債務，但法國不可能同意討論金錢彌補的問題。所幸到二一〇四年第三次慶祝獨立百年之前，法國政府還有八十年可以決定其立場。

7 若要了解數量級的大小，我們亦可留意在十九世紀的英國，每年挹注於教育（包含所有層級）的預算總額平均不超過國民所得的零點五%（見第五章）。換言之，分配於補償奴隸主的公帑相當於超過十年的教育投資。

8 參見德雷波，《解放的代價：奴隸制度結束時的奴隸所有權、補償措施與者與無產者之間的高度依賴關係（這不是出於追求平等，而是為了避免共同體分崩離析，主權分散，換言之是為了鞏固歸於一統的國家主權）。相反的，許多作者強調最早期的國家是建立在壓迫與強迫勞動之上，並主張應重新採用另類的去中心化政治形態。參見克拉斯特（P. Clastres），《反對國家的社會》，午夜出版社（Minuit），一九七四年；斯科特（J. Scott），《反穀：穀物是食糧還是政權工具？人類為農耕社會付出何種代價？一個政治人類學家對國家形成的反思》（*Against the Grain. À Deep History of the Earliest States*），耶魯大學出版社（Yale University Press），二〇一七年〔譯註：中譯版為翁德明譯，麥田出版，二〇一九年〕；格瑞伯（D. Graeber）、溫格羅（D. Wengrow），〈如何改變人類歷史的路徑〉（How to Change the Course of Human History），收錄於Eurozine平台，二〇一八年；同前作者，《萬物的黎明》（*The Dawn of Everything*），艾倫萊恩出版社（Allen Lane），二〇二一年。

26 但各位可參考阿爾法尼（G. Alfani）的研究，如〈前工業時期的經濟不平等〉（Economic Inequality in Preindustrial Times），收錄於《經濟文獻期刊》（*Journal of Economic Literature*），二〇二一年，與阿爾法尼、迪・圖力歐（M. Di Tullio），《最大的一份：前工業化時代歐洲的貧富不均與租稅國家的興起》（*The Lion's Share: Inequality and the Rise of the Fiscal State in Preindustrial Europe*），劍橋大學出版部，二〇一九年，他們根據義大利與荷蘭當地都市地區的資料，證明財產集中度在一五〇〇年至一八〇〇年間趨向增加，並以國家財稅制度的累退性來解釋此一變化。然而由於這段時期之初期的鄉村與都市地區貧窮人口紀錄不甚完備，我們很難完全確定此一變化是否顯著。亦可參考見馮・巴維爾（B. van Bavel），《看不見的手？公元五〇〇年以降經濟市場的興起與衰退》（*The Invisible Hand? How Market Economies Have Emerged and Declined since AD 500*），牛津大學出版部，二〇一六年。

第四章　關於修復的問題

1 參見皮凱提，《資本與意識形態》，出處同前，二〇一九年，p. 263-267。亦可參考荷諾克斯伯格（S. Henochsberg）在其著作《公共債務與奴隸制：以海地為例》（*Public Debt and Slavery: the Case of Haïti*），巴黎經濟學院（PSE），二〇一六年。

20 參見蘇布拉曼亞姆，《達伽馬：印度總督的傳奇與磨難》（*Vasco de Gama. Légende et tribulations du vice-roi des Indes*），艾爾瑪出版社（Alma），二〇一二年。

21 一八三三年，拉馬丁（Lamartine）出版了他那本知名的《中東之旅》（*Voyage en Orient*），他在書中為歐洲有權對中東行使主權一事建立了一套理論，而當時法國正在阿爾及利亞掀起殘酷的征服戰爭。再早一些，夏多布里昂（Châteaubriand）在《基督教的精隨》（*Génie du christianisme*）與後來的《巴黎到耶路撒冷紀行》（*Itinéraire de Paris à Jérusalem*）中曾長篇大論，想證明十字軍是文明教化者，並對伊斯蘭教砲火全開：「有人責怪騎士們闖入他人家中搜索那些異教徒。但他們沒有看出這再怎麼說，也不過是對那些先攻擊基督徒的民族的正當報復而已：摩爾人證明十字軍是對的。《古蘭經》的信徒們可有安安靜靜的待在阿拉伯的沙漠中？難道他們沒有把他們的律法、他們的破壞一路帶到德里的城牆外、威尼斯的堤防邊？或許我們該做的是等候這些殘暴野獸的巢穴裡再度恢復生氣吧！」參見薩依德，《東方主義》，雋永經典出版（Vintage Books），二〇〇三年（初版一九七八年）。亦可參考皮凱提，《資本與意識形態》，出處同前，二〇一九年，p. 385-391。

22 參見李維史陀，《月的另一面：一位人類學家的日本觀察》（*L'Autre Face de la Lune. Écrits sur le Japon*），瑟伊出版社，二〇一一年〔譯註：中譯版為廖惠瑛譯，行人出版，二〇一一年〕。

23 參見德穆勒（J.-P. Demoule），〈不平等的誕生與國家的前提〉（Naissances des inégalités et prémisses de l'État），收錄於《全球的新石器時代革命》（*La Révolution néolithique dans le monde*），法國國家科學研究中心出版部（CNRS Éditions），二〇一〇年。

24 關於作為現代民族國家起源的共同想像的建構及其與印刷術傳播的關聯，參見安德森（B. Anderson）經典著作《想像的共同體》（*Imagined Communities. Reflection on the Origins and Spread of Modern Nationalism*），維索出版社，二〇〇六年（一九八三年初版）〔譯註：中譯版為吳叡人譯，時報出版，二〇一〇年新版〕。

25 參見泰斯塔爾（A. Testart），《奴隸制的建立：全球性的取徑》（*L'Institution de l'esclavage. Une approche mondiale*），伽利瑪出版社，二〇一八年。泰斯塔爾主張國家的建立十之八九會導致國內奴隸制的廢除，並管控有產規劃的一間公司，這間公司可望取得整個美洲的貿易壟斷地位，其資本額為八千萬英鎊（livre sterling）（約為當時英國一年的國民所得）。許多計畫承諾將找出傳說中的俄斐王國（Ophir），盛傳此地藏著所羅門王的財寶，一般認為位在現今的莫三比克與辛巴威之間。另一項計畫則打算在非洲生產用來交易奴隸的紡織品，這樣就能更快配合當地商人的喜好調整。參見康多雷利（S. Condorelli），《從坎康普瓦到俄斐：一七二〇年金融暴漲的全球史》（*From Quincampoix to Ophir: A Global History of the 1720 Financial Boom*），伯恩大學（Bern Univerity），二〇一九年。亦可參考奧韓（A. Orain），《以奇幻為號召的政策：從另一種歷史觀點解讀約翰·勞的制度》（*La Politique du merveilleux. Une autre histoire du Système de Law*），法雅出版社，二〇一八年。

16 根據法蘭索瓦（Pierre François）和勒梅西耶最近對資本主義史的統整，他們將貿易時代（一六八〇年至一八八〇年）、工廠時代（一八八〇年至一九八〇年）與金融時代（一九八〇年後）區分開來。在貿易時代，西方國家對全球及其航路取得掌控權：他們在世界各地建立軍事與貿易上的優勢地位，這讓他們能累積各種資本，等到進入工廠時代之後，這些資本將成為舉足輕重的力量。參見法蘭索瓦、勒梅西耶，《資本主義的歷史社會學》（*Sociologie historique du capitalisme*），發現出版社，二〇二一年。

17 參見布倫納（R. Brenner），〈前工業化時代歐洲的農業階級結構與經濟發展〉（Agrarian Class Structure and economic Development in Pre-Industrial europe），《過去與現在》（Past and Present），一九七六年；伍德（E. Meiksins Wood），《資本主義的起源：更長期的觀察》（*The Origin of Capitalism. A Longer View*），維索出版社，二〇〇二年；畢爾（A. Bihr），《最早的資本主義時代，卷一：歐洲的擴張（一四一五年至一七六三年）》（*Le Premier Âge du capitalisme, tome 1 : L'Expansion européenne (1415-1763)*），Syllepse出版，二〇一八年。

18 參見托德斯奇尼，《商人與聖殿：中世紀到近代基督教社會以及財富的良性循環》（*Les Marchands et le Temple. La société chrétienne et le cercle vertueux de la richesse du Moyen Âge à l'Époque moderne*），艾班米榭出版社，二〇一七年。

19 參見古迪，《歐洲的家庭》（*The European Family*），布萊克威爾出版（Blackwell），二〇〇〇年。

政治視角解析中國與歐洲的經濟變遷》(*Before and Beyond Divergence: The Politics of Economic Change in China and Europe*),哈佛大學出版部(Harvard University Press),二〇一一年。

8 參見貝克特,《棉花帝國》,出處同前。

9 參見帕塔薩拉蒂《為何歐洲走向富強,而亞洲卻沒有?》,出處同前。

10 參見前註書,p. 97-131,p. 234-235。亦請參考森加拉維路、維奈爾,《十九世紀世界史》,出處同前,p.90-92。

11 參見華勒斯坦,《近代世界體系》,出處同前,一九七四年至一九八九年;阿銳基(G. Arrighi),《漫長的二十世紀—金錢、權力與我們社會的根源》(*The Long Twentieth Century: Money, Power and the Origins of our Time*),維索出版,一九九四年。亦請參考哈維(D. Harvey),《資本的地理學:朝向歷史地理唯物主義》(*Géographie du capital. Vers un matérialisme historico-géographique*),Syllepse出版,二〇一〇年。

12 例如可參考張夏準(H. J. Chang),《過河拆橋:歷史觀點下的發展策略》(*Kicking Away the Ladder: Development Strategy in Historical Perspective*),Anthems出版,二〇〇二年;馬祖卡托(M. Mazzucato),《打造創業型國家:破除公私部門各種迷思,重新定位政府角色》(*Entrepreneurial State. Debunking Public vs Private Sector Myths*),Anthems出版,二〇一三年〔譯註:中文版為鄭煥昇譯,時報出版,二〇二一年〕。

13 參見達爾林普(W. Dalrymple),《大亂局:東印度公司、企業暴力與帝國侵略》(*The Anarchy. The Relentless Rise of the East India Company*),布魯姆斯伯里出版社(Bloomsbury),二〇一九年〔譯註:中文版為林玉菁譯,馬可孛羅出版,二〇二四年〕。

14 參見巴伯(A. Barbe),《摩洛哥的公共債務與帝國主義(一八五六年至一九五六年)》(*Dette publique et impérialisme au Maroc (1856-1956)*),交錯之路出版社(La Croisée des chemins),二〇二〇年。亦請參考巴雷爾、德拉蘭德,《公共債務的世界:一部政治史》(*A World of Public Debts. A Political History*),帕爾格雷夫出版(Palgrave),二〇二〇年;培奈(P. Penet)、森德哈斯(J. Zendejas),《主權債務外交:重新思考殖民帝國到霸權時代的主權債務》(*Sovereign Debt Diplomacies: Rethinking Sovereign Debt from Colonial Empires to Hegemony*),牛津大學出版部,二〇二一年。

15 一七一八年至一七二〇年這場泡沫中最輝煌的計畫便是由一些法國商人

煤炭、石油）的增加而非取代。在一九〇〇年前後，法國進口的木材相當於國內產量的一半（法國人除了燒自己的木材也燒進口木材），英國的進口量則相當於超過法國兩年的產量（其國產木材已大致耗盡）。這些進口木材不只來自北歐（俄國、瑞典、芬蘭）和北美，也來自非洲、拉丁美洲和亞洲。見佛烈佐（J.-B. Fressoz），〈為能源與材料共生的歷史倡議〉（Pour une histoire des symbioses énergétiques et matérielles），刊載於《礦石年鑑》（*Annales des Mines*），二〇二一年。針對十八及十九世紀歐洲與北美林地的嚴重砍伐，亦可參考江瑟，〈長期的全球碳不均〉，出處同前。

3 參見卡拉曼（K. Karaman）、帕穆克（S. Pamuk），〈從歐洲觀點檢視鄂圖曼的國家財務〉（Ottoman State Finances in European Perspective），《經濟史學報》（*Journal of Economic History*），二〇一〇年，以及皮凱提，《資本與意識形態》，出處同前，p.438-439。

4 考慮到國民所得計算的不確定性，我們最好以都市的日薪為衡量標準，這是長期以來最為人熟悉的數量單位，尤其是在營造業。如果用白銀的噸數來換算稅收，同樣會看到歐洲國家和鄂圖曼與中國在十八世紀出現巨大分歧。參見皮凱提，《資本與意識形態》，出處同前，圖9.1，p. 432。

5 此處假設國家雇用的人（警察、軍人、行政人員等）所領的薪資水準與該社會的平均值相同，他們為了順利執行職務所需要的設備與用品也符合平均水準。如果雇用這些人的成本是平均值的二至三倍，政府的雇用能力也會等比例減少。

6 在此必須特別指出，蓄奴主義與殖民主義下的開墾，在工業資本主義發展過程中扮演的角色已經被眾多十九世紀觀察家分析過（好比馬克思），威廉斯（Eric Williams，歷史學家、經濟學家，一九五六年至一九八一年間還當過千里達及托巴哥共和國的總理）在其《資本主義與奴隸制》（*Capitalism and Slavery*，一九四四年）中也曾加以分析。做為對照，韋伯在《新教倫理與資本主義精神》（一九〇五年）中強調文化與宗教因素，布勞岱爾在《十五至十八世紀的物質文明、經濟和資本主義》（一九七九年）中，特別重視歐洲天主教國家以及新教國家所提供的高額融資之作用。彭慕蘭、帕塔薩拉蒂與貝克特近來的研究成果少了許多歐洲中心主義的色彩，代表某種對馬克思和威廉斯的回歸，但是借用了與全球聯動史相關的更豐富的資料與工具。

7 參見羅森塔爾（J.-L. Rosenthal）、王國斌（R. B. Wong），《分流前後：從

占五十四%，六十歲以上的年齡層中占五十一%，而整體人口的平均值為五十五%。在每個年齡群體中，後五十%較貧窮的人口都幾乎一無所有（各情形下都只占財產總額的五%至十%）。參見皮凱提，《資本與意識形態》，出處同前，p. 647-648，圖S11.18。關於年齡結構與年齡分層（compostition par âge）的詳細結果，參見賈班第（B. Garbinti）、古比耶—勒布雷（J. Goupille-Lebret），皮凱提，〈財富不平等動力學的會計學：針對法國的方法與估計值〉（Accounting for Wealth Inequality Dynamics: Methods and Estimates for France），WID.world，二〇一八年。

11 這個包含四十%人口的社會群體擁有四十%財產總額，和這個群體的平均財產額幾乎等同於全體人口的平均財產額（二〇二〇年為每成年人約二十二萬歐元），這兩個事實說的是同一件事。

12 英國和法國一樣，資本所得的占比在十九世紀達到國民所得的四十%至四十五%，接著在世紀末時開始下降，二十世紀時則擺盪於二十五%至三十五%之間。參見皮凱提，《二十一世紀資本論》，出處同前，p.317，圖6.1-6.2。以目前來說，有些貧窮國家及新興國家的員工與非正式勞工面對跨國投資者與資本持有者的協商權力特別薄弱，這些國家的資本占比可能會達到國民所得的四十%至五十%（甚至超過五十%）。參見WID.world及《全球勞工所得之占比與分配》（*The Global Labour Income Share and Distribution*），國際勞工組織，二〇一九年。

13 甚至更為驚人，因為實際運作上，所持有的資本金額愈多，報酬增加的速度愈快：小額銀行存款最多只能帶來微薄的利息，和大型股票投資組合帶來的報酬不可同日而語，長期來看，這類投資組合會比中產階級的不動產獲利更高。這一點同樣受到許多制度及特定的權力關係所影響。參見皮凱提，《資本與意識形態》，出處同前，p.502-503，圖10.6。

14 參見皮凱提，《資本與意識形態》，出處同前，p.503，圖10.6-10.7。

第三章　蓄奴主義與殖民時代的遺產

1 參見彭慕蘭，《大分流：現代世界經濟的形成，中國與歐洲為何走上不同道路？》，出處同前。

2 見前註書，p. 211-230, 264-297, 307-312。這些進口木材持續扮演極重要的角色，比有些人想像的還要久得多。與「能源轉型」這個樂觀的概念試圖要人們相信的事正好相反，我們在歷史中看到的是能源材料（木材、爾斯的正義論（一九七一年）中找到。這套論證不是完全不能接受，但前提是必須建立在明確的歷史分析之上，而不是錯誤的運用它來支持任何一種程度的不平等，卻沒有試著客觀檢視這種不平等的程度，或評估在何種程度上它確實符合普遍利益。

4 「權利束」(bundle of rights）這種財產概念主要是由歐斯壯（Elinor Ostrom）發展出來的，原本是為了研究不同時空下曾出現的各種「共有物」管理模式（例如會耗損的自然資源：牧草地、森林、河流、池塘、野禽野獸、魚類等），但我們稍後會看到這種概念的運用其實更加廣泛。

5 「財產權係以最絕對之形式享有及處分物品之權利，惟不得以法律或行政規則禁止之方式利用之。」(民法典第五四四條）。關於此一定義造成的問題與後來採用的替代方案，請見第五章。

6 或許藝術品與珍稀物品的持有可排除在外，但其於私有財產總額中所占的比例小之又小（依國家與時期不同，介於一%至二%之間）。見皮凱提，二十一世紀資本論，出處同前，頁283-284。

7 例如可參考巴塔查里亞，《社會再製理論》(*Social Reproduction Theory. Remapping Class, Recentering Oppression*），冥王星出版（Pluto Press），二〇一七年。亦請參考亞魯札（C. Arruza）、巴塔查理亞、佛雷澤，《為九十九%人口存在的女性主義：一份宣言》(*Feminism for the 99 %. A Manifesto*），維索出版（Verso），二〇一九年。

8 二〇二〇年初，新冠（Covid）危機爆發前夕，法國的國民所得約為兩兆歐元（根據法國國家統計與經濟研究中心〔INSEE〕，法國於二〇二二年恢復此水準），相當於五千三百萬成年人中每人的平均所得約為三萬七千歐元（即每月三千一百歐元），而私有財產總額（扣除負債）則接近十二兆歐元，亦即每個成年人約為二十二萬歐元。

9 前一%最富有人口約有五十萬人（全體為五千萬左右之成年人口）。根據《挑戰》(*Challenges*）雜誌報導，法國前五百大富豪（大約相當於零點零零一%人口）的財產從二〇一〇年的兩千億歐元（等於十%GDP）成長到二〇二〇年的七千一百億歐元（等於三十%GDP），亦即大約從資產總額的二%成長到六%。

10 二十至三十九歲人口的集中度特別高，以二〇一八年為例，此一年齡層中前十%最富有的人擁有的財產占了六十二%(這個年紀擁有資產的人不多，需將遺產的重要性納入考量），四十至五十九歲的年齡層中則

7 參見江瑟、皮凱提，〈碳與不平等：從京都到巴黎〉（Carbon and Inequality: From Kyoto to Paris），WID.world，二〇一五年。亦請參見江瑟，〈長期的全球碳不均〉（Global Carbon Inequality in the Long Run），WID.world，二〇二一年。

8 參見江瑟，《無法承受的不平等現象：邁向社會與環境正義》（*Insoutenables inégalités. Pour une justice sociale et environnementale*），清晨出版（Les Petits matins），二〇一七年。亦請參見羅宏（E. Laurent），《擺脫成長率：使用手冊》（*Sortir de la croissance : mode d'emploi*），解放的連結出版社（Les liens qui libèrent），二〇一九年。

9 參見傑克森，《誰說經濟一定要成長？：獻給地球的經濟學》（*Prosperity without Growth. Foundations for the Economy of Tomorrow*），勞特里奇出版社（Routledge），二〇一七年〔譯註：中文版為朱道凱譯，早安財經，二〇一一年〕。亦請參見傑森・希克爾（J. Hickel），《少即是多：棄成長如何拯救世界》（*Less is More. How Degrowth will Save the World*），海恩曼出版社（Heinemann），二〇二〇年〔譯註：中文版為朱道凱譯，早安財經，二〇二〇年〕。

10 WID.world也提供了吉尼係數，不過我還是建議使用小至十分位與百分位的序列較佳，我在本書中主要使用的也是這些序列。

第二章 權力下放與財產分散化的漫長過程

1 定義上，剩下的占比是由介於後五十%較貧窮人口和前一%最富有人口之間的四十九%人口。參見圖六的完整分解。

2 此處呈現的計算結果奠基於在巴黎與各省繼承檔案中蒐集數據的重要工作。可參考皮凱提、波斯特爾—維奈、羅森塔爾，〈發展中經濟體的財富集中：巴黎與法國，一八〇七年至一九九四年〉（Wealth Concentration in a Developing Economy: Paris and France, 1807-1994），載於《美國經濟評論》（*American Economic Review*），二〇〇六年；同前作者，〈繼承財富與白手起家：由收租者社會取得之證據及理論〉（Inherited vs SelfMade Wealth: Theory and Evidence from a Rentier Society (Paris 18721927)），刊載於《經濟史探索》（*Explorations in Economic History*），二〇一四年。

3 這涉及關於不平等正當性的典型論證，我們可以在一七八九年《人權宣言》第一條中看到（「社會區分只能建立在共同利益之上」），也可以在羅

19 參見格辛、馬丁內斯－托萊達諾、皮凱提，《政治分裂與社會不平等》，出處同前。亦請參考李普塞、羅肯（S. Rokken），〈對立結構、政黨制度與選舉策略的重整：導論〉（Cleavage Structures, Party system and Voter Alignments：An Introduction），收錄於《政黨制度與選舉策略的重整：跨國比較的視野》（*Party Systems and Voter Alignments: Cross-National Perspectives*），自由出版社（Free Press），一九六七年。
20 詳細資料出處將於引用時另外註明。

第一章　邁向平等之路：最早的幾個里程碑

1 更精確的說：1.008^{300}=10.9。
2 主要可參考第九章。
3 關於二十世紀時法國以紅蘿蔔或肉類公斤數或以報紙、理髮師、腳踏車或住宅計算的平均薪資購買力提高的具體案例，參見皮凱提，《二十世紀法國高所得族群》，同前出處，p. 8092，以及與《資本與意識形態》，同前出處，p. 147151。簡言之：以製造出來的產品計算的購買力成長的速度比平均值高上許多，以服務計算的購買力成長的速度則比平均值低了許多（有些服務的計算結果甚至完全沒有成長），以糧食計算的購買力則大約等同於平均值。
4 參見皮凱提，《二十一世紀資本論》，出處同前，第一及第二章。國民所得有時被稱為國民所得淨額（revenu national net）或國內生產淨額（produit national net）。資本折舊通常相當於十五%的GDP。二〇二〇年的全球GDP約為一百兆歐元（以購買力平價計算，亦即將不同國家的物價差異納入考量後的結果），全球所得約為八十五兆歐元，除以全球超過七十五億人口，得出平均所得為每年接近一萬兩千歐元（每月一千歐元）。
5 舉例來說，如果我們設定每年排放二氧化碳當量為五百億噸時（約等於全球每人平均排放六點二噸），每噸最低價值為一百歐元，便會得出每年五兆歐元的社會成本，相當於全球GDP的五%左右。如果我們採用的價值是每噸數百歐元（如果打算提出一套企圖心強烈的氣候政策，這可能是勢在必行的選擇），如此一來對全球所得的計算以及不同國家對集體福祉的貢獻將產生重大影響。
6 以技術而言，沒有人能提早預言一百年後環境的「相對價格」為何，市場和市場上的投機浪潮就更不用說了。

一九七三年。

11 除了已經列出的著作外，亦可參考西米昂，《薪資：社會變遷與貨幣》（*Le Salaire, l'Évolution sociale et la Monnaie*），亞爾康出版社（Alcan），一九三二年；波德洛與勒博潘（A. Lebeaupin），《一九五〇年至一九七五年之薪資》（*Les Salaires de 1950 à 1975*），法國國家統計與經濟研究中心（INSEE），一九七九年；戈伊（J. Goy）、勒華拉杜里，《什一稅收入之波動》（*Les Fluctuations du produit de la dîme. Conjoncture décimale et domaniale de la fin du Moyen Âge au xviiie siècle*），穆東出版社，一九七二年；波斯特爾—維奈，《土地與金錢：十八世紀到二十世紀初的法國農業與信貸》（*La Terre et l'Argent. L'agriculture et le crédit en France du xviiie siècle au début du xxe siècle*），艾班米榭出版社（Albin Michel），一九九八年；布赫迪厄（J. Bourdieu）、凱斯登包姆（L. Kesztenbaum）、波斯特爾—維奈，《TRA調查：工具的歷史，歷史的工具》（*L'Enquête TRA, histoire d'un outil, outil pour l'histoire*），法國國家人口研究所（INED），二〇一三年。

12 參見顧志耐，《高收入族群在整體所得與儲蓄中所占份額》（*Shares of Upper Income Groups in Income and Savings*），美國全國經濟研究所（NBER），一九五三年。

13 參見蘭普曼，《高額財富擁有者在國家財富中的占比》（*The Share of Top Wealth-Holders in National Wealth*），普林斯頓大學出版社，一九六二年。

14 參見艾金森、哈里森（A. Harrison），《英國的個人財富分佈》（Distribution of Personal Wealth in Britain），劍橋大學出版部，一九七八年。

15 參見瓊絲，《美國殖民財富：文獻與方法》（*American Colonial Wealth: Documents and Methods*），阿諾出版（Arno Press），一九七七年。

16 參見皮凱提，《二十世紀法國高所得族群》，格拉賽出版社，二〇〇一年，以及艾金森、皮凱提，《二十世紀期間高所得概觀：歐陸與英語系國家比較研究》，出處同前，還有《最高所得階層：一個全球觀點》，出處同前。

17 世界不平等資料庫最早成立於二〇一一年，當時名為「世界高額所得資料庫」（World Top Incomes Database），後來在《二〇一八年全球不平等報告》（阿瓦列多、江瑟、賽斯、皮凱提、祖克曼著，瑟伊出版社，二〇一八年）出版時才改為現在的名稱。

18 參見皮凱提，《二十一世紀資本論》，出處同前；《資本與意識形態》，瑟伊出版社，二〇一九年。

5 參見津恩（H. Zinn），《美國人民的歷史》（*A People's History of the United States*），哈潑出版（Harper），二〇〇九年（初版一九八〇年）〔譯註：中文版為蒲國良等譯，五南，二〇一三年〕；贊卡里尼—富爾內（M. Zancarini-Fournel），《抗爭與夢想：人民的法國史，一六八五年至今》（*Les Luttes et les Rêves. Une histoire populaire de la France de 1685 à nos jours*），發現出版社，二〇一六年；諾瓦里耶（G. Noiriel），《法國大眾史：從百年戰爭到今天》（*Une histoire populaire de la France. De la guerre de Cent Ans à nos jours*），阿根尼出版社（Agone），二〇一八年；達塔科夫斯基（D. Tartakowsky），《權力在路上：法國政治危機與示威行動，十九至二十世紀》（*Le pouvoir est dans la rue. Crises politiques et manifestations en France, xixe-xxe siècles*），弗拉馬里翁出版（Flammarion），二〇二〇年；帕瓦德（B. Pavard）、侯什福特（F. Rochefort）、贊卡里尼—富爾內，《不要解放我們，我們自己來！一七八九年至今的一段女性主義史》（*Ne nous libérez pas, on s'en charge ! Une histoire des féminismes de 1789 à nos jours*），發現出版社，二〇二〇年。

6 針對此一主題，參見皮凱提，《二十一世紀資本論》，瑟伊出版社，二〇一三年，p.19-30及p. 362-364。

7 參見拉布胡斯，《十八世紀法國物價與所得變動初論》，Dalloz 出版，一九三三年。亦請參考夏貝（A. Chabert），《論一七九八年至一八二〇年法國物價與所得之變動》（*Essai sur les mouvements des prix et des revenus en France de 1798 à 1820*），梅迪奇書店（Librairie de Médicis），一九四九年，這本書為大革命時期與帝國時期薪資水準的追趕提供了佐證。

8 參見布維耶、傅赫（F. Furet）、吉雷（M. Gilet），《十九世紀法國利潤之變動：材料與研究》（*Le Mouvement du profit en France au xixe siècle. Matériaux et études*），穆東出版社（Mouton），一九六五年。

9 參見布洛克，《法國農村史之特點》（*Les Caractères originaux de l'histoire rurale française*），阿曼柯林出版，一九三一年。

10 參見鐸馬爾，《十九世紀法國人的財富：依據財產繼承申報登記資料所做的巴黎、里昂、里爾、波爾多及土魯斯私人資本分布與組成調查》（*Les Fortunes françaises au XIXe siècle. Enquête sur la répartition et la composition des capitaux privés à Paris, Lyon, Lille, Bordeaux et Toulouse d'après l'enregistrement des déclarations de successions*），穆東出版社，

一九九八年。〕

3 參見帕塔薩拉蒂，《為何歐洲走向富強，而亞洲卻沒有？》（*Why Europe Grew Rich and Asia Did Not. Global Economic Divergence 1600-1850*），劍橋大學出版部（Cambridge University Press），二〇一一年；貝克特，《棉花帝國》（*Empire of Cotton. A Global History*），克諾普夫（Knopf），二〇一四年〔譯註：中文版為林添貴譯，天下文化，二〇一七年。〕；貝克特、洛克曼（S. Rockman），《奴隸的資本主義：美國經濟發展新史》（*Slavery's Capitalism. A New History of American Economic Development*），賓州大學出版社（University of Pennsylvania Press），2016年；李維（J. Levy），《美國資本主義時代：美國的歷史》（*Ages of American Capitalism: A History of the United States*），藍燈書屋（Random House），二〇二一年。

4 例如可參見庫伯，《游移在帝國與民族之間的公民地位：重塑法國與法屬非洲，一九四五年至一九六〇年》（*Citizenship Between Empire and Nation. Remaking France and French Africa 1945-1960*），普林斯頓大學出版，二〇一四年；霍爾、德雷波（N. Draper）、麥克列蘭（K. McClelland）、多寧頓（K. Donington）、朗（R. Lang），《英國奴隸所有權的遺緒：殖民奴隸制度與維多利亞時期英國的形成》（*Legacies of British Slave-Ownership: Colonial Slavery and the Formation of Victorian Britain*），劍橋大學出版部，二〇一四年；羅森波因，《全球主義的崛起：英國與美國的世界秩序觀點，一九三九年至一九五〇年》（*The Emergence of Globalism. Visions of World Order in Britain and the United States 1939-1950*），普林斯頓大學出版，2017年；薩達，《殖民地的孩子：糾結在從屬臣民與法國公民身分間的法蘭西帝國混血兒》（*Les Enfants de la colonie. Les métis de l'empire français, entre sujétion et citoyenneté*），發現出版社（La Découverte），二〇〇七年；森加拉維路、維奈爾（S. Venayre），《十九世紀世界史》（*Histoire du monde au xixe siècle*），法雅出版社（Fayard），二〇一七年；蘇布拉曼亞姆，《身處伊斯蘭與基督教之間的帝國們，一五〇〇年至一八〇〇年》（*Empires Between Islam and Christianity, 1500-1800*），紐約州立大學出版社（SUNY Press），二〇一九年；斯坦齊亞尼，《強制勞動的變形：一段全球史，十八至十九世紀》（*Les Métamorphoses du travail contraint. Une histoire globale, xviiie-xixe siècles*），巴黎政經學院出版社（Presses de Sciences Po），二〇二〇年。

註釋

致謝

1 參見艾金森（A. Atkinson）、皮凱提，《二十世紀期間高所得概觀：歐陸與英語系國家比較研究》（*Top Incomes over the Twentieth Century: A Contrast between Continental-European and English-Speaking Countries*），牛津大學出版部（Oxford University Press），二〇〇七年；作者同前，《最高所得階層：一個全球觀點》（*Top Incomes: A Global Perspective*），牛津大學出版部，二〇一〇年；阿瓦列多（F. Alvaredo）、江瑟（L. Chancel）、賽斯（E. Saez）、皮凱提、祖克曼（G. Zucman），《二〇一八年全球不平等報告》（*Rapport sur les inégalités mondiales 2018*），瑟伊出版社，二〇一八年；格辛（A. Gethin）、馬丁內斯－托萊達諾（C. Martinez-Toledano）、皮凱提，《政治分裂與社會不平等：五十個民主政體之研究，一九四八至二〇二〇》（*Clivages politiques et inégalités sociales. Une étude de 50 démocraties, 1948-2020*），法國高等社會科學院／伽利瑪／瑟伊（EHESS/Gallimard/Seuil）；二〇二一年。上述研究的許多內容與材料皆可於以下網站查閱：wid.world、wpid.world及piketty.pse.ens.fr。

前言

1 參見彭慕蘭，《大分流：現代世界經濟的形成，中國與歐洲為何走上不同道路？》（*The Great Divergence. China, Europe and the Making of the Modern World Economy*），普林斯頓大學出版部（Princeton University Press），二〇〇〇年。〔譯註：中文版為黃中憲譯，衛城出版，二〇一九年〕

2 參見布勞岱爾，《十五至十八世紀的物質文明、經濟和資本主義》（*Civilisation matérielle, économie et capitalisme, XVe-XVIIIe siècle*），阿曼柯林出版（Armand Colin），一九七九年。〔譯註：中文版為施康強、顧良譯，廣場出版，二〇一九年。〕華勒斯坦，《近代世界體系》（*The Modern World-System*）三卷，學術出版社（Academic Press），一九七四年至一九八九年。〔譯註：中文版為郭方、劉新成、張文剛譯，桂冠，

Beyond

68

世界的啟迪

平等的反思

Une brève histoire de l'égalité

作　　者　托瑪・皮凱提（Thomas Piketty）
譯　　者　陳郁雯
副總編輯　洪仕翰
責任編輯　陳怡潔
行銷總監　陳雅雯
行　　銷　趙鴻祐、張偉豪、張詠晶
封面設計　徐睿紳
排　　版　宸遠彩藝

出　　版　衛城出版／遠足文化事業股份有限公司
發　　行　遠足文化事業股份有限公司（讀書共和國出版集團）
地　　址　23141　新北市新店區民權路 108-3 號 8 樓
電　　話　02-22181417
傳　　真　02-22180727
客服專線　0800221029
法律顧問　華洋法律事務所蘇文生律師
印　　刷　呈靖彩藝有限公司
初　　版　2024 年 07 月
定　　價　480 元

I S B N　9786267376522（紙本）
9786267376508（EPUB）
9786267376515（PDF）

ACRO POLIS
衛城出版
Email　acropolismde@gmail.com
Facebook　www.facebook.com/acrolispublish

國家圖書館出版品預行編目(CIP)資料

平等的反思/托瑪.皮凱提(Thomas Piketty)著；陳郁雯譯. – 初版. – 新北市：衛城出版, 遠足文化事業股份有限公司, 2024.07
面； 公分. – (Beyond ; 68)
譯自：Une brève histoire de l'égalité
ISBN 978-626-7376-52-2(平裝)

1. 平等 2. 分配 3. 社會階層

551.8 113007252